조작된
나라

조작된 나라

죽이는 수사, 덮는 수사
제보자 X가 밝힌
검찰 권력과 범죄의 공모 구조

검찰은 조작하고 언론은 공작한다

2020년엔 음모론이라 했다. 2025년엔 현실이 되었다.
검찰개혁은 선택이 아니라 민주주의의 생존 조건이다.

이오하 지음

일러두기

본문 23쪽의 추천사는 故 유지만 기자께서 생전에 보내주신 글입니다.

프롤로그

'글을 써서 누군가에게 보인다'는 것 자체가 용기가 필요한 일이겠지만, 그것을 책으로, 기록으로 남긴다는 것은 용기보다 더 커다란 두려움을 접하는 일이라 생각했다. 그래서 몇 차례 용기를 가져보았지만, 결국 '두려움'에 포기하는 일이 몇 번 있었다.

글을 공개적으로 써본 첫 번째 경험은 대략 18~19년 전에 주식시장의 사이버 애널리스트로 활동할 당시 '끝전'이라는 필명으로였다. 끝전의 의미는 어린 시절 할머님께서 주전자를 손에 쥐어주며 "막걸리 한 되 받아 와라" 하시고, 말씀 끝에는 항상 "남는 끝전(잔돈)은 네 용돈으로 써라" 했을 때의 기억 때문이다.

주식 투자는 빚이나 꼭 써야 할 자금이 아닌, 투자자가 '남는 돈으로 투자하라'는 의미에서였는데, 이 책의 본문에서도 일부 다루겠지만, 훗날 '끝전'이라는 필명은 역사적 사건이었던 BBK-옵셔널벤처스 사건에 휘말리기도 했다.

글 쓰는 재미를 잊지 못해서였을까? 상장회사의 오너나 CEO로 근무했을 때에도 기업 공시의 초안은 직접 작성해 공시 책임자에게 전달하기도 했다. 그리고 더 자주 공개적인 글을 쓸 때의 기억은 이명박이 대통령이 되고 난 후, 호주에서 망명 아닌 망명 생활을 하고 있을 때, 대한민국 SNS의 선구자라 해도 과언이 아닌 〈시사IN〉 고재열 기자의 트위터 활동을 보고 배우면서였던 것 같다.

고재열 기자가 '독설닷컴'이라는 블로그를 운영할 때였고, 시간이 날 때마다 블로그에 들러서 댓글을 자주 남기곤 했는데, 이후 고재열 기자가 트위터 활동으로 영역을 넓히면서 그의 트위터를 따라가면서 보고 배우며 트위터에 글을 자주 올리게 됐다. 물론 지금도 본명을 밝히지 못하고 이 책을 쓰게 되었지만, 그때도 두려움 때문에 실명이 아닌 '아이디'로 글을 올리고는 했다.

당시의 트위터 아이디 역시, 많은 사람에게 큰 인기를 끌었고, 호주에 있으면서 한국의 언론사와 '익명의 인터뷰'를 하기도 했다.

그 시절 트위터 친구들이 내가 운영하던 아이디에 관심을 보이면서 DM이나 멘션으로 출신 학교를 묻고는 했는데, "독설대 댓글 창작과를 나왔다"고 둘러대곤 했다.

당시 트위터에 올린 대부분의 글은 대통령이었던 이명박과 박근혜를 비판/비난하던 글이었다. 일주일에 한두 번씩 조중동의 지면에 오를 정도로 많은 사람의 관심을 끌기도 했지만, 2012년 한국에 다시 귀국하면서 '사찰의 두려움' 때문에, 아니 더 구체적으로 말하자면 사찰의 결과로 나의 가족이 힘들어질 것이 두려워서 그 아이디는 삭제했다.

그리고 글쓰기와 멀어져 있다가 다시 많은 글을 쓰게 되었는데, 계기는 죄수로서 구속 생활을 하던 때인 것 같다. 당시 썼던 글의 대부분은 재소자의 신분이지만 비공식 수사관으로 남부지방검찰청의 금융조사부를 약 2년 반 동안 출퇴근하면서, 수사 기초 보고서를 작성할 때 썼던 것이다. 당시에는 개인적으로 주어졌던 검찰청 내의 사무실에서 '견상태'라는 필명으로 가끔씩 페이스북에 글을 올렸다.

또한 죄수로서 재판을 받는 과정에서 별로 존경하는 마음이 없으면서도 "존경하는 재판장님, 그리고 좌우 배석 판사님"으로 시작하며 써서 제출해야 했던 수많은 탄원서들과, 매주 가족들과 지인들에게 써서 보냈던 수천 장의 손편지들이 가장 많은 글을 썼던 경험 같다.

다시 생각하고 싶지 않은 고통의 시간이었지만, 돌이켜 '글쓰기 훈련'의 시각에서 본다면 꽤 좋은 훈련 기간이었던 것 같다. 그 시기를 '죽은 시간이 아닌, 살아 있는 시간'으로 만들어야만 했고 어디로든 누구에게든 끝없이 써대야만 했다.

이 책의 대부분은 자본시장에서 직접 겪어온 경험과 자료를 기초로 하여 쓴 것인데, 그 경험의 결론은 중요한 자본시장의 참여자인 소액주주들은 결코 이길 수 없는 '자본시장의 룰'이 현재 자본시장에서도 적용되고 있다는 것이다.

그리고 뉴스타파와 진행했던 '죄수와 검사' 편에서 미처 다 이야기하지 못한 부분과 에피소드 그리고 제보자 X의 이름으로 겪어야 했던 조국 전 장관과 관련된 사모펀드 사건, 한명숙 전 총리의 뇌물 조작 사건과 채널A 검언 공작 사건의 경험도 추가했다.

살아왔던 지난날에 가끔 같이 근무했던 직원이나 새로 만나는 분이 "당신은 어떤 사람이냐"고 묻는 경우가 종종 있었는데, "저는 길거리에서 담배를 피우다가 담배꽁초를 열 개쯤 무심코 버리기도 하지만, 지나가는 길에 남이 버린 담배꽁초가 있으면 열한 개쯤 주워 휴지통에 넣기도 한다. 그냥 그런 사람이다"고 자주 답했던 기억이 난다.

총 소리만 들리지 않을 뿐, 전쟁 같은 냉혹한 자본시장 속에서 오랜 기간 살다 보니 비난받을 일도 많았다. 그런 비난을 두려워하지만, 칭찬받는 일도 하고 싶은 그런 사람이었던 것 같다, 나는.

뉴스타파, MBC의 〈PD수첩〉, 〈뉴스데스크〉, TBS의 〈뉴스공장〉, 〈이이제이〉, KBS 〈최강시사〉, 〈더 라이브〉, YTN의 〈뉴있저〉 등에 제보자 X로 출연하면서 고민하고 두려웠던 것은 '검찰의 표적이 되지 않을까?'라는 점도 있었지만, 옛날 자본시장의 탐욕적 생활에 몸을 내던지던 '담배꽁초를 무심코 길거리에 버리던 시절'의 과오들이 아픈 비난의 화살로 돌아와 주변 사람의 가슴에 꽂히지 않을까, 하는 두려움이 더 컸던 것 같다.

그런 두려움이 일어날 때면 공개적인 세상으로 나가는 나의 출발에서 '어차피 죄수다'라며 스스로에게 만용을 불어넣어 달래기도 했고, '아, 나도 다른 사람이 버린 담배꽁초를 주워서 휴지통에 버린 일도 있었지!'라고 스스로 격려하기도 하면서 두려움을 버텨냈다.

그리고 그 방송들의 제작과 출연 과정에서 '적어도 주식시장과 관련해서 세상에는 분명히 존재하지만, 다른 사람들이 잘 이해하지 못하는 또 다른 언어를, 세상 사람들에게 해설하고 통역해줄 수 있는 능력이 내게 있지 않을까?' 하고 느꼈고 이는 자신감을 찾는 계기가 책을 쓰는 용기로 이어졌다.

'제보자 X'라는 명칭은 뉴스타파의 심인보 기자가 '죄수와 검사' 시리즈를 준비하면서 작명해준 이름이다. 이제는 '제보자 X'라는 명칭이 나름은 '국민 죄수'가 되어버린 듯해서 심인보 기자에게 특별히 감사의 마음을 전한다.

심인보 기자는 '죄수와 검사'에서 다룬 사건들이 대부분 주식시장과 관련되다 보니 보도를 준비하는 초기에는 복잡하고 생소한 주식시장 용어에 힘들어 했다. 하지만 이제는 대한민국 어떤 언론사의 주식-경제부 기자보다, 아니 증권범죄합수단이나 금조부 소속 검사보다 기업 범죄를 보는 시각과 범죄 구성 검증 능력이 훨씬 뛰어나다고 감히 말할 수 있다. 이런 칭찬으로 고마움을 다 표현할 수는 없겠지만…….

채널A의 '검언 공작 사건'이 보도되는 과정에서 인연이 된 MBC의 장인수 기자에게도 감사한 마음을 전한다. 그 사건을 처음 접했을 때의 두려움이 장인수 기자에게도 있었겠지만 〈뉴스데스크〉에서 융단 폭격처럼 나온 전격적인 그의 멘트는 지금도 귀에 쟁쟁하다. 장인수 기자와 함께한, 수구 언론과 검찰 권력의 음모에 대한 폭로로 세상이 조금은 바뀔 수 있다는 용기와 보람을 느꼈다.

하눈출판사 도 대표의 제안으로 용기를 내 쓰기는 했지만, 과거에 가지고 있던 두려움을 모두 벗어 던지지는 못했다. 책을 읽는 분들의 응원과 박수가 아직 필요할 것 같다. 도와주시리라 믿으며…….

2020년 11월

제보자 X

이오하

차례

추천의 글

제보자 X를 만난 사람들

—

공화국의 시민은 죄를 물어 벌을 주는 일을 국가에 위임했다. 죄를 밝히는 수사권과 벌을 주는 기소권을 모두 지닌 검법 권력이 핵심이다. 하지만 위임받은 국가의 권력이 제대로 작동하지 않을 때. 불의한 권력에 맞서 우리는 어떤 선택을 해야 할까?

제보자 X에게 물었다.

"당신은 왜 저들과의 싸움을 시작했습니까?"

권력과 자본의 생리를 가장 잘 아는 그가 이 싸움을 시작한 이유가 아무래도 이해되지 않았다.

잠시 생각하던 X가 말했다.

"무조건 이길 상대를 때리는 건, 싸움이 아니라 그냥 폭력이죠. 질 수도 있고, 어쩌면 이길 수도 있는 게 싸움입니다."

이 책은 법과 쩐의 카르텔에 맞선, 물러섬 없는 죄수의 싸움이다.

_ 김원석 (드라마 작가)

—

WHO?

2019년 여름, 제보자 X는 한국탐사저널리즘센터 뉴스타파 심인보 기자의 '죄수와 검사' 시리즈의 제보자로 등장해 세상의 주목을 받고 있었습니다.

"제보자 X는 어떤 사람인가요?"

내가 묻자 심인보 기자가 재깍 대답했습니다.

"증권과 M&A 등 첨단금융 분야 최고 선수입니다. 주가 조작혐의로 실형을 산 범죄자이기도 하죠. 출소한 후 검사의 비리를 제보하겠다고 연락을 해왔습니다."

감옥에서 온 제보자! 검사의 비리를 몸소 체험했다는 죄수!

흥미롭지 않습니까?

저는 두근거리는 가슴으로 제보자 X를 만났고, 그의 제보를 기반으로 '검사범죄 2부작', '사모펀드 3부작' 등 〈PD수첩〉 기획물을 방송하게 되었습니다.

WHY?

죄수가 왜 검사의 비리를 폭로하고 나섰을까요?

X씨는 한 기업의 부회장으로 재임하던 중 주가 조작 혐의로 검찰 수사를 받았습니다. 주가 조작에는 4대 주역이 있다고 합니다. 주가 조작 전문가인 선수, 자금을 대는 전주錢主, 가짜 정보를 유통시키는 애널리스트와 언론 그리고 수사를 막아주는 전관변호사로 구성됩니

다. X씨는 자신이 연련된 주가 조작 사건에서 가장 많은 이득을 얻은 전주가 전관변호사의 도움으로 기소조차 되지 않았다는 사실을 알고 분노했습니다. 유전무죄, 무전유죄의 현실을 직접 체험한 것입니다. 정의의 수호자를 자처하면서 누구는 처벌하고 누구는 봐주는 검사들에 대한 분노! 이것이 범죄자 X가 제보자 X로 변신한 배경이었습니다.

HOW?

영리한 검사들은 조사를 하면서 X씨가 첨단금융 분야에서 보기 드문 전문가라는 사실을 눈치챘습니다. 검사들은 죄수 X씨에게 거래를 제안합니다. 금융 범죄 수사를 도와주면 X씨에게 통신, 외출 등 여러 가지 특혜를 주고 가석방도 주선하겠다고 제안했습니다. X씨는 이 제안을 수락했습니다. 그는 검찰청으로 출근하다시피 하며 여러 금융사건의 수사를 도왔습니다. 죄수 수사관이 탄생한 것입니다. 이 과정에서 X씨는 수많은 금융 범죄 정보를 얻었습니다. X씨가 검찰 수사를 돕는다는 사실이 알려지자 동료 죄수들이 다투어 사건을 제보하기도 했습니다. 훗날 검찰은 약속을 어기고 X씨를 가석방해주지 않았지만, 죄수 X씨는 수사관처럼 활동하며 금융 범죄 분야 최고의 정보원이 될 수 있었습니다.

WHAT?

제보자 X는 검사를 도와 사건을 돕는 과정에서 부패한 검찰의 핵심적인 문제를 포착합니다. 어떤 사건은 사돈의 팔촌까지 탈탈 털어 뿌리까지 파고들지만, 또 어떤 사건은 혐의가 있는데도 기소조차 하지 않는다는 것입니다. 여기에는 전관변호사와 검사들의 유착관계가 있다는 것이 제보자 X의 판단입니다. “검사는 죽이는 수사로 명성을 쌓고, 덮는 수사로 부를 축적한다” 검사 비리의 핵심을 짚은 제보자 X의 명언이 나온 배경입니다.

WHERE?

제보자 X는 첨단금융 분야 전문가로 증권시장에서 활약했고, 수감 생활을 하면서 많은 금융 범죄자들을 상담했으며, 검찰청에서 검사를 도와 여러 건의 금융 범죄 사건을 수사했습니다. 이 책은 제보자 X가 현장에서 직접 보고 들은 생생한 사실을 기록했습니다.

“범죄자의 말은 대게 거짓말인데, 제보자 X를 믿어도 될까요?”

제보자 X의 입을 막으려는 사람들은 그의 범죄 경력을 문제 삼습니다. 저는 이렇게 답변합니다. “저도 제보자 X를 믿지 않습니다. 그의 주장이 사실事實/Fact로 확인되기 전까지는.”

〈PD수첩〉 같은 탐사보도 제작진은 그 어떤 제보자의 말도 액면 그대로 받아들이지 않습니다. 눈에 보이고 귀에 들린다고 그것이 곧 진실은 아니라고 의심하는 것이죠.

엄마가 “아들아 사랑해!”라고 하더라도 “엄마, 증거 있어요?”라고 캐물어 사랑의 실체를 확인하는 것이 탐사보도 작가의 자세라고 배웠습니다. 저에게는 제보자 X가 한때 범죄자였다는 것이 문제가 되지 않습니다. 그가 말하는 내용이 과연 사실인지 아닌지 여부가 중요했습니다. 적어도 제가 검증한 부분에서만큼 그의 발언은 대부분 사실이었고 진실에 근접해 있었습니다.

검사 비리의 핵심을 파고든 죄수 출신 제보자 X의 생생한 증언! 검찰개혁의 단서가 바로 여기 있습니다.

_ 정재홍 (MBC 〈PD수첩〉 작가, 한국방송작가협회 부이사장)

—

'제보자 X'가 폭로한 검찰의 사건조작 의혹은 한국 사회에 메가톤급 충격을 몰고 왔다. 뉴스타파가 보도한 '한명숙 전 총리 뇌물 조작 사건'은 검찰이 죄수를 협박해 엉뚱한 증언으로 유죄판결을 받아낸 희대의 사건이었다. 뒤이은 '채널A 검언 공작 사건'은 검찰권력과 언론권력이 협잡하여 유력정치인을 범인으로 몰아가려다가 미수에 그친 정치공작이다. 두 사건은 '선출되지 않은 권력'으로, 견제받지 않는 무소불위의 힘을 행사하는 검찰의 민낯을 드러냈다. 검찰이 개혁되지 않고서는 진정한 민주주의가 성립되기 어렵다는 사실을 웅변으로 보여주었다.

'제보자 X'는 이 시대의 용감한 내부고발자이다. 검찰의 반격으로 자칫 어려움을 겪을 수 있다는 사실을 잘 알면서도 정의를 선택한 민주시민이기도 하다. 그는 자본시장 전문가이다. 이명박 전 대통령의 'BBK 사건'의 피해자로 주가 조작을 파헤치는 데 전문지식을 동원해 탁월한 능력을 발휘했다. 주가 조작 사건에 휘말려 죄수 생활을 하면서도 비공식수사관으로 활동한 것도 이 때문이다. 그는 약 2년 반 동안 남부지방검찰청 금융조사부에 출퇴근하면서 수사기초보고서를 작성하기도 했다. 따라서 검찰의 속성을 누구보다도 잘 파악하고 있다.

그는 자신이 겪었던 굵직굵직한 사건들을 가감 없이 담아냈다.

이 책에 담긴 사건들을 관통하는 키워드는 '검찰개혁'이다. 그는 '제보자 X'라는 별명을 좋아한다. 공익제보를 통해 사회발전에 기여할 수 있다는 신념 때문이다. 유튜브채널 '제보공장'을 통해 자신의 경험과 지식을 토대로 라임펀드의 실태 등을 알기 쉽게 설명해 인기를 모으고 있다. 제보자 X의 건승을 빈다.

_ 김주언 (내부제보실천운동 공동대표)

—

제보자이기 전에 스스로 '전직 죄수'라 고백한 그와 나는 '현직 죄수' 시절 편지를 주고받은 바 있다. 그가 걸어온 인생에 최악의 경험이라면 당연히 검사라는 자들에게 둘러싸였을 때일 것이다. 나약한 인간의 심성을 이용해 희망고문을 하는가 하면, 그러한 바람을 저당하여 희망을 돌라먹고 저들의 출세를 위한 발판으로 삼고는 뒤도 안 돌아보고 내치는 파렴치한 모습이었다.

한마디로 "죽이는 수사로 명성을 얻고, 덮는 수사로 부를 축적한다"는 그의 말은 부패한 우리나라 검찰의 모습을 가장 적확하게 표현한 말이 아닌가 싶다.

'국민죄수'가 보내는 메시지는 아주 단순하고 또렷하다. 법의 형평성 이전에 저 '법팔이'들의 뜻대로만 집행되는, 역겨울 정도로 오염된 법을 원상태로 돌려 진정한 '룰rule'이 적용되는 현실을 보는 것이다.

왜 법은 항상 '추악한 손'에서만 춤추는 것인가? 오염된 법이 민중의 머리에서 춤출 때 그 법은 분노한 '낫'이 되리라. "낫 놓고 ㄱ자도 모른다고/ 주인이 종을 깔보자/ 종이 주인의 모가지를 베어 버리더라/ 바로 그 낫으로"(김남주 「낫」)

_ 김이하 (시인)

—

첫 인연은 감방에 있던 그와 편지를 주고받으면서 시작됐다. BBK 주가 조작 사건에 대해 소상히 알고 있던 그를 통해 피해자들을 만날 수 있었고, 그의 과거가 결코 '죄수'라는 단어로만 설명될 수 없다는 점을 깨달았다. 감옥을 벗어난 그는 '제보자 X'란 새 이름을 얻고 검찰 내부 비리의 고발자이자 주가 조작 사건의 전문가로 활동하고 있다. 이 책은 'BBK 주가 조작' 사건부터 '검언 유착 의혹' 사건까지, 세상을 흔든 사건의 복판에 있었던 '제보자 X'의 생생한 기록이다. 이 사건들에 연관되어 옥살이를 하기도 했지만, 그의 생각은 항상 맑고 분명했다. 위험천만한 사건 한복판에서도 꿋꿋하게 걸어가는 그를 응원하며, 건투를 빈다.

_ 유지만 (〈시사저널〉 사회탐사팀 기자)

—

손으로 달을 가리키니까 보라는 달은 보지 않고 손가락만 쳐다보더란다. 우리 사회에서 '공익제보'와 관련해 회자되는 말이다. 불의나 비리를 고발했더니 그 내용보다는 고발자를 더 문제 삼는다는 것이다. 동기가 순수하지 않다느니 원래 문제가 많은 사람이었다든지 하여 흠집을 내서 부정과 비리를 덮으려는 수작이다. 고발을 당한 기업이나 기관, 단체 등 대부분이 그런 식으로 대응한다. 이 때문에 적잖은 공익제보자들이 위축되고 소침해지기도 한다.

그런데 이 책의 저자는 아예 자신의 손가락을 감추기는커녕 당당히 드러낸다. 스스로 "죄수"란다. 죄수가 누군가? 부끄러운 이름 아닌가? 이는 많은 사람들에게 "그래, 내 손가락에 × 묻었소"라고 당당히 외치는 격이다. 그 × 묻은 손가락이 가리키는 쪽에는 거대한 '× 덩어리'가 있다. 권력과 금력을 가지고 누리는 자들이 벌이는 '아사리판'이 있다. 책의 제목이 "검사와 죄수"가 아니고 "죄수와 검사"가 된 연유인 듯하다.

사실 좀 더 생각해보면 내부고발자 가운데 '문제'가 없는 사람이 얼마나 있을까? 밖에서는 보이지 않는 '그들만의 세계'에서 벌어지는 부정과 부패/탈법과 비리를, 내부자 아니면 누가 제대로 알 수 있단 말인가? 그도 분명 한 발을 시궁창에 담고 있었을 터이다. 그러나 공익제보자의 더럽혀진 손가락, 그 덕분에 사회가 좀 더 깨끗해지고 맑

아지는 것도 사실 아닌가? '죄수'가 고발하는 내용도 우리가 진지하게 들어야 하는 까닭이다. 더구나 그것은 어떤 사람을 '무죄로도 유죄로도' 만들 수 있는, 남용되는 권력에 관한 이야기다. 한때 '현직 죄수'였다가 이제 '전직 죄수'로 자처하는 저자는 개혁되지 않는 거대 권력에 똬리를 틀고 있는 '장차 죄수'들을 고발한다. 그들이 누구일까 궁금한 분들은 꼭 읽어보길 바란다.

_ 엄주웅 (민주언론시민연합 정책위원,
재단법인 호루라기 운영이사, 전 방송통신심의위 상임위원)

—

친분 있는 사람이 쓴 책은 늘 재밌다. 내가 아는 그를 발견하고 빙그레 웃다가 내가 모르는 그를 만나면 무릎을 치게 된다. 이 책은 개재밌다. 하지만 그와 친분이 없는 독자들도 나처럼 재밌을지는 잘 모르겠다. 친분이 얽히면 객관화가 잘 안 된다. 그럼에도 나는 자신 있게 두 부류의 사람들에게 이 책을 추천한다. “그대, 검찰개혁을 원하는가? (네) 그럼 이거 읽어.” “그대, 주식해서 돈 벌고 싶은가? (네) 그럼 이 책 봐.” (천기누설 하나. 벌써 자기 돈 불려달라며 제보자 X 앞에 줄 선 사람들 많다.)

_ 장인수 (MBC 기자)

—

언론에서 채널A 이동재 관련 기사가 한창 쏟아지던 어느 날, 지인한테서 전화가 왔다. 제보자 X의 검찰 조사에서 변호사로 입회해 줄 수 있겠냐고 했다. 공익제보자에 대한 법률지원을 하고 있는 호루라기재단의 입장에서 주저할 이유가 없었다.

그의 첫인상은 마음씨 좋은 동네 아저씨 같았다. 그런데 검찰의 조사 당시 그의 놀라운 기억력과 예리한 분석력은 나를 놀라게 했다. 자본주의 시장을 이해하기 위해 마르크스의 『자본론』을 탐독했다는 말을 듣고는 고개가 끄덕여졌다. 게다가 자본주의 시장의 본질을 한복판에서 온몸으로 겪고 느낀 사람만이 할 수 있는 솔직담백한 이야기들은 가히 영화 수준이었다.

그는 평범한 시민들이 알기 어려운 권력과 자본의 음모를 용기 있게 고발하였다. 그의 고발로 그와 가족은 견디기 힘든 고통을 겪었지만, 세상은 정의롭게 바뀔 것이다. 그는 이렇게 말한다. “이 사건이 나와 내 가족의 삶에 준 변화와 고통을 돌이키며 ‘다시 그럴 수 있을까?’ 하고 자문해본다. 피하지 않을 것이고, 피하지도 않았다.” 양심적인 공익제보자로서 그를 응원하고 지지한다.

_ 이영기 (재단법인 호루라기 이사장)

—

민주사회에서 국민의 민심을 왜곡하거나 여론을 조작하는 행위는 일벌백계로 다스려야 할 중 범죄이다. 그러나 이 나라는 그 어떤 비판과 심판에도 자유로운 집단이 둘 있으니, 바로 대한민국 검찰과 언론이다. 그들은 그들에게 주어진 무소불위의 권력으로 마음껏 민심을 왜곡하고 여론을 조작한다. 마치 자신들에게 주어진 특권이 천부인권인 마냥 마구잡이로 칼과 펜을 휘둘러왔고 그 만행은 현재 진행형이다.

검찰은 대한민국 국민이 정당한 절차로 선출한 대통령의 인사권에 도전을 했고, 정답을 정한채로 수사, 기소를 했다. 그런 만행을 폭로하고 저지해야 할 언론은 이에 동조했다. 지난 4월 총선 때의 일도 마찬가지이다. 대한민국 일부 정치검찰은 국민들의 투표권 행사에 영향을 미치기 위해 언론과 짜고 선거 결과를 바꾸려고 했고, 이런 보이지 않는 곳에서의 범죄 행위는 검찰 권력과 언론권력의 불신을 가져왔으며, 종내에는 국민 분열을 불러일으켰다. 이 책의 저자는 우연하게 듣고 보고 겪었던 일에 침묵하지 않고 세상을 향해 나섰으며 저자의 용기가 없었다면 검찰과 언론의 만행은 끊임없이 이어졌을 것이다.

세상을 조금이라도 나은 방향으로 바꾸려면 조금 비겁해서 잘 사는 비굴보다는 손가락질 받고 비난을 들어도 그것을 이겨낼 용기가 필요하다. 그 용기를 내어준 제보자 X에게 감사함을 표하면서 이런 용기 있는 사람이 우리 사회에 더 많이 나왔으면 하는 바람이다.

_ 이동형 (작가, 방송인)

—

아마 3월 24일쯤이었을 것이다. 그 전주 주중에 열린민주당 비례대표 후보로 출마하기로 마음먹고 주말 사이 국회에서 가진 출정식에서 "검찰의 쿠데타를 진압하겠다"고 출마의 변을 밝힌 뒤 하루이틀 지났을 때이니까. 제법 오래전부터 알고 지내던 후배 변호사로부터 검찰이 무언가 공작을 꾸미는 것 같아 제보를 하고 싶다는 연락을 받았다. 평소 신뢰할 만한 변호사라 허투루 듣지는 않았지만, 그 당시만 해도 '검찰의 공작이라고 해봐야 별 것 있겠어?'라고 대수롭지 않게 생각했다. 그런데 그 제보가 3월 26일 밤 들어보니 바로 올해 총선 정국을 들끓게 했던 이른바 '검언 유착 공작'에 관한 제보였던 것이다.

제보자 X는 그날 그렇게 처음 만나게 되었다. 솔직히 나는 이분이 2019년 조국 장관과 가족들을 멸문지화로 몰아간 검찰의 난동 때 김어준의 뉴스공장에 나와 사모펀드에 관해 조곤조곤 잘 설명해 많은 국민들의 오해를 풀어드렸다는 것도 몰랐다. 그 당시 나도 조국 장관의 명으로 법무부 검찰개혁추진지원단장직을 맡아 눈코 뜰 새가 없어 일일이 라디오 방송을 챙겨볼 수가 없었기 때문이다. 아무튼, 처음으로 가진 비례대표 후보자들 저녁 식사 자리가 끝나자마자 후배 변호사가 알려준 대로 찾아간 충무로 근처 치맥집에서 처음으로 제보자 X를 만나게 되었다.

그 자리에서 들은 얘기는 한 편의 추리소설 같아 나로서는 곧이

곧대로 믿을 수가 없었다. 사실 눈앞에 다가온 선거에 관심이 쏠린 내게 제보자 X가 전해주는 얘기는 초현실적surreal 무용극으로 들리는 느낌이었다. 그러니 제보자 X도 그런 나의 표정을 읽었는지 다음날 바로 내게 자료를 전해주겠다고 했던 것인지도 모른다. 약속대로 다음날 제보자는 그 자료를 내게 전해주었고, 채널A 이동재 기자가 남부구치소에 수용 중이던 이철 대표에게 보낸 편지와 제보자 X와 주고받은 통화녹음파일 등을 검토해본 나는 비로소 "검찰이 언론과 한통속이 되어 벌이는 총선공작"이라는 제보자 X의 말을 믿게 되었던 것이다.

그 뒤 모두가 아는 것처럼, 제보자 X의 제보는 이미 취재 중이던 MBC에 의해 세상에 널리 알려졌다. 현직 검찰총장 최측근 검사의 겁박과 회유에도 굴하지 않고 외부에 이를 전한 이철 대표의 결단과 더불어 이를 MBC와 나에게 알리고 자신이 나서서 폭로하기로 한 제보자 X의 용기가 아니었다면, 검언 유착은 지금도 장막 뒤에 가려져 있을지도 모른다.

제보자 X도, 나도 그 뒤의 삶은 그전과 엄청나게 바뀌게 되었다. 각종 사업을 하면서 장막 뒤에서 벌어졌던 일들을 수없이 보고 들었던 그는 그대로 권력의 추악한 모습과 부정의 사슬들을 하나씩 밝혀내고자 제보공장이라는 유튜브 방송을 하기 시작했고, 선거에서 검찰 쿠데타 진압을 약속했던 나는 나대로 그 뜻을 이루고자 의용군으로 나서 있다. 누가 시켜서 하는 것도 아니고, 사사로운 무엇을 원해서도 아니다. 그저 자기 마음이 시켜서 하는 짓(?)이니 필경 화병이 날 터이다.

제보자 X는 나와 만난 뒤로 자리를 같이할 때마다 그간 있었던 일들을 가끔씩 꺼내곤 했다. 〈시사IN〉을 만든 과정, BBK가 세상에 드러나게 된 경위, 호주 이야기, 죄수와 검사 등등. 그러나 나도 하루하루 치열한 전투에 임하다 보니 그간 제보자 X가 들려준 얘기도 수박 겉핥기로만 알 뿐 자세한 내막은 알지 못한다. 나로서는 이 책이 그간 제보자 X가 내게 일일이 설명해주지 못한 장막 뒤의 장면들을 알려주는 길잡이인 셈이다. 그뿐만 아니라 그가 왜 이 어려운 길을 함께 걷게 되었는지 내 궁금증을 풀어줄 열쇠이기도 하다. 그것은 오늘, 그리고 우리 현대사의 최근 십여 년을 같이 살아온 독자들에게도 마찬가지일 것이다.

_ 황희석 (변호사, 열린우리당 최고위원,
전 법무부 인권국장, 전 법무부 검찰개혁단장)

1장.

2002년의 추억,
BBK

'왜 그랬을까?' 아직도 명확한 답을 내릴 수 없다. 다만 어렴풋이 그때를 생각하면 '누군가 너무 힘들어 했고, 돕고 싶었다. 그렇게 누군가를 도우면 내가 힘들 때나, 내 아이들이 힘들 때 누가 나서서 도와주지 않을까?'라는 막연한 기대감이나 엉뚱한 보상 심리 정도가 있었던 것 같다. 이 사건이 나와 내 가족의 삶에 준 변화와 고통을 돌이키며 '다시 그럴 수 있을까?' 하고 자문해본다. 피하지 않을 것이고, 피하지도 않았다. 다만 나의 용기는 가족의 희생이 동반돼야 했으니 늘 가족과 주변에 죄를 짓는 것 같다.

옵셔널 주주가 되다

옵셔널벤처스는 당시 IMF 파고를 넘던 지방의 광주은행 자회사인 '광은창투'가 원래의 사명이었다. 본점은 광주의 공중파 방송국 옆에 자리하고 있었는데, 모회사인 광주은행이 구조조정 차원에서 매각하려는 것을 이명박과 김경준이 인수해 '옵셔널벤처스'로 사명을 바꾸었고, 훗날 오랜 기간 현대사에서 'BBK 사건'으로 불리게 된 주가 조작 사건의 본질이 된 회사가 되었다.

내가 처음부터 옵셔널벤처스(이하 '옵셔널')의 주주였던 것은 아니다. 2002년 2월경 어릴 적 같이 지내던 준철 형(가명)이 한 아주머니와 함께 집 앞으로 찾아왔다. 당시 내가 살던 곳은 이명박 사저가 있는 영동호텔 뒤의 논현동 10번지 안에 있었다. 이명박의 사저와 골목 하나 떨어져 있던 곳이다.

준철 형과 아주머니는 옵셔널 주주였고, 그 당시 옵셔널은 상장 폐지◆ 위험이 있는 거래 정지 상태였다. 아주머니는 집 안의 거의 모든 현금성 자산을 옵셔널 주식에 투자한 상태였다. 형과 아주머니는 몇 개월 전부터 옵셔널 주식에 투자하고 있다가 갑자기 거래 정지가 되자, 어떻게 대처해야 하는지 판단할 수 없었다. 자신들보다 내가 주식시장을 잘 안다고 판단해서 도움을 요청하러 찾아왔던 것이다.

준철 형의 집안은 꽤나 부유했다. 당시 종로5가 보령약국 뒤편에 건물이 몇 개 있고, 서울 곳곳에 많은 부동산을 소유했다. 형은 특별한 직업 없이 성인의 나이에도 부모님에게 용돈과 생활비를 타서 쓰

◆ 상장 폐지란 주식이 상장되어 거래되다가 일정한 상장 요건에 위배되는 사항이 발생하면 주식시장에서 거래를 중지시키는 것이다. 상장 폐지가 된 회사의 주식은 대부분 값어치 없는 휴지가 되고 해당 주식을 가지고 있던 주주들은 막대한 손해를 보게 된다.

는 '마마어덜트'였다. 그래서 주식 투자가 실패했다고 당장 어떻게 되는 것은 아니었다. 어쨌든 이명박이 과거 종로구에 출마해 국회의원이 되었고, 옵셔널의 사주가 이명박인 것을 알고 투자했다.

아니 당시, 옵셔널 피해 주주 상당수가 이명박을 사주로 알고 있었다. 과거 현대건설의 회장이었으며, 유력한 정치인 집안에 전 국회의원이었던 이명박의 사회적 공신력을 믿고 (어처구니없게도) 그 주식을 매입했던 것이다.

당시 2001년 말부터 2002년 초의 옵셔널 상황은 경영진 모두가 국외로 도주해 부재한 상태였고, 금감원에서 옵셔널 본사로 공시 요구◆◆를 했지만 회사 측에서 아무런 답변을 하지 않았다. 그래서 해당 주식에 거래 정지를 시켜놓은 상태였다. 대부분의 소액주주들은 그런 상황을 이해하지 못했다. 당황한 나머지 거의 패닉 상태에 빠졌다.

나는 준철 형과 아주머니에게 "옵셔널 종목에 대해 더 알아보고 도와주겠다"고 하고 돌려보낸 후, 옵셔널 종목의 공시 내용과 팍스넷이라는 주식 정보 사이트에 있던 '옵셔널벤처스 종목 주주 게시판'을 주시하면서 거래 정지 상태에 대한 내용을 파악해갔다.

옵셔널 종목 게시판◆◆◆은 갑작스러운 거래 정지와 상장 폐지의 공포에 휩싸여 있었다. 그야말로 아비규환이었다. 대학교 등록금으

◆◆ 공시 요구는 금융감독원이 해당 회사의 경영 상황에 대하여 공개적으로 답변을 요구하는 제도를 말한다.

◆◆◆ 종목 게시판은 해당 주식을 보유한 주주들이 서로 정보 공유를 할 수 있도록 만들어진 게시판으로 대부분의 주식 정보 사이트에는 상장된 모든 종목의 주주 게시판이 있다.

로 주식을 샀던 대학생, 딸의 혼사를 두 달 앞두고 혼수 비용을 모두 투자했던 어머니, 퇴직금을 투자했던 공장 노동자, 자영업을 하던 노인, 건설공제조합을 다니던 직장인 등, 주주 게시판에 터져 나오던 소액주주의 고통과 비명 소리는 마치 도살장 밖에서 듣게 되는 도륙의 소리와 비슷했다.

당시 주주 게시판의 여론 흐름은 사태를 알아보고자 하는 문의의 글, 피해 주주들이 뭉쳐서 공동 대응해야 한다는 입장, 불분명한 의도를 가진 사람의 비아냥, 그저 발을 동동 구루면서 울부짖는 비명이 뒤엉켜 있었다. 그중 경북대를 나왔다는 대구 출신의 김원식(가명)의 글은 그나마 차분하고 논리적이었다. 그 친구는 온라인 게시판이 아닌 오프라인 모임을 가질 것을 주장했다.

나도 옵셔널 주주가 되어야 했다. 그래야 정당하게 주주 모임에 참석할 명분이 있었고, 사태 전반을 파악하는 데도 필요했다. 나는 종목 게시판에 거래 정지 중이고 상장 폐지가 예상됐던 옵셔널 주식을 사겠다고 글을 올렸다.

액면가로 사겠다고 하니(당시는 액면가 이하에서 거래 정지되었다) 몇몇 사람이 재빠르게 팔겠다고 했다. 거래 정지 상태였기 때문에 오프라인에서 만나 장외 주식 거래를 해야 했다. 현금과 현물 주식을 주고받는 방식이어서 '피해 주주 모임의 첫 오프라인 모임' 때 하기로 했다.

1차 피해 주주 모임은 신림동의 어느 카페에서 이루어졌다. 피해주주들이 처음 오프라인에서 보는 것이기에 서로를 경계하는 모습이 역력했다. 하소연이나 투자금과 피해 규모를 말하는 정도로 끝났지만, 그래도 온라인에서 얼굴도 모르고 필명의 게시 글만 읽다가 서로의 실체를 확인하는 과정에서 어느 정도 서로의 입장과 피해를 확인할 수 있었다. 약간의 신뢰도 가질 수 있었던 모임이었다.

그날 모임의 결론은 당시 벌어진 옵셔널 사건에 대해 주주들 간 협력과 정보 공유가 필요하고, 이 사건을 세상에 널리 알려서 아직 사태 파악을 못하고 있는 다른 피해 주주들을 동참시키고, 다시 한 번 오프라인 모임을 갖자는 것이었다. 그런 협의를 하고 헤어졌다.

그날 어느 피해 주주로부터 50만 원의 현금을 주고 현물 주식을 매수하면서 '진짜 주주'가 되었다. 그 당시 내가 인터넷에서 주식 사이트나 주식 관련 카페에서 사이버 애널리스트 활동을 하면서 쓰던 필명이 '끝전'이었다. 인적 사항은 준철 형의 것을 빌려 썼다.

옵셔널벤처스 피해 주주 모임 시작

당시 옵셔널 주주들이 소통할 수 있는 방법은 오직 팍스넷의 '종목 주주 게시판'이었고, 첫 오프라인 모임 이후, 얼굴을 한 번이라도 본 필명들끼리는 입장을 파악하였기에 서로의 글에 동조하면서 조금씩 피해 주주 모임의 필요성을 전파하였다.

하지만 아직 모두가 서로를 신뢰하는 상황은 아니었다. 당시 종목 게시판의 흐름은 소액 주주들이 뭉쳐 피해 주주 모임을 만들어 대응하자는 주장이 있는가 하면 사라져버린 경영진과 김경준을 기다리고 회사를 지원하자는 엉뚱한 주장도 있었다. 피해 주주들의 모임과 그 구성원들에 대해 협박을 하는 글도 거침없이 올라왔다.

끝전의 필명으로 우선 해야 했던 일은 온라인 피해자 모임 카페 개설이었다. 상장 폐지가 확정될 경우 주주 종목 게시판은 해당 종목 정보와 동시에 소멸된다. 주주들 간의 지속적인 소통을 위해 별도의 피해 주주 모임 온라인 카페가 필요했다. 그래서 2002년 3월 11일 '옵셔널벤처스 피해 주주 모임 카페'를 만들었고 주주 게시판의 글들을 자료 확보용으로 피해 주주 카페로 옮겼다. 그리고 피해 주주들의 가입을 독려했다.

옵셔널의 상장 폐지 사유는 어처구니없게도 '불성실 공시'◆였다. 요즘은 공시 위반 등으로 회사가 '불성실 공시 법인 지정'을 받는다 해도, 각 위반 사항을 벌점으로 차등해 구분한 뒤 일정한 불성실 공시 벌점이 쌓여야 상장 폐지 실질심사에 들어간다. 과거의 불성실 공시 벌점 역시 일정 기간이 지나면 소멸되므로 단순히 불성실 공시 법인 지정으로 상장 폐지되는 경우는 거의 없다.

그 당시 옵셔널은 금감원의 공시 요구에 세 차례 답변하지 않아서 불성실 공시 3회로 상장 폐지됐던 유일한 회사이다. 금감원에서 옵셔널 본사로 공시 요구를 세 차례 하였고, 경영진이 모두 외국으로

◆ 상장회사는 회사의 경영-회계 등의 정보를 일정 기준에 따라 정확히 공개해야 하고, 회사의 경영 상황에 대해 금감원이 요구할 경우 공개적인 답변(공시)을 해야 한다. 거짓 정보를 공개하거나 금감원의 요청에 답변하지 않을 경우 '불성실 공시 법인'으로 지정하여 투자자들에게 회사 제공 정보의 불확실성을 알리는 제도이다.

도주해버린 옵셔널은 금감원의 공시 요구에 답하지 못했다. 당시 공시 위반 세 차례면 상장 폐지가 되는 규정이 잠시 있었는데, 그 사유로 상장 폐지된 상장회사는 옵셔널이 유일하다. 후에 이 규정은 없어졌다.

옵셔널의 또 다른 상장 폐지 이슈는, 중소기업청의 입장이었다. 옵셔널은 창업투자사(VC)였고, 당시 정부의 주무부서는 중기청이었다. 중기청이 창투사 라이선스를 취소한 것 역시 상장 폐지 사유였다. 피해 주주 대부분의 바람은 상장 유지와 거래 재개였다(지금도 상장 폐지 실질 심사에 들어간 종목의 피해 주주들 바람은 변하지 않았다).

이후 몇 차례 더 오프라인 피해 주주 모임이 진행됐고, 나름의 운영진도 갖추게 되었지만, 그때까지도 피해 주주 모임이 모든 피해 주주의 지지를 받았던 것은 아니다. 모두의 동의를 얻는 것도 불가능해 보였다.

옵셔널 주주 모임의 당시 활동은 주가 조작과 횡령-배임 등의 범죄를 저지르고 국외로 도주한 김경준 등 옵셔널 경영진의 횡포와 불법성을 언론에 알리는 일과 그들의 불법 사항을 검찰에 고발하는 것, 상장 폐지 실질 심사를 통과시켜서 피해 주주들의 바람인 상장 유지와 거래를 재개시켜 소액주주 피해를 최소화하는 일이었다.

그리고 당시에도 피해 주주들이 빠트리지 않았던 일은, 실질 사주로 알려진 이명박의 사무실을 찾아가 대책을 호소하고, 편지와 전화로 피해 주주들의 실상을 알리는 것이었는데, 이명박은 당시까지 아무런 답변도 대응책도 마련해주지 않았다. "자신은 이미 몇 개월

전에 이사직을 사임해서 책임이 없다"는 식으로 발뺌하는 입장을 고수했다.

옵셔널벤처스 피해 주주 모임 활동

당시 피해 주주 모임의 운영진은 대략 10여 명 정도였고, 대표는 경북대학교를 졸업했다고 한 김원식◆이 맡았다(그는 약 7,000만 원의 피해를 본 상황이었다). 등록금을 날린 대학생과 어느 아주머니가 총무를 맡았다. 나는 피해 주주 모임의 고문 같은 역할을 맡아 모임의 활동을 지원하기로 하였다.

경영 공백 상태인 옵셔널의 실체 파악과 상장 폐지 저지를 위해서는 경영권 확보가 필요했다. 그러려면 주주들의 의결권을 모아서 '임시 주주총회 허가와 피해 주주가 요청하는 이사 선임의 주주총회 의안에 대한 허가'를 법원에 신청해야 했다.

그러기 위해 피해 주주 모임의 위상을 확보해야 했고, 주주들의 의결권 위임이 필요한 상황이었다. 주주 모임 카페와 종목 게시판의 홍보 활동과 언론의 도움을 요청해나갔다. 기억으로는 이 사건에 관심을 가져준 언론은 MBC의 이상호 기자였다. 이상호 기자는 인터뷰

◆ 훗날 주주 모임 대표와 대학생은 내가 회사를 인수한 후 법무팀장과 주식 담당자로 같이 일하기도 하였다.

를 정규 뉴스에 보도했고, 인터뷰한 주주는 등록금을 날린 대학생◆◆이었다.

또한 피해 주주 모임 운영진은 금융감독원 앞에서 항의 시위를 하기도 하고, 금감원 담당자를 찾아가 상장 폐지의 부당함을 알리고 상장 유지를 요청하기도 했으며, 대전에 있던 중소기업청 앞에서 시위를 시도하기도 했다. 주주 종목 게시판에 창투사 허가 심사를 진행 중이던 중기청 앞에서 항의 시위를 예고하고 주주들의 참여를 독려하는 글이 많아 올라왔다. 이 상황을 중소기업청에서도 주시하고 있었다.

주주 모임 운영진들과 함께 대전의 중기청 앞에 도착했을 때 이미 중기청이 시위를 막을 진압경찰을 요청한 상태였다. 주주들의 동태를 살피러 온 정보 경찰들과 맞닥뜨리기도 했으나, 대부분의 피해 주주 모임이 그렇듯 참여 인원은 많지 않았다. 운영진 몇 명이 담당자를 찾아가 피해 주주들의 입장을 민원으로 제기하는 수준으로 마무리되었다.

피해 주주 모임의 활동비는 게시판을 통해서 십시일반의 후원금을 모금하기도 했고, 주주 모임의 활동 사무실은 내가 사용하던 사무실을 사용했다. 법률적 도움은 법무법인 정평의 임 모 변호사가 무료 변론으로 도와주고 있었다(임 변호사와는 이 사건을 계기로 친구가 되었다).

◆◆ 이 대학생은 결국 대학을 중퇴했고, 이후 내가 회사를 경영할 때, 회사의 공시팀에 취업시켜주기도 했다. 그는 지금도 주식시장에서 활동하고 있다.

임 변호사는 국외로 도주했던 김경준 등이 회사에 남아 있던 현금 50억 원가량을 마저 인출하려고 시도하자, 주주들의 위임으로 도주한 경영진들에 대한 형사소송은 물론, 회사에 남아 있던 현금을 전 경영진들이 인출하지 못하도록 검찰에 요청하여 출금을 막아주기도 했다.

옵셔널에는 당시의 상장회사들에는 없던 특이한 정관 항목이 있었다. 그것은 '포이즌 필Poison pill 조항'이었다. "회사의 임원들이 적대적 M&A로 인하여 강제 해임당할 경우, 1인당 50억 원의 퇴직 위로금을 지급한다"는 조항으로 이는 적대적 M&A를 방지하는 목적◆으로 미국에서는 종종 정관에 삽입하지만 당시까지 국내에는 전혀 없는 조항이었다.

포이즌 필 조항은 김경준의 누나이고 미국의 법인 전문 변호사로 알려진 에리카 김이 옵셔널에 적용한 정관이다. 에리카 김은 1997년 8월 6일 대한항공 여객기가 미국령 괌에 착륙하기 직전의 폭발로 220여 명이 사망한 대형사고 때 피해자 측 변호사로 활동했다. 보상방식을 '미국식 보상 방법'으로 정하는 데 승소하여 피해자들에게 많은 보상금을 안겨주면서 국내에서도 나름 유명했던 인물이다.

이후 종로구 국회의원 이명박이 선거법 위반 등으로 1998년 2월 국회의원 자격이 박탈된 후, 미국으로 건너가 체류할 때, 교민 사회에서 목회 활동을 하던 에리카 김의 아버지와 연결되어 에리카 김이 이

◆ 최근에는 여러 가지 형태로 적대적 M&A를 방지하는 조항들이 있는데 교차임기제, 초다수 의결제가 주로 사용된다.

명박을 만났다. 에리카 김을 통해 동생인 김경준과 이명박이 만난 것으로 알려졌다. 김경준은 당시 미국계 투자회사인 살로몬스미스바니에서 근무하다가 회사의 투자 규정 위반으로 해임된 상태였다.

김경준과 이명박은 에리카 김의 소개로 만나 의기투합하여 1999년 대한민국에 'BBK투자자문'이라는 회사를 세우고, 그 관계사 형태로 당시 금융시장에서 생소한 인터넷 금융이라는 분야의 'e-Bank korea'라는 회사를 설립하여 금융감독원에 허가 신청을 냈다.

당시 '끝전'으로서 내가 파악했던 BBK-옵셔널벤처스 사건의 실체는 이러했다. 이명박과 김경준이 설립한 BBK투자자문에서 막대한 손실이 발생했고, e-Bank korea마저 사업 진행이 지지부진해지자 자신들의 손실을 만회하려고 상장회사를 인수하기로 했다. 그 후 코스닥 상장회사인 광은창투를 인수하여, 옵셔널벤처스로 사명을 바꾸었으며 광주의 본점과는 별도로 강남구 삼성역 사거리 쪽에 있는 코스모타워 빌딩 12층에 '옵셔널벤처스 서울 사무실'을 개소했다.

광주에 있는 옵셔널의 본점은 원래 광은창투에서 하던 일반 업무를 지속했고, 실질적인 본점 업무는 대부분 서울 사무실에서 이루어졌다. 즉 서울 사무실에서 옵셔널과 관련된 모든 불법적인 업무가 진행되었다. 더군다나 같은 건물 8층에는 BBK투자자문과 관련된 LKe-Bank 등의 회사들이 입주해 있었으며, 이곳에 이명박 정권 시절 총무비서관이었던 이명박의 집사 김백준이 상주했다.

BBK투자자문을 설립 운영할 당시, 이명박의 후배였던 심택 회장은 50억 원가량 BBK투자자문에 투자했으나 이를 돌려받지 못하게 되었고, 이에 심택 회장은 서울지검에 이명박과 김경준을 사기 혐의로 형사 고소한 것은 물론이고, 이명박 소유의 논현동 사저를 자신의 채권으로 압류하기도 했다.

2001년 말경, 이명박과 김경준이 서울지검에서 심택 회장이 고소한 사건의 조사가 이루어졌으며, 이후 김경준은 옵셔널의 자금으로 심택 회장에게 변제한 것으로 알려졌으며, 이명박 소유의 논현동 사저에 대한 압류를 풀었음은 물론이고 이 사건은 불기소로 정리됐다. 김경준은 2001년 12월, 검찰 수사가 마무리되자 바로 미국으로 도주했다.

김경준은 옵셔널을 인수한 직후부터 수십 개의 차명계좌를 이용하여 인위적인 주가 조작을 진행했다. 그 당시 옵셔널의 공시를 통하여 마치 외국계 금융 전문가를 영입한 것처럼, 회사의 대표이사인 스티븐 발렌수엘라를 비롯하여 임원진을 모두 외국인으로 바꾸었다.

이 외국계 임원들은 단 한 차례도 국내에 입국한 사실이 없음을 파악했다. 옵셔널은 자산을 외국계 회사에 투자하는 형식으로 수백억을 외국으로 빼돌렸다. 이러한 모든 상황을 언론사 보도자료로 배포했고 기사를 보면서 호재성 공시로만 받아들인 수많은 소액주주들이 주식을 매입했다. 그리고 김경준 등은 자신들의 주식을 매각하면서 범죄 수익을 챙기고 있었다.

옵셔널은 여러 차례 증자 공시를 했으나, 실제 주식 대금의 상당부분이 회사로 들어온 것이 아니다. 사채 자금 등을 이용하여 주금 납입을 한 뒤 곧바로 사채 자금을 변제하는 이른바 '찍기' 방식의 가장 납입◆ 증자로 주식을 발행했다. 이렇게 발행된 주식을 주가 조작을 통해 소액주주에게 떠넘김으로써 3,000여 명의 피해 주주가 발생했고 1,000억 원가량의 피해를 소액주주들에게 안겼다.

피해 주주 모임이 주도하여 옵셔널 매각 진행

거래 정지가 오랫동안 진행되고, 상장 폐지의 공포가 이어질수록 소액주주의 이탈이 늘어갔다. 하루라도 빨리, 다만 얼마만이라도 현금화하여 일상으로 돌아가고 싶어 하는 사람들이 많았다.

당시 금융감독원은 피해 주주들의 희망과는 달리 옵셔널이라는 회사가 하루라도 빨리 상장 폐지와 정리 매매를 통하여 소멸되거나 사라져서, 더 이상 언론에 드러나지 않아 자신들의 감독 책임이 묻히기를 바라는 듯한 입장이었다. 창업투자사의 인허가권을 쥐고 있던 중소기업청 역시 분위기는 비슷했다.

나는 피해 주주 모임의 운영진과 상의해서, 임시주총의 법원 허가가 나오기 전이라도 피해 주주들의 입장을 고려해, 옵셔널의 경영권과 주주 모임 지분(주주 모임에 위임한 주주들의 지분 모두)을 제3자에 매각하여 피해 주주 모임 참여 주주의 피해 회복을 서두르는 일도 병

◆ 회사가 자본금을 늘리기 위해서는 투자금을 회사 계좌로 입금하고 그 금액만큼 주식을 발행하는 것이 일반적인데, 투자금을 사채로 조달해 입금한 후 주식을 발행하고, 곧바로 다시 회사의 투자금을 사채에 변제하는 방법을 가장 납입이라 한다.

행하자고 제안했다. 따라서 자본력과 경영 능력이 있는 매수자를 찾는 일을 병행하게 되었다.

옵셔널은 창투사로서 부채가 전혀 없다. 비록 부실한 채권이 대다수였지만 투자한 자산도 아직 많이 남아 있었고, 특히 주주 모임에서 검찰에 요청하여 국외로 도주한 경영진이 가지고 가려다가 검찰에 의해 동결된 현금이 50억 원가량 남아 있었다. 제대로 된 경영진이 옵셔널에 참여한다면, 상장 유지를 위한 대응을 하고 회사가 정상화돼 피해 주주에게 혜택이 돌아갈 수 있다고 예상했다.

나는 주식시장의 지인들에게 당시 옵셔널의 상태와 피해 주주들의 입장을 설명하고 매수자를 물색했다. 이 일과 함께 법원의 임시주총 허가 관련 소송에도 전념했다. 보다 많은 주주의 참여를 독려하는 일도 소홀하지 않았다.

그러던 중 '유니씨엔티'라는 코스닥 상장사로부터 매입 의사가 들어왔고, 주주 모임 운영진과 매각에 대한 협상을 진행했다. 몇 차례 협상 끝에 피해 주주 모임에 위임했던 피해 주주 물량 전체를 주당 1,300원 정도에 인수하는 조건으로 결정되었다(당시 이 가격대에서 거래 정지되었다).

계약금으로 20억 원을 지급하고 계약금에 해당하는 옵셔널 주식을 양도하기로 했으며, 잔금은 유니씨엔티의 약속어음과 당좌수표로 지급하고, 주주총회를 통해 유니씨엔티에서 요청하는 이사진이 선임될 경우, 나머지 피해 주주 모임이 위임받은 주식 전량을 유니씨엔티 측에 지급하고 유니씨엔티는 피해 주주 모임 측에 맡겨놓은 약속어음을 결제하는 수순으로 진행하기로 했다.

옵셔널 주주 모임의 위기와 수습

그 과정에서 2002년 8월, 법원으로부터 임시 주주총회 개최 허가가 떨어졌다. 주식시장이 생긴 이래 최초로 피해 주주들의 자발적 참여로 옵셔널의 경영권을 확보했다. 그 경영권을 유니씨엔티 측에 넘겨준다면 피해 주주들의 손실을 상당 부분 회복할 수 있어 보였다.

그때까지도 옵셔널의 주식은 금감원에 의해 거래정지 중이었다. 경영권 공백이 장기화되는 상황에서 피해 주주들이 할 수 있는 일은 없었다. 임시주주총회 날짜는 확정됐다. 만약의 사태, 즉 유니씨엔티 측의 주식인수에 대한 잔금 결제가 이루어지지 않을 상황에 대해 주주 모임이 대비해야 했다.

인수자 유니씨엔티가 요청한 이사 수와 동수로 피해 주주 모임에서 이사들을 추천해 선임하고, 유니씨엔티가 주식인수 잔금 약속을 이행하면, 피해 주주 모임이 선임한 이사들이 사임하는 방법으로 진행했다.

임시 주주총회가 열렸고 총회장에는 신분을 알 수 없는 사람들이 위임장을 가지고 참석해 긴장감이 흘렀다. 피해 주주 모임 운영진도 바짝 긴장했다. 피해 주주 모임의 진행에 반대하는 주주들이 의견을 개진하면서 고성과 약간의 소란이 있었으나 주주총회의 표 대결에서

'주주 모임 측 안'이 가결되어 임시 주주총회는 우려 속에서도 큰 사고 없이 끝났다. 그렇게 유니씨엔티와의 매각 진행도 순조롭게 끝나는 듯했다.

사고는 그다음에 발생했다. 유니씨엔티는 주주총회를 통해 자신들이 요청한 이사들을 선임했으나 잔금 지급을 거부하는 일이 발생했다. 매각을 중개하고 주도했던 나로서는 판단 실수로 피해 주주들에게 큰 피해를 줄 수 있는 상황이었다.

유니씨엔티에서 주주 모임에 지급했던, 약속어음과 당좌수표를 추심(지급 요구)하여 옵셔널 주식 대금의 잔금을 청구하기로 했다. 그러나 은행 계좌를 통해 대금 추심을 할 경우, 지급 제시와 지급 또는 지급 거부의 통보까지는 3~4일이 소요될 것이고, 그 기간 동안에 어떤 일이 벌어질지 알 수 없었다.

나는 피해 주주 모임 대표와 함께 약속어음과 당좌수표를 발행한 은행의 지점을 직접 찾아가 '창구 제시'를 하기로 했다. 그러면 해당 은행에서 약속어음의 청구 금액을 즉시 지급하거나 또는 그 자리에서 지급 거절을 확인할 수 있다. 유니씨엔티에게 '부도'라는 압박을 가할 수 있다.

해당 지점 부근에 도착했다. 청담동의 유명 고깃집 건너편에 있는 은행 지점으로 걸어갔다. 그런데 입구에는 이미 검정 양복을 입은 조폭 십여 명이 대기하고 있었다. 나와 주주 모임 대표는 이를 무시하고 은행으로 들어섰다. 순간 몸싸움이 벌어졌고 나와 주주 모임 대표는 창구로 돌진했다. 그 와중에 조폭의 리더 격인 남자와 얼굴이 마주쳤다.

어린 시절, 운동을 같이했던 목포 출신 친구였다. 과거 행사장에서 인사를 나누고 몇 번 본 사이였다. 서로를 알아보고 몸싸움을 멈췄다. 나는 친구에게 피해 주주 모임의 입장과 유니씨엔티의 무도함을 설명했다. 친구는 유니씨엔티의 요청으로 왔고, 자신의 선배가 유니씨엔티의 실질 사주인데, 이 창구 지급을 막아달라고 요청했다는 것이다.

나는 친구에게 옵서널로 현재 수많은 피해 주주가 고통 받고 있고, 원만히 해결하지 못하면 더 큰 문제가 발생할 것은 물론이고, 피해 주주 모임은 아무런 실수나 잘못 없이 주주총회에서도 유니씨엔티의 요구대로 약속을 이행했다는 것을 모두 설명했다.

친구는 나의 말에 동의했다. 자신이 실수한 것 같다며 사과하고 이 일에 개입하지 않겠다고 했다. 그리고 일행과 떠났다.

나는 주주 모임 대표와 은행 당좌계로 가 약속어음과 당좌수표를 지급 제시했다. 그러나 유니씨엔티의 농간은 계속됐다. 당좌계 창구에 약속어음 지급을 신청하자 해당 어음과 수표가 '사고 어음'◆이라서 지급할 수 없다고 했다.

당시 M&A 시장에서는 약속어음을 정상적으로 발행해놓고도 지

◆ 예전에는 발행한 약속어음이나 당좌수표를 '위-변조 처리'하는 수법으로 지급을 유예할 수 있었다. 발행자가 경찰 등에 '해당 유가증권은 위-변조 됐다'고 소장을 접수하고 그 접수증을 은행에 제출하면, 자신들이 발행한 유가증권에 대해 지급을 유예할 수 있었다. 그래서 종종 지급 거절의 수법으로 사용되었다.

급하지 않을 목적을 달성하고 부도의 처벌도 회피하려고 발행한 어음이나 당좌수표를 '분실이나 위-변조됐다'는 명분으로 당좌계에 사고 신고를 하면 당좌계가 지급을 거절할 수 있는 규정이 있었다.

그렇게 지급 거절된 어음이나 당좌수표는 결국 별도의 소송을 통해 채권을 확정받을 수 있었다. 그 별도의 민사소송이라는 것이 몇 개월, 몇 년이 걸리는 일이 대부분이라서 잔금을 회수해야 할 피해 주주의 입장에서는 절망적인 상황이 되었다.

나는 마지막 방법을 쓸 수밖에 없었다. 당시 주주총회 의결에 대한 법인 등기 업무는 내가 잘 알고 있던 법무사 사무실에서 진행했으므로 바로 전화를 했다. 당시 사무장에게 따로 부탁해놓았던 것이 있었다.

그것은 유니씨엔티가 요구한 이사진들에게 법인 이사 등기에 필요한 서류를 받을 때, 기본 서류와는 별도로 인감증명서 1통과 백지에 인감 날인을 해두도록 부탁해놓았던 것이다. 유니씨엔티는 그 사실을 알지 못했다.

사무장에게 전화해서 "어쩔 수 없게 됐으니 마지막 방법대로 처리해달라"고 요청했다. 다름 아닌 추가로 받아두었던 인감증명서와 백지 날인 받은 서류를 활용해서, 임시 주주총회에서 선임된 유니씨엔티 측 선임 이사들을 모두 사임 처리하는 것이었다. 나의 부탁으로 유니씨엔티 측 이사들은 모두 사임 처리되었고 유니씨엔티와의 계약은 파기됐다. 이제 옵셔널의 이사진은 온전히 피해 주주 모임에서 추천한 이사들이 장악하게 되었다.

유니씨엔티에서 받은 20억 원은 모두 비율대로 공정하게 피해 주주들에게 돌아갔다. 이후 유니씨엔티에서는 20억 원을 포기하는 대신, 약속어음과 당좌수표를 돌려달라고 요청해왔다. 유니씨엔티에서 선임한 이사들이 모두 등기부상에서 지워진 것을 확인하고 더 이상 상호간에 법률적 분쟁 없이 끝내는 조건으로 어음과 당좌수표를 반환하고 마무리했다.

계약을 온전히 마무리하지는 못했지만 20억 원이라는 적지 않은 돈을 피해 주주들에게 돌려줄 수 있었고 그만큼은 피해가 줄었다. 피해 주주 모임이 어렵사리 확보한 옵셔널의 경영권을 통째로 빼앗길 위기는 있었으나 잘 지켜내서 다시 다른 곳과 매각 협상을 진행할 기회도 만들었다. 나로서는 그리고 피해 주주 모임의 입장에서는 큰 위기를 넘긴 셈이었다.

옵셔널의 경영권을 송두리째 차지하려 했던 그자들은 이후에도 나와 주식시장에서 몇 번 부딪쳤다. 이들은 '무자본 M&A 1세대'로 불리면서 당시 해체된 대우그룹 계열사의 매각 과정에 개입했고 무자본 M&A와 주가 조작-횡령 등을 일상적으로 일으켰던 세력들이다.

이후에도 주식시장에서 무자본 M&A 등으로 여러 회사를 인수하여 상장 폐지로 이끌었던 세력들의 원조이다. 이들과 함께 일하다가 또는 이들 밑에서 임원과 직원으로 일하면서 무자본 M&A와 주가 조작 기법을 배워 파생된 세력들이 아직도 주식시장에서 칡뿌리처럼 질긴 생명력으로 남아 자본시장법의 변화에 맞주어 진화하며 살아가고 있다.

경영권 확보 후 옵셔널벤처스에 대한 적발 감사 실시와 재매각

나는 피해 주주 모임과 주주 모임에서 선임한 이사들과 함께 옵셔널에 대한 실태 파악에 들어갔다. 감사법인을 선임하여 광주에 있는 옵셔널 본사로 내려가 적발 감사를 진행했다. 적발 감사는 일반 회계감사와 달리 전 경영진의 불법 사항 전반을 파악하는 감사 방법이다. 그 결과, 엄청난 불법 사항들을 찾아냈고, 회사에서 투자했던 많은 금액 중 회수 가능한 자금도 발견할 수 있었다.

적발 감사에서 발견한 전 경영진의 불법사항은 김경준과 이명박이 함께 경영할 당시의 불법 사항들이다. 옵셔널 상장 당시 회계 감사법인이 제대로 감사업무를 했더라면 저들의 엄청난 불법을 미리 막거나 최소한 시장 참여자인 소액주주에게 경고의 메시지는 줄 수 있었다. 그러나 전 경영진들과 함께 했던 회계법인은 자신의 임무를 소홀히 하거나 방임했던 것으로 보인다. 그래서 주주들이 막대한 피해를 입었지만 당시 회계 감사 법인의 관계자는 어느 누구도 처벌받지 않았다.

적발 감사를 통해 얻은 결과는 피해 주주들의 소송을 대신하던 로펌으로 전달됐다. 김경준 등 불법행위를 저지르고 국외로 도피한 경영진을 처벌하기 위한 소송자료로도 쓰였다.

그즈음 금감원으로부터 최종적으로 "상장 폐지 결정"이라는 통보를 받았다. 피해 주주들은 다시 한 번 절망했고, 상장 폐지 종목의 주식을 마지막으로 거래할 수 있는 '정리매매 기간'◆이 정해졌다. 당시 정리매매 기간은 지금과 달리 15일간이었다.

정리매매 기간 동안 절망감에 쏟아지는 옵셔널 주식을 시장에서 받아 내가 직접 경영권을 가지고 경영하는 방법도 고민했다. 하지만 그럴 수 없었다. 만약 피해 주주들이 쏟는 주식을 저가에 매수하여 경영권을 확보한다면 피해 주주들에게 '처음부터 끝전은 그럴 목적으로 주주 모임에 참여했다'는 오해를 받기 쉬웠다. 어쨌든 1년 가까이 생업을 포기하며 매달렸던 옵셔널 피해 주주 모임을 끝내고 싶은 마음이 있었다.

다만 내 본심을 드러낼 수는 없었다. 내가 다시 주식을 모아 경영할 가능성이 있다는 것을 부인하지 않음으로써 정리매매 기간 동안 다른 세력이 매수에 참여한다면, 그만큼 매수 세력이 많아질 것이다. 그러면 피해 주주들은 얼마라도 높은 가격에 팔 수 있고 조금이라도 피해 회복을 할 수 있다.

옵셔널은 주식시장에서 또 다른 기록을 가지고 있다. 경영권을 피해 주주가 직접 회수한 최초의 사례이기도 하지만, 정리매매 기간인 15일 중에 단 하루를 제외하고는 모두 상한가를 기록한 것이다. 첫날은 절망의 매물이 쏟아져 10원까지 떨어졌다. 그러나 다음 날부

◆ 상장했던 주식이 상장 규정을 벗어나 상장 폐지 실질 심사 기간이 지난 후 최종적으로 '상장 폐지 결정'이 되면, 그동안 거래정지되었던 주식을 일정 기간 동안 다시 거래할 있다. 주주들이 최소한의 투자금액이라도 회수할 수 있는 기간이다. 대부분 거래정지 가격 대비 헐값에 거래된다. 주가 조작 세력이나 회사에 불법을 저지른 세력은 오히려 이 기간 동안 주식을 헐값에 매집하여 피해 주주의 민원을 최소화시킴으로써 자신들의 처벌을 줄이는 수단으로 이용하기도 한다.

터는 연일 상한가를 기록했다. 정리매매가 끝나는 날에는 350원대에서 끝났다.

피해 주주 모임에 위임했던 주주들은 각자의 판단대로 움직였다. 끝까지 주주 모임의 결정과 함께하겠다는 주주도 있었고, 정리매매 기간에 매각해 얼마라도 회수하겠다는 주주도 있었다. 그렇게 정리매매 기간이 끝나고 며칠이 흘렀을까?

옵서널의 피해 주주로 구성된 경영진과 경영권 협상을 하고 싶다는 연락이 왔다. 그가 바로 지금까지 옵서널벤처스를 운영하고 있는 장 대표다. 장 대표는 피해 주주 모임 운영진과 당시 옵서널의 경영진을 함께 만났다. 그는 정리매매 기간 동안 상당수의 주식을 시장에서 사 모았다. 장 대표는 그 자리에서 경영권을 자기에게 넘기라고 요구했다. 그리고 회사의 운영 비전과 직원들을 수용하겠다는 의사도 밝혔다.

피해 주주 모임과 옵서널 경영진은 회의를 했다. 우리도 그동안 최선을 다했으니 회사를 정상화시켜 운영할 장 대표에게 넘기자고 의견이 모아졌다. 그리고 그때까지도 주주 모임과 함께하던 주주들의 주식 전부를 장 대표가 정리매매 기간의 마지막 종가보다 약간 높은 가격에 인수하는 것으로 협상은 마무리됐다.

옵셔널 주주 모임 활동을 마무리하고 각자의 일상으로

그렇게 1년에 가까운 옵셔널의 피해 주주 모임 활동을 끝낼 때가 왔다. 피해 주주 모임의 운영진을 당시 양평에 있던 시골집으로 불렀다. 모두가 서로를 격려하고 위로했다. 나도 "최고의 결과는 아니지만 최선을 다했다"고 말했다. 모두들 그 모임을 해산으로 끝내는 것에 아쉬워했다. 모든 사연을 뒤로하고 각자의 생활로 돌아가는 것이었다.

당시 옵셔널 주주 모임의 등장은, 옵셔널 법인 자체를 없애 자신들의 불법 행위들에 대한 대응을 무력화시키려 했던, 이명박-김경준 등에게는 위협이었고 돌발 변수였다.

피해 주주 모임의 활동이 없었다면 옵셔널은 그들의 의도대로 파산과 청산의 수순을 밟고 법인은 해산되었을 것이다. 그랬다면 이명박과 김경준을 제대로 처벌하지 못하고 모든 증거가 사라졌을 것이다.

절망에 빠졌던 주주들이 힘을 모아 옵셔널의 자산을 지켰다. 법인의 해산을 막고 경영권을 확보해 회사를 지속시킬 수 있었다. 그래서 김경준은 물론이고, 많은 세월이 흘러서라도 이명박과 일당들을 늦게나마 처벌할 수 있었다고 생각한다. 그렇게 2002년이 끝나갈 무렵 나는 이제 다시 옵셔널벤처스와 인연이 없을 것이라고 생각했다. 그렇게 믿고 살았다.

2장.

권력의 유효기한

전 중앙정보부장의 막내아들 '리틀 Lee'

2003년 말경이었다. 주식시장 브로커를 통해 신용카드를 제조하는 AMS라는 코스닥 회사에서 투자유치 의뢰가 들어왔다. 방식은 '제3자 배정◆의 유상증자에 참여해달라'는 것이었고, 금액은 50억 원가량이었다. 투자를 결정하기 위해서 상장회사로서 공개된 회계감사 보고서와 사업 보고서, 공시 내용을 검토했다. 공개된 자료로는 회사의 유보율◆◆이나 현금 유동성이 양호했다.

당시 카드 시장은 기존 마그네틱 카드에서 IC 칩 카드로 전환하는 과정에 있었다. 그만큼 카드 제조사의 입장에서는 새로운 시장을

◆ 일반 주주 배정 증자는 모든 주주에게 증자 참여의 기회를 부여해 증자하는 것이고, 제3자 배정 유상증자는 이사회에서 특정 대상에게 주식을 배정하여 증자하는 방식이다.

◆◆ 기업의 영업 활동 등으로 회사가 보유하고 동원할 수 있는 자금 규모를 나타내는 지표.

앞두고 있었던 시기다. 하지만 무분별한 신용카드 발급과 사용의 남발로 일명 '신용카드 대란'이라고 불리던 시기였다. 회사로서는 미리 새로운 시장에 대한 준비를 하지 못한다면 도태될 수 있었던 시기였다.

당시 AMS 대표이사이던 문 모 사장을 직접 만나 자체 IR 면담◆을 가졌지만, 회사 내부에 공개되지 않은 별다른 리스크는 없다고 했고, 회사의 전망 역시 밝다고 설명하면서 꽤나 자신감이 있어 보였다. 당시 AMS의 대주주는 '씨씨케이벤'이라는 회사로 소매점에 카드 단말기를 배포하고 카드 수수료의 일부분을 수익으로 취하는 회사였다.

더욱이 씨씨케이벤의 대주주를 확인하고는 놀라지 않을 수 없었다. 이 회사의 대주주는 막강한 재벌 2, 3세로 이루어져 있었고(일명 재벌 7공자) 그 사람들 가운데 한 명이 박정희 정권의 최고 실세였던 이후락 중앙정보부장의 막내아들◆◆이었다.

당시 대표이사이던 문 모 사장은 투자가 이루어질 경우, 손실에 대한 별도의 보장책도 마련해준다고 자신했다. 그래서 50억 원가량의 투자를 결정하고 제3자 배정의 유상증자에 참여했다. 그러나 투자가 이루어지고 며칠 지나지 않아서 주가는 폭락하기 시작했다. 투자 후 주식이 발행되고 매각할 수 있는 시점에는 제3자 배정가와 대비해

◆ 투자 유치를 원하는 회사의 책임자를 만나 회사의 현 상황과 비전을 듣는 자리.
◆◆ 당시 관련 기사 : https://www.mk.co.kr/news/home/view/2002/08/207127/
m.joseilbo.com/news/view.htm?newsid=6847
https://www.viewsnnews.com/article?q=1430

40%가량이 하락했다. 투자금 50억 원 주식의 평가 가치가 30억 원가량으로 떨어져 이미 막대한 손실이 발생했다.

주요 투자자의 입장에서 나는 AMS 경영진을 직접 만나 항의했고, 투자 손실에 대한 보존 조치를 요구했다. 이런 항의가 몇 차례 진행되는 과정에서 문 사장은 뜻밖의 제안을 해왔다. "차라리 회사를 인수해 달라"는 것이었다.

내가 결정해야 하는 상황은 막대한 손실을 인정하고 빠져나오거나 해당 회사를 인수하는 것, 둘 중 하나였다. 별도로 보장해준다는 투자 손실 보전을 요청하고 실행할 경우, 회사에는 더 큰 부담으로 전가될 가능성이 커 보였다. 주가는 계속 하락을 거듭해 전체 투자금에 대한 매도 예상가는 반 토막 이하가 되었다.

AMS는 경영권이 이원화돼 있는 듯했다. 이후락 중앙정보부장의 막내아들은 금융권의 전문 금융인을 명목상 회장으로 내세운 채 부회장으로서 전체 경영권을 장악하고 행사하고 있었다. 대표이사로 또 다른 전문 경영인을 내세운 채 배후 경영을 하고 있었던 상황이다.

전 중앙정보부장의 막내아들 '리틀 Lee'와 겨룬 싸움

나는 회사를 인수하는 쪽으로 적극 검토했다. 그러려면 당장 회사를 실질적으로 지배하고 있는 전 중앙정보부장의 막내아들 '리틀 Lee'를 만나야 했다. 전문 경영인 문 대표의 소개로 회사 인수를 위한 협상의 자리는 씨씨케이밴◆의 사무실에서 이루어졌다. 그곳에서 처음 리틀 Lee를 만났다. 그에 대한 첫 인상은 내가 그동안 경험해보지 못했던 '부와 권력을 일상'으로 여긴다는 느낌 정도였으나, 나 역시도 회사에 투자한 중요 투자자의 입장이었으므로 위축될 일은 전혀 없었다.

리틀 Lee는 뜻밖에도 순순히 매각 의사를 밝혔다. 매각 협상은 순조로웠다. 일주일 만에 매각에 대한 협약서를 작성하고 우선 약정금 형식으로 2억 원을 지급했다. 문제는 계약금을 지급한 후에 벌어졌다.

AMS라는 코스닥 회사가 매각된다는 소문이 시장에 돌았다. 나는 매수의 주체를 당시 내가 몸담고 있던 불교 종단의 산하 단체 명의로 했다. 그렇다고 회사를 인수할 때 그 단체의 자금에서 단 1원도 지원받거나 투자받지 않았다. 다만 회사 경영의 안정성을 시장에 나타내기 위한 조치였다.

매각된다는 소문이 돌자 회사 내부에서도 동요가 일어난 듯했다. 회사의 감사직을 맡고 있는 사람이 면담 요청을 해왔다. 그는 금감원 간부 출신으로 금감원을 퇴직 후 리틀 Lee의 요청으로 AMS에 입사했다. 주로 상장회사의 여러 가지 민원들을 금감원과 조율하는 역할을 맡은 남 모 감사였다. 그와는 인사동에 있던 나의 사무실에서 만났다.

◆ 씨씨케이밴의 대해부 : http://www.breaknews.com/39047

그는 첫 만남의 자리에 어두운 표정으로 많은 서류들을 들고 왔다. 회사가 씨씨케이벤에서 다른 데로 인수된다고 해서 인사차 찾아왔다고 말을 시작했으나, 대화가 길어질수록 심각한 방향으로 흘러갔다.

회사에는 심각한 분식 회계와 횡령-배임 등이 이미 발생했던 상황이고, 심지어는 원자재 수급처에 자재비를 지급하지 못하고 있었다. 전체 직원의 임금조차 다음 달부터는 지급하지 못할 수 있다고 했다. 즉 회사는 상장 폐지 직전이었고, 공개된 감사 보고서나 사업 보고서, 공시 내용 등은 전체적으로 허위였다. 내가 투자를 결정하기 전에 대표이사가 나를 만나서 설명한 회사 IR 내용은 모두 거짓이었다.

남 감사 입장에서는 회사가 다른 쪽에 인수될 경우, 회사에 대한 구체적인 회계 실사가 이루어질 것이고, 어차피 숨겨왔던 회사의 불법들이 드러난다. 그러면 감사로서의 책임 추궁도 불 보듯 했기에, 미리 그 실상을 드러내고 새로운 인수자 측에 용서를 구하고 대책을 상의하기 위한 것이었다.

리틀 Lee가 회사를 인수할 당시는 코스닥 버블의 시기였다. 그리고 그 거품이 꺼지고 신용카드 시장이 '신용카드 대란의 전조기'◆◆였기에 매출 역시 급감하던 시기였다. 또한 마그네틱 카드에서 칩 카드로 전환하는 시기였다. 이러한 시장 상황이라서 신규 투자를 많이 해야 살아남을 수 있었다.

◆◆ 신용카드 대란 : http://saesayon.org/2010/02/22/9778/#content

리틀 Lee는 인수 대금의 상당 부분을 무자본 M&A나 다름없이 금융권 차입에 의존했다. 코스닥 버블의 붕괴로 주가가 하락하자, 대주주가 안고 있던 금융권의 부채를 AMS의 회사 자금으로 메꾸거나 회사를 불법으로 보증 세워 버티고 있었다. 공개된 감사 보고서에 기재된 회사 자금은 모두 담보로 제공됐거나 소진됐던 것이고, 이를 감추고 회사가 운영되고 있었다. 당시의 기억으로는 그 금액 전체가 300억 원에 이르렀다.

남 감사는 가져온 회사 내부 자료를 바탕으로 회사 상태를 자세히 설명했다. 나는 그제야 회사의 실상을 정확히 파악할 수 있었고, 나의 투자는 기만에 의해 이루어진 상황이었으며, 내가 가지고 있던 주식은, 결론적으로 언제든 휴지가 될 수 있다는 것을 깨달았다.

나는 문 대표에게 전화에서 만나자고 했다. 그 자리에 남 감사도 동석해줄 것도 요청했다. 다음날 저녁에 문 대표, 남 감사, 내가 만났다. 문 대표는 연신 미안하게 됐다고 말했다. "당장 증자를 하지 않으면 회사가 문을 닫아야 하는 상황이었고, 대주주인 리틀 Lee는 회사를 방치해서 어쩔 수 없었다"는 얘기였다. 하지만 사과만을 받을 상황이 아니었다. 더 구체적인 회사의 상황과 앞으로의 대책에 대해 물었다. 문 대표는 아무런 대책을 가지고 있지 않았다. 누구도 회사가 당면한 문제에 대해 해결책은 갖고 있지 않았다.

당장 회사가 살기 위해서는 내가 투자했던 금액 외에 최소 50~60억 원의 자금이 추가로 투입돼야 그나마 당장 회사가 굴러갈 수 있었다. 당시 직원은 250여 명이었고, 소액 주주의 숫자는 4,000명을 웃돌았다. 그렇다고 내가 다시 자금을 조달해 투자할 여력은 없었다. 내가 이 회사에 투자했던 금액 역시 외부에서 조달한 금액이 상당했으므로 상장 폐지가 이루어진다면 내 발등의 불을 끄기도 어려운 상황이었다.

일단 회사를 살릴 방법을 먼저 찾아야 했다. 문 대표와 남 감사의 얘기로는 이미 오래전부터 리틀 Lee는 회사 운영에 관련된 자금 조달을 포기했고, 회사를 보증 세워 자신이 차용한 금액이나 불법으로 회사의 약속어음을 발행한 금액마저 매달 이자를 주고 연장하는 상황이었다. 그렇게 회사는 무주공산의 형태로 경영진과 대주주가 서로 책임을 미룬 채 파산의 중력에 이끌려 가파른 비탈길로 굴러 내려가고 있었다.

회의를 진행하는 과정에서 회사의 회계 장부를 들여다보다 특이한 내용을 발견했다. 회사의 예금 중 70억 원가량이 있었고, 거기서 무기명 양도성예금증서(CD)가 발행되었던 것이다. 나는 그 내용을 문 대표와 남 감사에게 물었다.

CD의 발행 경위는 이러했다. 회사의 예금으로 CD가 70여 억 원 발행됐고, 발행된 CD는 전경련 산하 금융업체인 '기업기술금융'이라는 곳에 담보되었다. 해당 CD를 담보하여 리틀 Lee가 개인적 목적으로 자금을 사용했으며, 회사의 감사 보고서상에는 '담보로 제공된 사실'이 누락된 채 회사의 현금성 자산으로 회계상으로만 존재했던 것이다. 발행된 CD는 보통 만기가 단기인 1~2개월짜리였고, 만기가 되면 새로운 CD를 발행하여 다시 담보로 제공되고 있었다. 그런 식으로 이미 몇 년째 회계상에서 감추고 있었다.

그리고 회계 감사 기간에는 담보로 가지고 있던 채권자인 기업기술금융이 CD를 현물로 가지고 와서 외부 회계감사 법인의 감사인에게 보여주면, 감사 담당 회계사들은 그것으로 AMS의 자산으로 인식하여 실사를 한 것으로 간주했다. 그러면 회계 장부에는 '회사 소유'로 등재되고, 감사가 끝나는 대로 기업기술금융은 CD를 회수하는 수법을 지속적으로 진행했던 것이다. 그 CD는 회사 소유이고, 리틀 Lee가 불법으로 담보하여 사용했으므로 횡령이 명백했다.

문 대표와 남 감사에게 말했다. "그 CD의 소유자는 누구입니까?" 그들은 동시에 "회사 것입니다"라고 했다. 나는 "회사 것이면 회사로 돌려놓읍시다"라고 했다.

나는 AMS를 인수하기로 결정했다. 다만 리틀 Lee가 보유한 주식을 인수할 필요는 사라졌다. 이미 3자 배정으로 받은 주식 수가 리틀 Lee가 보유하고 있다고 공시된 대주주 주식 수보다 많았다. 물론 공시된 리틀 Lee의 주식은 이미 채권자들에 의해 팔려 나가고 없었다.

인수 작업에 필요한 회계 실사는 따로 진행할 필요가 없었다. 이미 문 대표와 남 감사에게서 받고 들은 내용으로 회사의 실상은 모두 파악한 상태였다. 다만 회사가 12월 말이 회계 기준인 법인◆이라서 2004년 3월 안으로는 감사 보고서를 제출해야 상장을 유지할 수 있

◆ 상장회사는 보통 12월 말을 기준으로 감사 보고서를 작성하여 다음해 3월 이내에 감사 보고서를 공시해야 한다. 6월 말이 회계 기준인 회사들도 있다.

었다.

기존의 외부 회계감사 법인에게 연말 회계감사를 진행시켰고, 회계감사의 스케줄이 나왔다. 회계감사는 보통 회사의 대회의실에서 회사에서 제출해준 자료를 가지고 회계 법인에서 파견된 회계사들이 보통 4~5일간 진행한다고 했다.

정의로운 사기

'사기'라는 죄명에 '정의로운'이라는 형용사를 붙인다면 이상할 것이다. 하지만 이 사건의 이 행동을 법률로 '사기죄'라고 한다면 그야말로 정의롭지 않은 법률이나 법 집행이 아닐까 하는 생각이 든다.

회계사들의 감사 일정을 파악했다. 그리고 리틀 Lee와 기업기술금융이 저질러왔던 것처럼, AMS 소유의 양도성예금증서(CD)를 회계감사 기간에 가져오는 날짜를 확인했다. 내가 AMS를 인수한다는 것은 이미 공시가 되었으므로 인수자 입장에서 회계감사 내용을 파악할 수 있는 자격은 충분했다.

드디어 기업기술금융이 불법적으로 담보로 가지고 있던 AMS 소유의 CD를 회계 감사장에 가지고 오는 날을 알게 됐다. 그동안 회계사들을 속이기 위해서 CD를 회계사들에게 제공하는 단계는 이러했다.

회계감사 기간에 CD를 현물로 기업기술금융이 회사로 가지고 오면, AMS의 재무팀 직원이 그것을 받아 회계감사장으로 가지고 가서 회계사들에게 현물로 보여주고, 확인 과정이 끝나면 다시 AMS의 재무팀 직원이 CD를 가지고 나와서 감사장 밖에 기다리고 있던 기업기술금융 직원에게 되돌려 주는 형식이었다.

그날도 그랬다. AMS의 재무팀 직원이 기업기술금융에게서 CD를 받아 회계감사장으로 들어갔을 때였다. 나는 즉시 감사장으로 들어갔다. 감사장 안에는 감사 법인에서 나온 회계사들과 재무팀 직원이 CD를 확인하고 있었다. 그 순간 나는 회계사들 앞으로 다가가서 큰 소리로 물었다. "이 CD의 소유권은 누구 것입니까!" 회계사들은 어쩔 수 없다는 듯 말했다. "AMS의 소유입니다" 그리고 다시 한 번 물었다. "AMS의 소유인데, 어디에 담보로 제공돼 있습니까?" 회계사들은 다시 작은 소리로 "어디에도 담보돼 있지 않습니다"라고 답했다.

사실 감사에 참여하고 있는 회계사들도 해당 CD가 담보돼 있다는 사실은 이미 알았을 것이다. 다만 기존의 경영진과의 유착 관계 때문에 알면서도 겉으로 드러나지 않으니 감사 보고서상 아무 문제없는 것처럼 수년간 눈감아주었던 것이다. 그런데 갑자기 뜻밖의 상황이 발생해서 당황하는 빛이 역력했다.

나는 회계 감사장에서 회계사들에게 공개적으로 CD의 소유가 AMS의 소유임을 확인했다. 그리고 재무팀 직원들에게 지시했다. "이 CD가 회사의 소유이면 더 이상 CD 형태로 보유하지 말고 당장 회사의 예금 계좌로 입금하세요." 나는 재무팀 직원들을 데리고 AMS의 주거래 은행으로 향했다.

은행에 도착하자마자 CD를 현금화했다. 그리고 그동안 회사가 지급하지 못했던 자금을 동행했던 재무팀 직원들에게서 파악했다. 자재비, 직원 인건비, 금융권 대출금과 이자 등을 현금화한 자금으로 모두 지급했다. 그동안 밀렸고 시급히 지급해야 할 자금들이었다. 이제는 회사가 어떻게든 조금은 더 버텨볼 수 있겠다는 생각이 들었다. 소액주주들도 당장 상장 폐지가 되는 위기는 넘길 수 있었다.

나와 재무팀 직원이 주거래 은행에 있는 동안, CD를 빼앗긴 기업기술금융은 회사의 다른 직원들과 임원들을 붙들고 엄청난 항의를 한 다음 돌아갔다고 했다. 그들이 항의한 것과는 상관없이 나는 다음의 인수 단계인 주주총회에 집중했다. 경영권을 장악해야 기존 경영진이 저지른 범죄를 추가로 밝혀 유출된 회사 자금을 되찾고 범죄를 저지른 당사자들을 처벌하고 회사를 정상화시킬 수 있었다.

CD를 빼앗긴 기업기술금융의 반격이 시작됐다. 기업기술금융은 CD를 현금화할 때 동행했던 재무팀 직원들을 '특정 경제 범죄 사기 혐의'로 검찰에 형사 고소했다. 기업기술금융은 전경련 소유의 회사였고, 내가 상대하는 대상이 과거의 막강한 권력자의 아들인 리틀 Lee였기에 검찰의 움직임은 전광석화 같았다. 당시 처음 기업기술금융이 검찰에 형사 고소를 진행할 때 나는 인수자였기에 피고소인에서는 빠져 있었다. 그래서 재무팀 임원과 직원들만 고소 대상자에 들어가 있었다.

검찰은 재무팀 직원들을 발 빠르게 소환했다. 조사의 강도는 강했고 거셌다. 당시 법률적인 도움을 준 사람은 2002년도 옵셔널벤처스의 소액주주 사건을 도왔던 민변 소속 변호사였다. 그에게 다시 변호를 부탁했다. 그리고 직원이 조사를 받을 때 입회해주었다.

정작 수사해야 할 당사자는 회사의 예금을 담보로 CD를 발행하고 이를 불법적으로 담보 제공하여 사용한 리틀 Lee, 그리고 담보 제공 자체가 불법임을 알면서도 담보를 잡고 자금을 대출해줬으며 그런 사실 자체를 몇 년간 숨기고 분식 회계를 도왔던 기업기술금융이었다. 그러나 이들에 대한 수사는 전혀 진행하지 않았고, 오히려 검찰은 재무팀 직원들에게 구속영장을 신청했다.

구속 영장은 기각됐다. 다시 검찰의 수사는 계속됐고 또다시 구속영장을 신청했다. 그리고 다시 기각됐다. 검찰은 집요했다. 포기하지 않고 추가 수사를 시작했으며, 세 번째로 구속영장을 신청했다. 세 번째 구속영장마저도 구속 실질 심사를 통해 기각됐다. 그렇게 세 번의 구속영장이 기각되고 나서야 검찰의 집요한 압박은 잠시 멈췄다.

재무팀 직원들이 혹독한 검찰 조사를 받고 세 번의 구속영장을 청구 당하는 과정에서 'CD를 회수해서 회사로 돌려놓자'고 결정한 책임자의 입장에서 그들의 고통을 지켜보아야 했다. 너무도 미안하고 스스로도 피 말리는 고통이었다.

경영권을 장악하다

2004년 3월, 정기 주주총회를 통해 나는 경영권을 장악했다. 회사의 내부적 실체가 모두 공개적으로 밝혀졌더라면 누구도 인수하지 않을 경영권이었다. '장악했다'기보다 '떠맡았다'는 표현이 맞을 수 있지만 하여간 장악했다.

나는 전 경영진과의 힘든 싸움을 맡고, 경영 전반의 문제를 담당해야 했다. 그래서 AMS의 기존 카드 제조 영업은 별도의 대표이사를 두고, 나는 대표이사 부회장으로 나섰다. 그리고 대표이사에 등기되자마자 전 경영진의 불법 사항을 조사하고 리틀 Lee를 비롯한 전 경영진을 횡령과 배임 등의 혐의로 검찰에 고발하고, 그 사실을 모두 공시하여 주주들에게 알렸다.

그리고 소액주주들에게 앞으로 진행될 소송과 회사의 향후 계획을 정확히 알려주기 위해서 주주들과 전화 응대를 하는 담당자를 두었다. 다른 상장회사와 같은 과장급 직원이 아닌 나를 포함한 두 명의 대표이사가 직접 주주들과 대화하는 '주식 담당자'가 되기로 하고 이 같은 사실을 별도로 공시했다. 또한 내가 가지고 있던 대주주 지분을 모두 회사 구성원인 직원들로 구성된 '우리사주 조합'에 무상으로 줌으로써 회사를 살리는 데 동참할 것을 호소했다.

경영권이 포함된, 당시 시가로 50억 원 이상 되는 주식이었지만, 어차피 회사가 살지 못하면 휴지가 될 수 있었기에 그같이 결정했다. 이와 더불어 일반직 직원들에 대해서는 구조조정을 최소화하고, 대신 모든 임원의 연봉을 삭감하기로 동의받아 이를 모두 공시하라고 했다. 그 공시 문안은 내가 직접 작성해서 공시 담당자에게 건넸다.

에이엠에스, 최대 주주 지분 우리사주조합에 증여

에이엠에스는 최대 주주 보유 지분의 무상 증여 등을 주요 내용으로 하는 경영 정상화 계획을 9일 공정 공시를 통해 발표했다. 다음은 공정 공시 내용.

1. 공정 공시의 대상 정보
에이엠에스, 경영 정상화 계획 발표

2. 공정 공시 정보의 주요 내용

◇ 스마트카드 제조 및 숭모 사업 업체인 에이엠에스 (www.ams.co.kr/대표이사 부회장 000, 대표이사 사장 000)은 2004년 3월 8일 본사인 진천에서 제16기 주주총회를 실시하였다.

◇ 이번 주총에서는 새로 선임된 6명의 이사진을 비롯한 경영진이 참가하여 에이엠에스의 새로운 경영 의지를 보여주었다.

◇ 특히, 전 임원진의 급여 20%를 자진 반납키로 결정하는 등 경영 정상화 노력에 일조할 것을 다짐하였으며 소액주주 중심의 투명한 회사 경영을 위하여 최선을 다할 것이라고 밝혔다.

◇ 먼저, 당사 최대 주주인 000氏의 주식(1,118,060 주, 9.85%)을 연내 순차적으로 당사 우리사주조합에게 무상으로 증여하기로 하였으며 이는 대주주 중심의 회사 경영을 막고 소액주주 중심의 회사 경영에 이바지할 것으로 보인다.

◇ 또한, 모든 소액 주주들을 하나의 큰 대주주 개념으로 설정하고 적극적으로 소액주주의 의견을 수렴하기 위해 각 사업 부문 대표이사를 공식적인 주식 담당자로 정하여 직접 매주 두 차례 유선상의 공식적인 커뮤니티 채널을 유지하기로 하였다. 아울러 대표이사들의 E-mail을 공개하여 수시로 E-mail과 회사 홈페이지 게시판을 통하여 소액주주들과의 지속적인 대화 채널을 유지하기로 하였다.

- 매주 월요일 PM 7~9시 (대표이사 사장 000, 02)471-4952)
- 매주 수요일 PM 7~9시 (대표이사 부회장 000, 02)780-2031)
- E-mail : gigusesang@hanmail.net (000),
  jhy63000@hanmail.net (000)

◇ 당사의 이와 같은 기업 지배 구조 개선을 시작으로 경영 성과를 통하여 소액주주들에게 재신임을 물을 것이고 지속적인 경영정상화 계획을 통하여 진정한 주주 중심의 회사 경영을 이루겠다고 표명하였다.

지금 돌이켜보면 냉혹한 자본시장에서의 무모한 시도이기도 했지만 부끄럽지는 않았다.

나의 경영 의지에 부합해서 공장의 생산직 직원들을 비롯해 모든 직원들이 회사의 정상화를 위해 힘을 모았다. 그리고 나는 다시 회사 부실과 비리의 책임자인 리틀 Lee를 찾아 나섰다.

다시 리틀 Lee를 만나다

수소문해 리틀 Lee를 찾아나섰다. 그를 다시 만난 것은 남산의 하얏트호텔이었다. 이미 그는 회사가 수백억 원의 횡령 등으로 고소한 상태였지만 자유로워 보였고 여유마저 있었다.

리틀 Lee는 나를 만나자마자 “시간을 좀 주면 모두 변제할 수 있다”고 자신했다. 그리고 자신의 집안 배경과 자신의 처가에 대한 배경을 설명했다. 나 역시 사람을 처벌하는 것이 목적이 아니고 우선 막대한 횡령-배임 금액을 회수하여 회사를 살리는 것이 목적이었으므로 처음에는 그의 말을 믿었다. 그리고 당시 회사의 법무팀장 설명으로도 집안의 도움만 있다면 리틀 Lee는 충분히 변제 할 수 있을 것으로 보였다. 그렇게 기대하고 기다렸다.

회사에서 검찰에 고소한 리틀 Lee에 대한 수사는 전혀 이루어지고 있지 않았다. 변제하기로 한 리틀 Lee의 약속은 차일피일 미루어졌고, 그가 저질렀던 횡령과 배임에 대한 채권 금융기관들의 회사에 대한 채권 회수 압박은 거셌다. 금융기관으로부터 발주를 받아야 하는 신용카드 제조 회사가, 그 발주처인 금융기관과 대규모 민사소송을 병행해야 하는 힘겨운 나날의 연속이었다.

다시 리틀 Lee를 찾아 변제를 강하게 요청했다. 그날은 나를 서린동에 있는 SK 본사로 데리고 가더니 회장실이 있는 층으로 올라갔다. 올라가는 엘리베이터가 일반 직원들의 것과 달랐다. 그러고는 나를 비서실에 있게 하고 자기는 SK 그룹 회장을 만나고 오겠다고 했다. 회장은 바로 최태원 회장이었고, 리틀 Lee와는 처남 관계라고 했다. 내가 기다리던 비서실은 창밖으로 청와대를 볼 수 있는 곳이었다.

비서실 직원에게 마치 SK 그룹에 채권이 있는 듯 당차게 물었다. 리틀 Lee는 회사에 갚아야 하는 횡령-배임 금액을 처남과 집안에서 갚아준다고 하는데 맞는 것이냐! 회사 사정이 너무 어렵고 힘들다. 정확한 변제 계획을 알고 싶다고 말하자 비서실 직원은 이렇게 말했다. "그럴 일은 없을 겁니다. 누구도 리틀 Lee의 빚을 대신 갚아주지 않을 것입니다."

상황을 파악해보니, 나를 SK 그룹 회장실이 있는 본사로 데리고 간 이유는 변제하기 위한 것이 아니라, 변명하기 위한 것이었다. 자신의 배경을 보여주면서 시간을 끌기 위한 것이었다. 나는 더 기다릴 이유가 없다고 생각하고 가방을 챙겨서 나왔다.

임원 회의와 법무팀 회의를 소집해서 리틀 Lee가 회사를 불법적으로 보증 세워 부담하게 된 보증 채무와 회사의 약속어음을 불법으로 지급한 금융권 등에 대한 소송을 점검하고, 리틀 Lee에 대한 검찰의 수사 상황을 점검했다.

멈춰선 수사, 비틀어지는 재판

전 대표이사였던 문 대표도 리틀 Lee와 함께 대표이사의 책임을 물어 회사로부터 고소된 상태였다. 자신은 외국에 잠시 나가 있겠다하고 외국에 체류하고 있었으며 리틀 Lee의 횡령 과정을 잘 알고 있었기에 회사의 소송 진행을 위해서는 가끔 전화로 소통하고 있었다. 리틀 Lee는 검찰이 수사를 진행하고 있다고 했으나 전혀 진척이 없었다. 가끔 채권 회수를 독촉하러 만날 때마다 그는 꽤나 자유롭게 보였다.

그러면서도 가끔 검찰은 회사 법무팀으로 이상한 확인 전화를 해왔다. 리틀 Lee의 검찰 수사팀은 "공시된 내용대로 대주주가 정말 지분 전체를 우리사주조합에 무상 증여했느냐"는 것이었고, 법무팀은 "사실이다"라고 답변했다는 보고를 몇 번 받았다. 지금도 가끔 왜 그것을 검찰이 점검했을까 하는 의문이 든다.

멈춰선 검찰 수사에 변호사를 통해 그리고 불교 재단의 공문으로 수사를 독촉하는 공문을 수차례 보냈다. 그 후에 리틀 Lee가 조사에 응하지 않아 기소 중지됐다는 보고를 받았지만, 그때도 가끔씩 리틀 Lee로부터 전화가 오는 것이었다. 더는 리틀 Lee에게서 변제 받는 것을 기다리고만 있을 수 없었다.

소송을 진행하는 상대 금융기관은 대형 로펌과 최고위 전관변호사들로 구성된 변호인단이 소송에 임하고 있었으며, 그에 비하면 BBK 소액주주 모임 때 도와주었던 민변 소속의 변호사 분들은 초라하기까지 해 보였다. 당시에는 노무현 대통령을 만들었던 상식의 힘을 굳게 믿고 있었다.

우리 회사의 입장에서는 리틀 Lee를 비롯한 전 경영진의 불법 사항이 밝혀지지 않는 이상 진행하던 여러 민사소송의 승소 가능성이

희박해져갔다. 검찰의 수사는 꿈적도 하지 않은 채 멈춰선 상태였다.

오히려 CD를 빼앗긴 기업기술금융과 검찰이 회사에 거센 압박을 가했다. 검찰은 지속적으로 재무팀 직원들을 소환하며 추궁했고, 기업기술금융은 막대한 자본력으로 회사의 계좌를 압류했다. 정상적인 영업 활동을 할 수 없을 정도의 압박이었다. 리틀 Lee가 저지른 억울하고 분통한 일이지만, 어쩔 수 없이 증자를 통해 자금을 조달해 기업기술금융으로부터 회수한 CD 금액 전액, 70여억 원을 모두 변제했다. 그럼에도 검찰의 수사는 멈추지 않았다.

그렇게 힘겨운 시간이 흐르는 과정에서 회사로서는 뜻밖의 희소식을 들었다. 고속도로 검문 과정에서 리틀 Lee가 불심검문에 걸려 검거됐다는 소식이었다. 법무팀 직원도 흥분했고 검찰의 소식을 기다리고 있었다. 당시 리틀 Lee는 우리 회사뿐 아니라 성진산업◆이라는 상장회사에서도 수백억 원을 횡령한 혐의로 고소돼 있던 상황이었다. 리틀 Lee의 수사가 진행된다면 금융기관과 벌이는 민사소송에서도 충분히 승산이 있었다.

그렇게 며칠이 지나고 충격적인 소식을 법무팀장으로부터 들었다. 수배 중에 검거된 리틀 Lee는 전직 검찰총장 출신의 변호사를 선임해서 병원으로 옮겨졌으며, 그 병원에서 도주했다는 소식이었다. 수백억 원의 횡령-배임으로 수배됐던 수배자가 검거됐는데, 조사 한

◆ https://news.v.daum.net/v/20040913024050906?f=o
https://news.v.daum.net/v/20040903044303654?f=o

번 받지 않고 도주했다는 것이다. 이 사실은 어느 언론에도 나오지 않았다. 아니 나는 당시에는 그것을 믿지 않았다. 오히려 최근에 와서야 검찰의 행태를 깊이 보게 되면서 그 당시를 이해할 수 있었다.

국외에 있던 문 대표가 입국했다는 소식을 들었다. 민사 소송에서 문 대표가 리틀 Lee가 회사를 경영할 당시에 저질렀던 불법 행위를 증언한다면 승소의 가능성이 있다는 보고를 법무팀으로부터 받았다. 문 대표를 설득해 증언을 받기로 했고 재판 날짜가 다가왔다. 재판이 열리는 날, 문 대표가 증언대에 서서 증언 선서를 하는데, 갑자기 재판일을 알고 미리 대기하고 있던 검찰이 재판정 안에서 영장을 제시하며 문 대표를 체포했다. 그렇게 문 대표는 증언을 할 수 없었다.

2004년 대통령은 노무현 대통령이었다. 하지만 검찰과 재판부는 대한민국의 검찰과 사법부가 아니었다. 아니 노무현 대통령이 다른 세계의 대통령이었을까?

없는 희망이라도 만들어야 했다

진행하던 민사소송은 하나하나 패소했다. 패소하는 대로 해당 금융기관의 채권 회수 요청이 거세게 들어왔다. 사채를 동원해서라도 매달 2억 원가량의 직원 임금은 미루지 않고 지급해야 했다. 무엇인가를 결정하고 책임져야 하는 자리에 있던 나에게 오는 스트레스는 감당하기 힘들었다.

하루는 밤늦게 만취된 상태에서 집으로 향하던 중 회사로 차를 돌렸다. 아무도 없는 불 꺼진 사무실에 앉았다. 아무 생각 없이, 아니 너무 많은 생각을 조금이라도 떨쳐버리려고 담배를 하나 피워 물었다. 그렇게 얼마의 시간이 흘렀는데 사무실 안쪽에서 인기척이 들렸다. '새벽 2시가 넘은 시간에 누가 있을까' 하고 회의실 앞으로 가서 문을 두드렸다.

깜짝 놀랐다. 회사의 기획팀 직원 서너 명이 기획서 작업을 하고 있었다. 제대로 된 간이침대도 없이 기포가 있는 비닐을 깔아 잠자리를 만들고 밤을 새워 작업하고 있었다.

당시 마그네틱 카드에서 칩 카드로 전환하는 시기에 최대의 카드 발급사인 BC카드에서 발주하는 IC 칩 카드 개발에 참여하는 사업이 있었다. 그 사업의 1차만으로도 1,000억 원이 넘는 규모였으며, 그 사업만 우리 회사가 수주한다면 회사의 입장에서는 보이지 않던 희망이 생기는 것이었다.

당시 AMS는 카드의 칩 개발사가 아닌 단순한, 인쇄소와 비슷한 제조 회사에 불과했고 BC카드에서 발주하는 IC 칩 카드 개발 사업에 참여한다는 것은 불가능에 가까웠다. 그럼에도 직원들은 회사에서 밤을 새우면서 사업 제안서를 작성하고 있었다. 나는 회의실에서 직원들을 보자마자 지갑을 찾았다. 그리고 당장 생각나는 것이 지갑에 있던 현금을 있는 대로 건네주는 것으로 고마움과 미안함을 대신했다(당시에는 5만 원권이 없었기에 그리 많은 돈이 아니었던 것 같다).

직원들의 그러한 노력이 회사의 희망이었고 나의 희망이기도 했다. 나는 대학 문턱은 고사하고 검정고시를 봤다. 학연도 없고 고아처럼 살아왔기에 집안 인맥에서도 희망의 발주처인 BC카드사의 임원 인맥은 찾을 수가 없었다. 하지만 어떻게든 직원들의 노력에 결과로서 도움을 주고 싶었다. 무작정 BC카드사를 찾아가 도와달라고 애원하고도 싶은 심정이었다.

누구라도 붙잡고 물어보기 시작했고 BC카드사와 연결된다는 사람을 찾았다. 그 사람을 통해서 BC카드사의 임원들을 만날 수 있었다. 그렇게 만난 자리에서 거의 무릎을 꿇다 시피하면서 '제안서를 쓰던 직원들과 있었던 새벽의 에피소드, 그리고 회사가 겪고 있는 절망과 필요한 희망'에 대해 설명했다. 나올 때까지 몇 번이나 머리를 조아리며 부탁하고 만남을 끝냈다.

제안서는 완성되어 제출되었고, 사업자 선정 발표일을 기다렸다. 그리고 공식 발표 결과, 우리 회사와 다른 개발사가 복수 개발 사업자로 선정되었다. 단순한 제조 회사로서는 놀라운 결과였다. 직원들은 환호했고 회사는 축제 분위기였다. 나도 너무 기뻤고 이제 조금 희망이라는 것이 보였다. 그때 회의실에서 새벽에 마주쳤던 직원들은 지금 여러 회사에 흩어져서 임원급으로 활동하고 있지만, 최근에도 가끔 술자리를 한다.

퇴사 그리고 알마티행

희망으로 얻은 기쁨은 며칠 가지 않았다. 계속된 민사소송 패소로 인건비를 제외한 대부분의 자금을 변제해야 했다. 어떤 금액은 대표이사의 개인 보증으로 기일을 연장해야 했다. 그렇게 매달 위기의 순간을 모면해나가면서도 다시 넘어야 할 큰 산이 하나 더 남아 있었다.

한 정부 출자 기금 회사가 가지고 있던 100억 원 가까운 채무는 회사가 넘어야 할 마지막 큰 산이었다. 채권 만기가 다가오면서 채무 연장에 대한 협상을 진행해나갔다. 그 기금은 기일 연기는 해주겠으나 추가의 보증과 담보를 요구했다. 어머니 소유의 시골집까지 담보로 제공했던 나로서는 채권 연기에 필요한 담보를 구할 수 없었다. 그렇다고 기금 운영의 기준상 기금 운영 책임자도 그냥 변제일을 넘겨줄 수 있는 상황이 아니었다. 물론 회사가 넘어야 할 이 채무도 리틀 Lee가 사고를 친 금액이 포함된 채무였다.

회사 경영권을 인수할 초기에 대외적 안정성으로 내세웠던 불교 재단에서 단 1원도 지원받지 않았던 상황이지만, 채권자 기금에서 새로이 변제기일 연장을 위해 제안한 조건은 그 '불교 재단의 보증'이었다. 불교 재단의 이사장은 명목상 회사의 회장으로 있었고, 회장의 요청으로 친동생이 공장 이사로 취업해 근무하고 있던 상황이었다.

나는 회사의 회장이고 불교 재단의 이사장인 스님을 찾아가 부탁했다. "이제는 영업에서도 BC 칩 카드 개발 사업을 수주했고, 이 고비를 넘기면 회사가 회생할 수 있으니 이번 변제 기일의 연기를 위해 재단의 보증을 해달라"고. 물론 쉽지 않은 부탁이었지만, 이사장이 보증을 해주는 조건 역시 충격이었다.

이사장이 요구한 조건은 리틀 Lee에 대한 형사의 소를 취하하고, 내가 대표이사 부회장을 사임하는 조건이었다. 자신의 재단이 보증할 경우, 자신의 동생을 대표이사에 선임하겠다는 얘기를 덧붙였다.

전 중앙정보장 이후락 씨는 자신이 과거 불교 신도회 회장을 역임했고, 당시까지만 해도 여러 경로로 불교계에 영향력 있는 사람들과 인연이 있었으며, 회사에서 리틀 Lee에 대한 형사 고소를 진행할 당시에도 여러 경로로 압력이 들어오고 있었다. 하지만 회사를 살리기 위해서는 동의할 수 없는 일이었다.

나의 사임은 충분히 선택 가능한 일이었다. 어차피 내가 가지고 있던 대주주 지분은 '우리사주조합에 무상 증여'하기로 공시되었고, 불교 재단이 보증을 해주면 그 책임만큼 성실히 회사를 운영하겠다고 생각했다. 하지만 리틀 Lee에 대한 소 취하는 향후 회사의 사활을 결정할 수 있다. 아무런 배상 없이 회사가 소를 취하하면 그것은 또 다른 불법 행위가 된다.

채권자 기금의 변제 기일은 하루하루 다가왔고, 기일 변경 조건은 변함이 없었다. 결정의 선택은 내가 해야 했다. 그리고 다시 이사장(회장)에게 찾아갔다. "나는 사임하겠으나, 리틀 Lee에 대한 소 취하는 그 자체가 불법이므로 진행해서는 안 된다"고 했다. 이사장(회장)

은 그 선에서 동의했다. 그리고 내가 추가로 요청했던 조건은 "내가 다른 자리를 잡을 때까지, 1년의 연봉만 보장해달라"는 것이었다. 모든 것을 쏟아 넣었기에 아무것도 가진 것이 없었다. 어머니 명의의 시골집까지 담보로 잡힌 상태였고, 그 담보는 회사가 정상화될 때까지는 빼 달라는 요구를 할 수 없었다,

그렇게 합의한 후 일부 직원들과 임원들에게 알려줬다. 아직도 검찰의 수사선상에 있었던 재무팀 직원들에게 그냥 떠난다는 것이 마음에 걸렸지만, 내가 선택할 수 있는 길이 많지 않았으므로 양해를 구할 수밖에 없었다.

그렇게 결정하고 결정된 사항을 공시하도록 했다. 그렇게 회사는 채권자 기금의 채권을 연기할 수 있었다. 별다른 퇴임식 없이 새벽에 회의실에서 마주쳤던 직원들을 포함한 일부 임원들과 저녁을 겸한 술자리를 끝으로 회사를 나왔다.

그리고 며칠을 병원에 입원해 있다가 나와서 트렁크를 챙겨 공항으로 향했다. 평소 가끔씩 들렀던 중국으로 향했다. 북경에서 며칠을 지내고, 우루무치의 천산천지 부근에서 얼마간 지내다 알마티로 향했다. 그렇게 1년가량 국외에서 떠돌았다.

귀국 그리고 재판

그렇게 방랑 겸 여행 삼아 외국을 떠돌 때에도 회사 소식은 간간

히 들려왔다. 내가 회사를 떠나고 얼마 있지 않아서 검찰은 재무팀 직원들을 기소했고 나를 입건했다. 지명 수배마저 할 것이라고 했다. 리틀 Lee는 아직도 검찰 조사에 임하지 않아서 회사가 금융기관에 했던 민사소송은 거의 패소했다는 소식도 들었다.

회사의 경영권을 차지했던 이사장은 남아 있던 다른 대표이사와 함께 회사를 제3자에게 매각하려고 한다는 소식도 들려왔다.

때로는 보드카에 취해서 며칠씩 보내기도 하고, 때로는 천산 산맥의 침블럭 산에 올라서 보내는 때도 있었다. 한국에서 알마티까지 찾아오는 지인이 있으면 아마추어 가이드 행세를 하면서 지내기도 했다. 그렇게 지내면서 거의 1년의 세월이 지나갔고 이제 한국으로 돌아가야겠다는 생각이 들었다.

우선 한국으로 아주 들어가는 것이 아니고, 일단 들어가서 검찰의 문제를 해결한다는 마음으로 짐을 챙겼다. 수배가 돼 있다고는 했으나 입국에는 아무런 문제가 없었다.

우선 변호인을 선임해서 검찰이 내게 지운 혐의를 알아봐야 했다. 그 결과 CD 회수 과정에 있었던 재무팀 직원 3명은 연속된 구속영장 청구가 기각되자, 추가 조사를 거쳐서 불구속 기소로 재판에 넘겨진 상황이었고, 나는 CD 회수 과정의 주범으로 검찰이 입건한 상황에 있었다.

변호사 선임 후 검찰에 출석하여 조사를 받았으나 그 과정은 치욕적이었다. 검사는 조사 과정에 합석시킨 재무팀 직원들이 보고 있는데 "벽 보고 반성하라" 하면서 눈을 감고 벽을 향하게 하거나, 의도적으로 직원들이 있을 때 추가 범죄가 있다는 등 본질과 먼 질문을 쏟기도 했다. 순간 3층 검사실의 창문이 열려 있는 것을 보고 '뛰어내려 버릴까' 하는 충동이 계속됐다. 그렇게라도 억울함을 알리고 싶었다.

검찰은 그러한 억압적 분위기에서 조사를 진행하면서 회사에서 고소한 횡령-배임건과는 별개로, 내가 회사의 인수 자금으로 지급한 2억 원으로 리틀 Lee를 고소한 것에 대해서 '고소 취하'를 요구했다. 나는 내심 같이 기소된 직원들의 선처를 바라는 마음으로 아무런 피해 변제를 받지 않았지만, 개인이 고소한 부분에 대해서는 검찰이 내민 고소 취하서에 사인할 수밖에 없었다.

그때까지도 검찰은 리틀 Lee에 대한 조사는 제대로 진행하지 않고 있었고 리틀 Lee는 넉넉한 수배 생활을 즐기고 있었다.

검찰은 기존에 기소한 재무팀 직원들과 함께 나를 불구속 기소로 재판에 넘겼다. 죄명은 당시 CD를 회수한 '특정 경제 범죄 가중 처벌법상의 사기 혐의'와 문 전 대표가 자신의 판단으로 외국으로 갔던 것을, 내가 외국으로 나가라고 지시했다는 '범인 은닉 혐의' 두 가지였다.

CD 회수로 마련된 금액은 모두 회사를 위해 쓰였다. 단 1원도 개인적으로 사용했거나 업무 외에 사용하지 않았다. 또한 검찰의 압박으로 후일 모두 변제까지 했다. 외국에 나가 있겠다고 하는 문 대표를 내가 어떤 수로도 강제로 한국에 삽아눌 권한이 없다는 것도 재판부가 잘 알았다.

진정으로 회사를 어려움에 빠뜨리고, 주주들에게 피해를 준 리틀 Lee에 대해서는 어떤 조사도 이루어지지 않고, 심지어 수배 후 검거됐음에도 또다시 도피할 수 있는 상황을 만들어낸 검찰의 행태에 대해 주장했지만, 재판부는 검찰이 기소한 'CD 회수 과정의 불법'만 판단할 따름이었다.

그러니 한편으로는 같이 기소된 재무팀 직원들이 자칫 유죄라도 나온다면 나로서는 감당하기 힘든 책임감과 미안함에 견딜 수 없었기에, 재판 과정에서 나를 방어하기보다는 직원들의 책임을 막거나 내가 안아야 하는 재판을 진행할 수밖에 없었다. 마지막 재판의 피고인 최후 진술에서 "직원들은 아무런 죄가 없다. CD 회수 과정에서 잘못한 책임은 나에게 있다"고 하는 것이 내가 직원들을 위해 할 수 있는 전부였다.

몇 차례 동부지법의 재판이 진행된 후 선고 결과가 나왔다. 기소된 재무팀 직원 3명 중 2명은 무죄가 나왔고, 조금 위의 선임은 집행유예였다. 나 역시 결정권자로서 징역 3년에 집행 유예 4년의 유죄가 나왔다. 그 판결문에서도 "단 1원도 개인적으로 사용하지 않은 점"이라고 적시하고, 그것이 집행유예 사유라고 적었다.

내가 회사 경영에서 손을 뗀 상황이라 유죄가 된 직원을 위해 해줄 것이 없고, 회사 차원에서도 아무런 보상을 해줄 힘이 없다는 것에 느끼는 자책감이 컸다. 아직도 그 무게는 가끔 내가 술에 취하는 이유가 되기도 한다.

유효기한이 없는 권력

대부분의 권력은 임기라는 것으로 그 권력의 유효기한이 법으로 정해져 있다. 박정희 군사 독재하에서 제2의 권력자였다 해도, 김대중 대통령과 노무현 대통령이 선출된 나라에서는 그 유효기한이 다 했다고 생각했다.

하지만 커다란 착각이었다는 것을 나중에 알았다. 당시 회사의 법무팀장이 건네준 이후락 씨 가계도를 보고 있자니 그들의 권력에는 별다른 유효기한이 없다는 것을, 아니 영원할 수도 있다는 것을 알았다. 누가 어떤 방법으로 저항하더라도 끝나지 않는 권력으로 보였다.

리틀 Lee에 의해 빼돌려진 회사 재산을, 회계 감사를 통해 회수하여 회사를 살리는 데 사용했던 내가, 보수 언론들이 그렇게 떠들어대는 특정 경제 범죄 가중 처벌법상의 사기 전과를 기록하며 '징역 3년에 집행유예'가 선고되었다.

한참 시간이 흐르고 2008년경 도피 중 검거되어 구속된 리틀 Lee는, 두 개의 상장회사에서 수백억 원의 횡령-배임 범죄를 저질러, 수많은 피해 주주들을 발생시켰고, 검찰 조사 과정에서 지명 수배가 되고 수배 중에 검거됐으나 다시 도주할 수 있었다. 다시 2008년에 검거-구속되어 재판을 받으면서 회사나 피해 주주들에게 어떤 합당한 피해 변제가 없었음에도, 이명박 정권 때인 2009년 나와 같은 '징역 3년에 집행유예'를 받았다.

이후락 씨 가계도

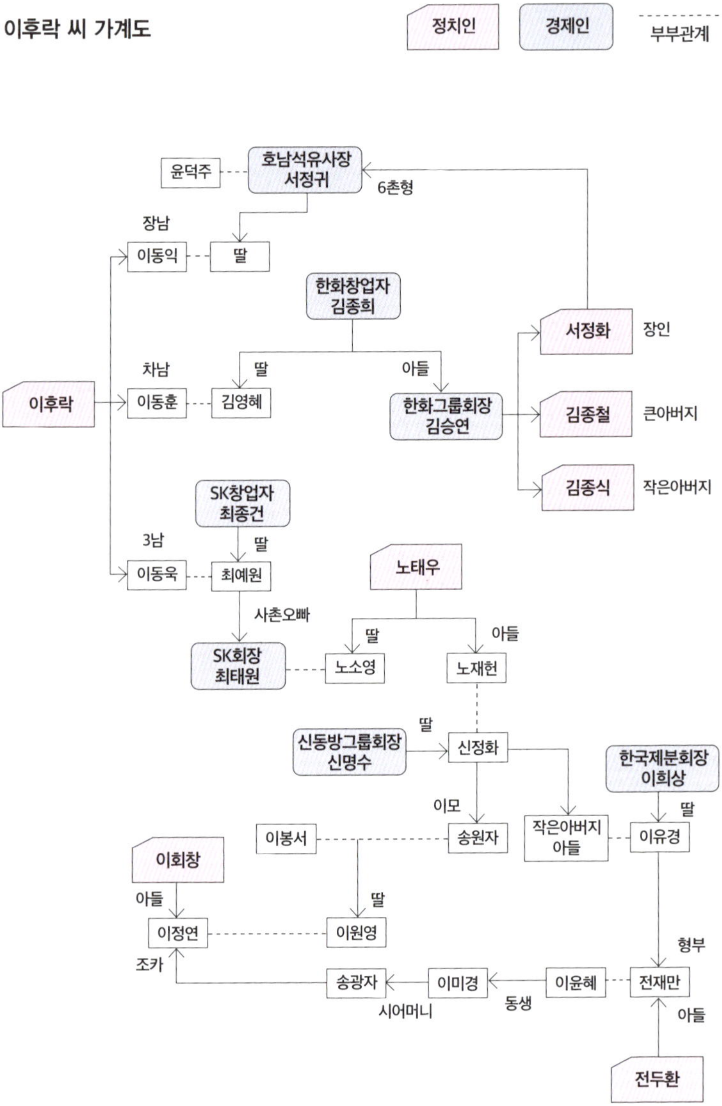
정치인
경제인
부부관계
호남석유사장 서정귀
윤덕주
6촌형
장남
이동익
딸
한화창업자 김종희
서정화
장인
차남
딸
아들
이후락
이동훈
김영혜
한화그룹회장 김승연
김종철
큰아버지
김종식
작은아버지
SK창업자 최종건
3남
딸
노태우
이동욱
최예원
사촌오빠
딸
아들
SK회장 최태원
노소영
노재헌
딸
신동방그룹회장 신명수
신정화
한국제분회장 이희상
이모
딸
이봉서
송원자
작은아버지 아들
이유경
이회창
아들
딸
이정연
이원영
형부
조카
송광자
이미경
이윤혜
전재만
시어머니
동생
아들
전두환

집행유예로 풀려난 리틀 Lee는 또 다른 범죄 혐의로 2012년에 구속되었고, 그제야 실형을 선고받았다.

그렇게 그들의 임기 없는 권력은 지금도 대한민국에서 유효하다.

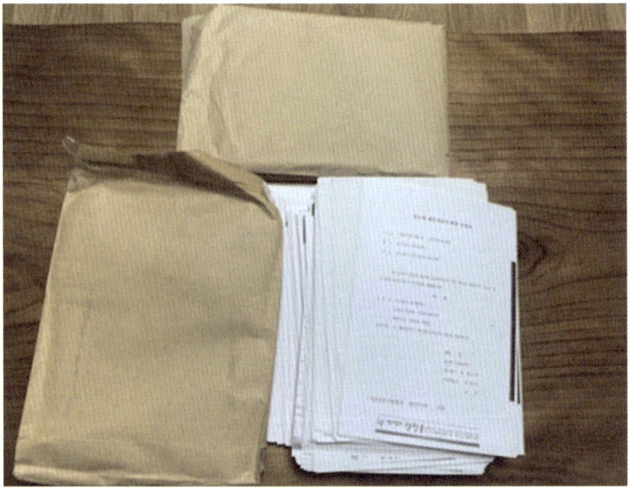

내게는 당시가 어떤 한이 서려 있던 시기 같다.
15년이 훨씬 지났지만 관련 자료를 일부나마 보관하고 있다.

3장.

2007년의 고통, BBK

다시 한 번 '왜 그랬을까?' 생각해봤던 시기다. 얼마든지 방관할 수도 외면할 수도 있었고, 외면한다고 누가 나를 비난하거나 손가락질할 수 없었을 텐데. 아니 손가락질은커녕 내가 그렇게 했다고 누구도 알아주지도 인정해주지도 않았을 일이고 무엇을 인정받을 일도 아니었다.

어떤 인연

2007년 3월. 그동안 경영해왔던 CRD라는 코스닥 회사를 매각한 후, 함께 퇴사한 직원들과 새로이 출발할 회사를 만들어놓고, 새 출발을 다짐하기 위해 임원 모두 미국으로 2주간 여행을 떠났다가 귀국하는 비행기 안에서였다.

탑승객을 위해 놓인 한국 신문과 주간지에는 어떤 시사 주간지 기자들의 편집권 독립을 위한 투쟁 소식이 실려 있었다. 그 기자들은 삼성의 오너에 관한 기사를 삭제한 경영진의 행위에 대해 저항하고 있었다. 그 시사 주간지 기자들의 파업과 투쟁 소식은 이미 2006년 10월경부터 시작됐던 일인데, 중간중간 인터넷 언론이나 신문 등의 기사를 통해 소식을 접하고 있었다.

2006년 말까지 경영하던 CRD는 한창 인기를 끌었던 내비게이션과 노래방 기기를 만들던 구로 디지털 단지에 본사를 두고, 안성 공도 공단에 공장을 두었던, 코스닥에 상장된 전자기기 제조 회사였다.

회사를 인수할 당시 최대 주주의 지분은 나와 '신 모'가 50퍼센트씩 나눠 소유하는 형태로 공동 경영을 하고 있었다. 그러다 경영 중에 분쟁이 발생했다. 회사의 국외 지사가 많았던 상황에서 나는 일주일은 외국에 일주일은 국내에 머물면서 경영하던 상황이었는데, 외국 출장을 가면 부회장이었던 신 모가 회사 자금에 손을 대었던 것이다.

이와 별개로 신 모는 내가 외국에 있던 시기에 나와 자신이 50퍼센트씩 나누어 보유한 경영권 주식 전량을 허위 공시로 발표한 후 장내에서 매각하는 불법을 저질렀다. 그 상황을 인지한 나는 즉시 귀국하여 사태를 파악해나갔고, 신 모가 벌인 행위의 전모를 알게 된 후 신 모를 해임하기에 이르렀다. 본격적인 경영권 분쟁의 출발이었다.

신 모가 손을 댔던 회사 자금은 수십억여 원을 넘었고, 팔아버린 대주주 지분은 회수할 수 없었다. 회사는 신규 사업을 위해 새로운 투자가 필요한 상황이었으며, 더 이상 혼자 힘으로는 당시 발생한 사태를 수습하고 회사를 끌고 갈 수 없었다. 여러 번의 임원 회의 끝에 새로운 투자자에게 회사의 경영권을 넘기기로 결정하였다. 회사를 인수하겠다는 팀이 여럿 나타났다.

그중 한 팀은 훗날 아이콜스 그룹 주가 조작 사건으로 유명해진 박 모였고, 다른 한쪽은 무기 중개상으로 유명했던 '린다 김과 함께하는 일단의 그룹'이었다. 박 모는 적극적으로 인수 의사를 밝히며 수십억 원의 계약금을 계약서에 도장도 찍기 전에 먼저 계좌로 입금했다.

회사 자금의 횡령과 대주주 지분을 불법으로 판 신 모는 린다 김 그룹과 합세하여 나에게 매각을 종용하면서 매일 집 앞에서 나를 만나려고 밤을 새우고는 했다. 신 모는 "나와 린다 김 그룹에 회사를 넘기면 회사에 피해를 끼친 자금을 모두 원상회복하고 새로운 경영진을 전면에 내세워 자신은 경영 전면에 나서지 않겠다"고 했다. 나는 신 모를 고소하고 처벌하느니, 그가 회사에 끼친 피해를 회복시키는 쪽이 낫다고 판단했고 신 모와 린다 김 쪽으로 경영권을 넘기기로 결정했다.

박 모에게 받았던 자금을 모두 돌려주고, 신 모와 새로운 인수자로 나선 린다 김 그룹 전원에게 각서를 요구했다. 내가 가지고 있는 지분은 매각하지 않고 모두 보유한 채 경영권을 넘겨줄 테니, 경영권을 인수하는 쪽에서 회사에 신규 자금을 투자하고, 그 투자로 발생되는 지분을 대주주 지분으로 확보하자는 것이었다,

그와 같은 형식으로 경영권을 넘겨줄 경우, 나와 함께 퇴사할 구조조정되는 직원들에게 1년 연봉에 해당하는 명예 퇴직금을 지급하

고, 신규 자금으로 자회사를 만들어서 생계를 보전해주며, 신 모가 저지른 회사의 횡령 자금에 대해서 불법을 책임지고 원상 복구하는 것으로, 새로이 경영에 참여하는 모든 사람의 연명으로 확약서와 각서를 수차례 받는 것으로 회사의 경영권을 넘겨주었다. 확약서와 각서에는 나에 대한 약속을 어길 경우 30억 원의 배상을 하는 것으로 전원이 서명 날인했다.

단순히 내가 가진 경영권 지분을 넘기고 돈을 받으면 될 것이지만, 회사와 공장에 남은 직원들을 그대로 두고, 내가 가진 지분을 넘기면서 큰돈을 벌게 된다는 것이 마음을 편하게 하지는 못했다.

사라졌던 인연과의 만남, BBK

경영진과 맞서는 시사 주간지 기자들의 싸움은 해를 넘겨 2007년까지 계속되고 있었다. 기자들을 응원하는 모임이 만들어졌고, 모임의 인터넷 카페도 조악하지만 운영되고 있었다. 〈PD수첩〉 등 공중파 방송에서도 이들의 투쟁이 소개되어서 많은 사람의 지지를 받고 있었다. 해당 시사 주간지의 노조 위원장과 사무국장은 무기한 단식 농성에 돌입한 상태였다.

시사 주간지 기자들을 응원하는 모임의 카페에 글을 남겼다. "차라리 그렇게 힘들게 경영진과 싸우느니 새로운 회사를 만들어라. 그렇다면 나도 돕겠다. 5,000만 원은 투자할 용의가 있다."

2007년 7월 초 시사 주간지 기자로부터 만날 수 있느냐는 전화가 왔다. 사무실이 광화문이었기에 사무실로 오시라고 했다. 그 기자는 투쟁하던 기자들이 새 매체를 만들기로 했다면서, 자신이 투자유치팀장을 맡고 있다고 소개하고는 "새로운 매체를 만들기 위해서 우선 예상 투자금을 파악해야 한다"면서 내가 썼던 게시판의 글을 보고 왔다고 했다.

"게시판에 올렸던 금액을 정말 투자해줄 수 있느냐? 그것이 가능하다면 정확한 매체 설립 자본금을 파악하기 위해서 투자 의향서에 직접 사인을 하나 해달라"고 요청했지만, 투자유치팀장을 맡고 있는 기자는 정작 투자 의향서는 지참하고 오지 않았다. 나는 사무실의 내 자리로 돌아가 직접 투자 의향서의 문서 폼을 만들어서 자필 사인하고 건네줬다.

린다 김 그룹에 넘겨줬던 CRD는 다시 신 모 쪽과 린다 김 그룹 쪽 사람들끼리 분쟁하고 있었다. 신 모는 또다시 회사 자금에 손을 대려 했고, 경영권 전반을 맡아 운영하던 린다 김 쪽의 김도원은 회사를 보증 세워서 자금을 융통하여 새로운 사업을 진행하고 있다는 소식이 들렸다. 이후 서로간의 고소/고발전이 발생했다는 소식도 함께 들려왔다.

이후 새로운 매체를 창간하고 있던 기자단 쪽에서 다시 한 번 만나자는 연락이 왔다. 어느 한정식 집에서 저녁 약속을 잡고 만났다. 세 명의 기자가 왔는데, 한 분의 손에 어릴 적 읽고 큰 충격을 받았던 시집, 박노해 시인의 『노동의 새벽』이 들려 있었다.

기자들의 요청은 “투자금을 5,000만 원에서 1억 원으로 올려줄 수 있느냐”는 것이었고, 나는 오래 고민하지 않고 “그러마”고 답을 했다. 그리고 회사의 구성원들에게 시사 주간지와의 상황을 처음 설명해주었다. 이후 투자금의 증액 요청은 한 차례 더 있었고, 최종적으로 결정된 금액은 2억 원이었다. 그 금액을 투자하면서 내가 요구했던 것은 아무것도 없다.

새로운 시사 주간지의 창간 작업을 진행할 때, 내가 알고 있던 자본시장법의 지식을 동원해서 새로운 매체에는 “경영권이 편집권에 관여할 수 없도록” 정관에 명시하였고, 경영권에 결정적 영향을 미치는 주식의 거래에는 회사 이사회의 승인을 받도록 하는 정관 사항을 추가하였다. 법인 설립 과정과 회사의 정관 규정을 만드는 과정에서 BBK 피해 주주 모임을 도와주었던 법무법인 정평의 임 모 변호사가 다시 무료 법률 자문을 돕기도 하였다.

2007년 당시는 이미 대선 국면에 접어들고 있었다. 노무현 정부 말기의 정권은 별다른 저항을 해보지도 못하고 그대로 한나라당에 넘어가는 것이 마치 기정사실처럼 여겨지는 듯했다.

새로운 시사 주간지 매체를 설립하는 과정에서 투자유치팀장을 맡았던 기자와 자주 만나면서 간단한 술자리도 자주하게 되었는데, 그날은 TV에서 이명박의 모습이 자주 등장했다. 이명박 같은 인간이 서울 시장까지는 몰라도 ‘대통령’이 된다는 것은 너무 어처구니없다는 생각이 들었다.

2002년 옵셔널벤처스 사건 당시에도, 대부분의 피해 주주들은 이명박을 실질적 사주로 알고 투자했다가 막대한 피해를 봤다. 국외로 도피했던 옵셔널벤처스의 경영진과 김경준을 고소/고발할 당시에도 "이명박을 김경준과 함께 고발해서 책임을 묻자"는 피해 주주들의 의견도 있었지만, 상대방의 대응으로 소송이 길어지면 소액주주의 피해가 더 커진다는 이유로 이명박을 빼고 김경준만 고소를 진행했던 것이다.

뻔뻔스럽게도 이명박은 TV에 나와서 "나는 BBK와는 아무런 관련도 책임도 없다"면서 "다 새빨간 거짓말인 것 아시죠!"를 외쳐대고 있으니 분노가 치밀었다. 옵셔널벤처스 사건의 전말을 알고 있는 나로서는 당연한 생리적 현상이었을 것이다.

그래도 내가 더 나서지 않고 외면할 수 있었다. 방관할 수도 있었다. 그런데 왜 그랬을까?

2007년 8월 초순, 어느 날 저녁 식사 자리에서였다. 투자유치팀장인 기자에게 요청했다. "저놈이 대통령 되는 것을 막아봅시다. 내가 2002년 옵셔널벤처스 사건 당시 피해 주주 모임의 시삽이었고, 당시 피해 주주들의 연락처와 관련 자료들도 가지고 있으니 이 명박, 저놈이 BBK의 당사자라는 것을 밝힐 수 있다"고 강변했다.

같이 자리한 투자유치팀장은 "사업하는 사람이 그런 일에 나설 필요가 있느냐. 그러지 말라"고 몇 번이고 만류했다. 하지만 나는 더 강하게 요청했다. "대통령이 되는 것을 막지 못할 수도 있지만 BBK가 이명박의 소유라는 것은 밝힐 수 있으니 기자 한 분만 나에게 붙여달라. 자료도 찾고 함께 취재해나가면서 내가 직접 녹취도 해보겠다"

고 했다.

당시 언론은 BBK 사건과 관련해서 이명박과 김경준은 서로 책임을 미루고 있는 모습을 보도할 뿐, 정작 옵셔널벤처스 피해 주주의 목소리는 외면하고 있었다.◆ 피해 주주들의 입장에서 2007년 당시 보도 내용을 보면 이명박과 김경준은, 공범들끼리 서로 자기들의 책임을 미루는 꼴로밖에 보이지 않았다.

어느 언론사도 정작 피해 당사자인 옵셔널벤처스 피해 주주들의 목소리는 보도하지 않았다.

당시 나의 판단으로는 언론을 통해서 옵셔널벤처스 피해 주주의 목소리를 사회에 알리면, 자연스럽게 이명박과 김경준은 공범 관계라는 것이 세상 사람들에게 인식되리라고 생각했다.

다시 저녁 식사 자리. 투자유치팀장은 나의 강한 요청에 어디론가 전화를 했다. "너 지금 어디냐? 시간 있으면 여기로 좀 와라." 그러고 잠시 후, 저녁 자리에 기자 한 분을 더 참석시켰고, 나는 그 기자에게 옵셔널벤처스 사건 당시의 상황과 그 시기 내가 했던 역할, 내가 밝히고자 하는 의도를 설명했다. 그리고 함께 준비해나가자고 제안했다.

훗날 이 기자는 'BBK 전문 기자'로 큰 명성을 얻었지만, 그 역시 피해 주주들의 목소리는 담아내지 못했다.

◆ 훗날 박근혜가 탄핵된 후 구속된 상태에서 〈시사저널〉 기자의 요청으로 "BBK 소액주주 목소리는 소거됐다"는 글을 써서 보냈고 기사화됐다. www.sisajournal.com/news/articleView.html?idxno=170209

내가 생각했던 진행 방향은 이러했다. 2002년 당시의 피해 주주들을 다시 모아서, 고소/고발에서 빠졌던 이명박을 김경준의 공범으로서 옵셔널벤처스 피해 주주들 이름으로 민사/형사 고소와 고발을 진행하고, 그 상황을 언론에 알림으로써 이명박과 김경준의 공범 관계를 세상에 밝혀나가 이명박의 실체를 알리고, 사기꾼 이명박의 대권욕을 좌절시키는 것이었다. 아니 적어도 이명박이 '주가 조작의 공범'임을 밝히는 것이었다. 나는 2002년 옵셔널벤처스 사건의 흔적을 다시 찾아 나서야 했다.

돌이켜보면 너무도 무모한 시도였지만, 어디서 그런 용기가 생겼는지, 왜 그런 시도를 감행했는지 모르겠다. 무식해서 용감했을까? 하지만 그때까지 나를 지배하던 의식 중 하나는 '100%, 200% 이길 수 있다고 확신하는 싸움은 폭력일 뿐이다. 싸움은 질 수도 있고, 실패할 수도 있다. 그러니 싸움인 것이고, 상대가 나보다 더 큰 싸움은 져도 진 것이 아니다'였다.

당시 내가 보관하고 있던 자료들은 2002년 피해 주주들의 명단과 옵셔널벤처스의 적발 감사 결과가 담겨 있던 감사 보고서 등이다. 피해 주주 명단에 남아 있던 연락처로 몇 군데 전화를 해보았지만 연락처가 바뀌었거나 전화를 받지 않았다.

많은 피해 주주의 비명 소리가 담겨 있던 팍스넷 사이트의 종목 게시판은 이미 사라졌지만, 다행히 내가 시삽으로서 만들어놓았던 옵셔널벤처스 피해 주주 카페는 다시 찾을 수 있었다. 카페에 접속이 가능하다면 시삽(카페지기)의 기능을 활용하여 피해 주주들의 이메일 주소와 연락처를 확인할 수 있고, 전체 공지 메일을 발송할 수 있었다.

피해 주주 모임 카페에 몇 차례 접속을 시도했다. 한동안 들여다보지 않아서 아이디와 비밀번호도 잃어버린 지 오래되어 접속을 할 수가 없었다. 그러다가 문득 당시의 기억을 떠올려보니, 시삽인 '끝전'의 아이디는 '준철 형'의 인적 사항으로 만들었던 것이 생각났다. 전화로 형에게 인적 사항을 물어 아이디와 비밀번호도 찾았다. 그러고 '끝전'으로 로그인할 수 있었고, 옵셔널벤처스의 피해 주주 모임 카페는 온전히 보전되어 있었다. 그때 나는 이미 흥분되어 있었다.

전체 공지 메일을 보냈다. "피해 주주들의 오프라인 모임을 다시 가져보자, 참석하실 분들은 되도록 2002년 당시, 옵셔널벤처스 주식에 대한 자신의 피해 규모를 알 수 있는 자료를 거래 증권사에 요청해서 지참해달라. 김경준의 공범 이명박에 대한 민-형사의 고소와 고발을 진행할 예정이고, 우선의 소송비는 내가 먼저 부담하겠다"는 내용이었다. 이 시기가 2007년 9월 초순이었다.

시간이 많이 흘러서였는지, 당시의 아픈 기억을 되새기고 싶지 않아서였는지, 아니면 내가 보낸 뜬금없는 메일에 의구심이 들어서였는지는 모르겠지만, 옵셔널벤처스 피해 주주들의 반응은 거의 없었다. 세 명 정도가 답장을 보내왔고 다른 사람들은 공지 메일을 읽어보지도 않거나 읽고도 답장이 없었다.

한 번 더 전체 공지 메일을 보내고 기다렸다. 두 번째 공지 메일에는 약속 장소와 시간도 기재해서 보냈다. 그리고 무작정 약속 장소인 세종문화회관 뒤쪽의 커피숍으로 나갔다. 내가 도착했을 때는 두

분이 와 있었고, 대화 도중에 피해 주주 한 분이 더 와서 4명이 대화를 나누었다. 하지만 모인 분들의 전체 주식 수로는 소송을 바로 진행하기에 미미했다. 그래서 다시 한 번 모임을 갖기로 하고, 주변에 연락이 되는 주주 분들을 수소문해달라고 부탁하고 헤어졌다.

새로이 옵셔널벤처스의 경영권을 인수했던 장 대표 쪽에 연락을 해볼까도 생각했지만, 그쪽은 실제 피해 주주가 아닌, 피해 주주들의 지분을 인수한 경우라서 내 의도와 다를 수 있다고 생각했다.

또다시 피해 주주 모임 카페에 접속했다. 추석 연휴 이후에 다시 한 번 피해 주주 모임을 가져보자는 전체 공지 메일을 보냈다. 2007년 9월, 당시 추석 연휴는 9월 24일, 25일, 26일로 기억하는데, 26일은 일요일이었다.

연휴의 마지막 날인 9월 26일, 내가 운영하던 회사의 법무팀장으로부터 전화가 왔다. 검찰청에서 출두하라는 연락이었는데 "영장 실질 심사가 있으니 월요일(27일) 출석하라"는 너무도 뜬금없는 연락이었다. 어떤 혐의인지도 알 수 없었다. 한 달 전쯤, 신 모와 린다 김 그룹 측의 서로간 고소/고발에 출석하여 진술을 한 번 했을 뿐이다. 조사 당시 나의 혐의점이 아닌 신 모와 린다 김 측의 혐의점에 대한 양측 주장을 물었던 것이 전부였다.

2007년 9월 27일 아침 서초동에 도착해서, 검사실에 전화해보니 내게 씌워진 혐의는 수십억 원의 횡령과 배임 혐의였고, 영장 실질 심사가 있으니 변호사와 대동하라는 것이었다. 나는 변호사조차 선임하지 않았으니 영장 심사를 늦춰달라고 요구했다. 하지만 막무가내로 오후까지 선임해서 출석하라는 것이었다.

아침부터 이곳저곳 변호사 사무실을 메뚜기 뛰듯 뛰어다녔다. 회사 법무팀장이 준비해준 몇 가지 서류를 가지고 몇 곳의 변호사 사무실을 찾아갔지만 "사건 내용 파악에 시간이 부족하다", "선임료를 먼저 입금해야 진행이 가능하다"는 등의 답변을 들었다.

그중 한 군데의 부장검사 출신 개업 변호사를 찾았다. 자신은 영장 기각을 자신하지만, 영장 담당 판사와 포커 게임을 같이할 정도로 친하게 지내는 다른 후배 변호사를 한 명 더 선임해 대응하면 확실하다고 했다. 나는 지푸라기라도 움켜잡는 심정으로 급히 선임하여 영장 실질 심사에 들어갔다.

영장 실질 심사가 끝난 후에 나는 검찰청 내부 감치 시설에 구금되었고, 구속 영장 실질 심사 결과를 기다려야 했다. 당해본 사람은 누구나 그렇듯 피가 마르는 시간이었다.

저녁 12시가 다 돼서 나온 실질 심사 결과는 구속이었다. 나를 구속했던 검사실의 수사계장이 핸드폰을 건네주면서 마지막으로 가족에게 연락하라는 배려를 했다. 우선 밤늦게까지 법원 앞에서 기다리던 직원들에게 전화했다. 직원들은 울면서 전화를 받았다. 나도 한숨과 함께 터져 나오는 울음을 모두 참을 수 없었다. 나머지 회사의 정리를 부탁하고 서울구치소행 호송차에 올랐다. 그날 2007년 9월 27일은 새로 창간한 시사 주간지의 창간호가 나오는 날이었다.

절망과 죽음 사이

본문 2장 〈권력의 유효기한〉 전 중앙정보부장 이후락 아들과의 싸움 편에서 설명한 대로 나는 2007년 9월 27일 구속될 당시, 이미 징역 3년에 집행유예 5년의 선고가 확정된 상태였고, 이번 구속으로 일부라도 유죄가 확정된다면 집행유예되었던 징역 3년을 마저 살아야 할 처지였다.

2007년 9월, 구속된 사건의 죄명은 20여억 원의 횡령과 20여억 원의 배임이었다. 어처구니없었던 것은 회사에서 수많은 범죄를 저질러온 신 모가 피해자로 둔갑되어 있었던 것이다. 그의 횡령 금액이 나의 횡령 금액으로 뒤바뀌어 있었다.

그것을 소명하기 위해 참고인 진술 당시 검찰에 제출한, 나의 혐의를 무죄로 소명할 수 있는, 린다 김 측, 새로운 경영진 모두가 연명으로 작성해서 내게 준 확약서와 각서 등은 검찰 자료에서 사라졌고 검찰에 유리한 자료만 재판부에 사건 기록으로 넘어와 있었다.

구속 후 며칠 동안은 아무것도 할 수 없었다. 무죄를 받지 못하면 최소 3년의 징역은 살아야 했다. 구속 혐의 중 일부라도 유죄가 된다면 그것 역시 3년 이상의 징역형이었기에 나 혼자 의지로 감당할 수 없는 절망이었다.

그리고 새로운 회사에서 벌여놓은 여러 가지 사업들을 진행할 수도 원만히 수습할 수도 없었다. 절망의 무게가 커져만 갔다. 모든 것을 포기하는 것만이 나를 살릴 수 있는 방법이었다. 며칠 동안은 가족의 면회도 거부했다.

아이들은 국외 출장이 잦았던 아빠가 이번에도 출장 중인 것으로 알았다. 회사 직원들이 변호사를 외부에서 선임해 접견을 보내왔다. 그 편으로 아이들의 편지가 나에게 전해졌다.

편지를 읽고 아이들을 다시 꼭 만나야 한다는 생각에 혼미해진 정신을 추스렸다. 그리고 재판에 대응할 변호인을 선임하기로 했다. 회사 직원들이 선임하여 찾아왔던 변호사 분은 회사 직원들과의 소통과 회사 정리 업무를 맡기로 하고, 재판을 담당할 변호사는 따로 찾기로 했다.

몇 곳의 로펌에서 변호사들이 찾아왔다. 대부분 검찰의 공소장만 읽고는 “범죄를 시인하고 선처를 받자”거나 “횡령과 배임이 발생한 회사와 합의하고 재판부에 선처를 구하자”는 입장이었다. 내가 집행유예 기간 중이니 실형을 피할 수 없다는 것이 찾아온 변호사들의 지배적 의견이었다.

그렇게 진행했던 변호사 선임 과정은 절망의 연속이었다. 어떤 로펌의 전관변호사는 선임 계약 전에 “당신은 억울하다. 무죄를 받을 수 있다”고 장담을 하고서는, 선임료를 입금하면 다음 날부터 오지 않았다.

사건과 관련해서 나와 아무런 대화를 나눠보지도 않고, 재판 전날이 되어 변호사 접견을 와서는 자신이 써 온 변론 요지서를 읽어보라고 던져주고는 가버렸다. 내용은 역시 “모두 잘못했으니 용서를 구하고 선처를 바란다”는 내용이었다.

그다음 날 재판에 출석해 재판을 시작할 때, 재판부에 "저의 변호사를 해임합니다"라고 말하고, 돌아올 수밖에 없었다. 그런 형식의 로펌 변호사들이 여럿이었고, 전관을 내세운 대형 로펌 소속의 변호사들에게 '희망으로 포장된 감언이설'에 매번 속아야 했다. 그런 일이 몇 번이나 반복됐다. 구속된 피의자들에 대한 변호사들의 횡포는 나 외에도 여러 번 목격할 수 있었다.

2007년 10월 중순, 회사 법무팀장이 특별 면회를 왔다. '특별 면회'는 10분 동안 아크릴판을 사이에 두고 하는 것이 아니라, 아무런 칸막이 없이 책상을 앞에 두고 마주한 채, 30분가량 대화를 나눌 수 있는 면회 방식◆이다. 다른 한 사람이 동행해서 같이 왔는데, 나와 BBK-옵셔널벤처스 사건을 밝혀보자고 만났던 바로 그 기자였다.

기자는 내게 "현재 검찰이 이명박 대통령 만들기에 나섰고, 그중에서도 고대 법대 출신의 검사들이 주축이다. 선배님을 구속 기소한 검사도 고대 법대 출신이다"라고 하면서 검사의 프로필 출력본을 밀어 보여주었다.◆◆

당시만 해도 그 말의 뜻을 전혀 이해할 수 없었다. 그동안 김대중-노무현 대통령이 집권했고, 민주주의가 이루어졌다고 생각했으며 아직 노무현 대통령의 임기가 남아 있는데, 일부 법조인이 문제가 되기는 하지만 대부분의 검사와 판사는 정의롭다고 생각하고 있었다.

◆ 당시는 5급 이상의 공무원이 보증하면 특별 면회를 할 수 있었고, 주변 지인을 수소문해 부탁할 수도 있었다.

◆◆ 당시 받았던 자료는 아직 보관 중이다.

그리고 이명박의 실체를 밝히고자 했던 일은 나와 기자, 단둘만 알던 일이었다. 특히 옵셔널벤처스의 피해 주주들을 만나고 규합했던 것은 시사 주간지 기자◆에게도 미처 알리지 않았던 일이다. '검사들이 어떻게 알고 그랬을까?' 하는 의문이 들었다.

특별 면회를 왔던 그 기자도 당시 절망에 빠져 혼미했던 내 모습을 기억할지 모르겠다. 이 시기까지 나는 제대로 된 판단을 할 수 없었고, 면회 온 기자에게 뭐라고 정확한 답변을 할 수 없었다.

2007년 10월 말, 회사 측 업무를 보던 변호사가 아침 일찍 찾아왔다. "대표님, 아주 기쁜 소식입니다"라고 하면서 법조문 하나를 복사해서 왔는데 "집행유예와 관련된 법조문이 이미 2005년 7월 27일 변경되어서 대표님은 집행유예되었던 징역형은 살지 않아도 됩니다"라고 했다.

그 말인즉 이번 사건의 실체만 밝혀진다면, 아니 모두 밝혀지지 않는다 해도 무죄나 또다시 집행유예를 받을 수 있다는 것이었다. 나는 묻고 또 물었다. "정말입니까? 확실해요? 그런데 왜 다른 변호사들은 이 얘기를 해주지 않았지?"

그 소식을 듣고 구속 후 한 번도 하지 않았던 면도를 했다. 운동시간에는 처음부터 끝날 때까지 뛰었다. 나를 살리기 위해서는 나의

◆ 더 충격적이었던 사실은 내가 구속되면서 회사를 빼앗아간 림다 김 측의 박 모 사장과 해당 기자가 아주 친한 선후배 관계였고, 회사 법무팀장이 이들의 대화를 들은 내용은 더 충격적이었다(해당 기자와 박 사장은 우리 법무팀장인지 모르고 대화했다). 이 박 모 사장은 훗날 〈스포츠서울〉의 주가 조작에도 개입했고, 검사장 출신 전관변호사를 선임해 기소되지 않았으나 판결문에는 "공범"으로 적시돼 있다.

심장을 뛰게 해야 했다. 나를 일으켜 세울 수 있는 것은 오로지 나 자신뿐이었다. 하지만 그때까지 사건을 수임할 1심 재판 변호사를 선임하지 못한 상태였다.

2007년 11월, 문득 준철 형이 떠올랐다. 형 친구 중에 양 모 변호사가 있었다. 회사 직원들에게 양 모 변호사를 수소문해 내가 구속된 사건의 사건 기록을 보내고 찾아와 줄 것을 요청했다. 며칠 후 양 모 변호사가 찾아왔다. 그런데 뜻밖의 소식을 알려주었다. "준철이가 갑자기 병으로 서울대병원에 입원했는데 얼마 살 것 같지 않다"는 것이었다.

너무나 건강했고, 늘 건강보조식품을 챙겨 먹고, 일 년에 몇 번이고 건강 검진을 받던 형이다. 몸에 좋다는 것을 찾아다니면서 먹고, 찌개를 끓일 때 나오는 거품조차 건강에 해롭다며 늘 걷어내고 먹던 형이다.

내가 구속되기 직전에 통화했을 때 프랑스에 있는 아들을 만나러 간다던 형이다. 그런데 급성 백혈병이라고 했다. 그 소식을 듣고 얼마 지나지 않아서, 12월 대통령 선거로 이명박이 대통령으로 당선되기 며칠 전에 '사망했다'는 소식을 직원으로부터 들었다.

1심 재판은 이명박이 대통령으로 당선된 후에도 계속됐다. 최종적으로 1심의 변호사는 전 중앙정보부장 이후락 아들과의 싸움에서 항소심을 맡아줬던 변호사를 다시 선임해 진행했다. 피해자로 둔갑해서 증인으로 나왔던 신 모는 검사의 입장에 맞추어 위증을 쏟아냈다.

그렇게 몰아간 재판에서 결국 수십억 원의 횡령은 모두 무죄가 나왔지만, 퇴직하는 직원들에게 명예 퇴직금 형식으로 지급하고, 그 금액으로 만들었던 회사의 투자금은 배임으로 판단하여 유죄를 선고하고 징역 3년의 실형을 선고했다. 집행유예는 실효되지 않았다. 즉 집행유예는 선고 형량에 포함되지 않았다. 2008년 3월경이었다.

다시 항소심 싸움을 시작해야 했다. 담장 밖의 회사 직원들이 항소심 준비를 위한 새로운 변호사를 선임하여 구치소로 나를 접견하도록 했는데, 사건 파악이 잘 되어 있었다. 항소심을 위해 선임된 변호사는 이후 1심 사건 기록 전체를 복사하여 구속된 내게도 검토해보라고 전달했다. 그런데 뜻밖의 서류를 발견했다.

검찰 단계에서 회사에게 막대한 피해를 입혔음에도 불구하고 갑자기 '피해자'로 바뀌어 있던 신 모를 변론하던 로펌이 당시 '법무법인 한승'이었다. 한승의 구성원 변호사가 나경원이었으며, 신 모의 변론 요지서◆ 하단에서 그 이름을 발견했다. 나경원이 누구였던가. 2007년 이명박 대선 캠프에서 "주어는 없다"고 이명박을 호위하던 일명 'BBK 대책위 팀장'이 아니었던가.

며칠 동안 내 머릿속에는 음모론적 상상이 사라지지 않았다. 내가 갑자기 구속된 과정, 신 모가 갑자기 피해자로 둔갑했던 일,◆◆ 옵셔널벤처스 피해 주주 모임의 카페를 만들기 위해 사용했던 인적 사항의 소유자, 즉 준철 형이 갑자기 사망한 일 등이 겹겹이 쌓이더니

◆ 다행히 당시 신 모의 자료 중에서 나경원의 이름이 들어갔던 이 변론 요지서를 찾아서 보관 중이다.
◆◆ 신 모는 이후 내게 뒤집어씌웠던 횡령과 내 재판에서 했던 위증과 함께, 다른 회사의 횡령이 더해져서 9년여의 형량을 받아 구속되었다.

공포로 변해갔다.

특히 2002년 옵셔널벤처스 피해 주주 모임 당시 피해 주주 모임 카페를 만들려고 끝전이라는 아이디를 생성했을 때, 준철 형[◆◆◆]의 신상 기록으로 만들었고, 2007년 9월 초, 이명박의 실체를 밝히기 위해 다시 끝전의 아이디를 찾기 위해 준철 형의 인적 사항을 기록해야 했던 일. 혹시 나의 무모함으로 이명박을 대통령으로 만들려던 검은 세력에 의해 형이 죽음에 이른 것이 아닐까, 하는 죄책감이 공포가 되어 나를 짓눌렀다.

2002년 피해 주주 모임 카페 개설 후 가입했던 회원 중에는 실제 옵셔널 피해 주주가 아닌 사람도 있었으나, 일일이 걸러낼 수 없었다. 그렇게 위장 가입한 회원 중에는 기자가 있었던 것도 기억이 났다. 그 당시 가입한 회원 중 국정원 요원이 없다고 할 수 있을까?

항소심을 진행하면서 1심 재판에서 증인으로 출석하여 위증을 쏟아낸 신 모를 위증 혐의로 형사 고소하는 일을 병행했다. CRD의 경영권을 넘길 당시, 린다 김 그룹이 내게 써줬던 확약서와 각서 등을 찾아서 제출해야 했다. 검찰의 조사 단계에서 제출했으나 재판부에 전달되지 않았었다.

각서에 연명했던 사람들 중 한 사람인 박 사장[◆◆◆◆]이 변호사를 한 사람 보내왔다. "박 사장 등이 책임지겠다고 작성한 그 확약서

◆◆◆ 형의 주민등록 번호는 아직도 내 기억 속에 문신처럼 각인돼 있다.

◆◆◆◆ 박 사장은 연예 메니지먼트에서 잔뼈가 굵은 사람이고, 내가 "BBK를 밝히자"고 했던 해당 기자와 막역한 선후배 사이였다는 것을 나는 구속된 후에 알았다.

를 재판부에 공개하지 말아달라"는 것이었다. 나는 항소심 재판부에 확약서를 공개하여 제출했고, 서명했던 사람들이 변호사◆를 보내서 "공개하지 말아달라"고 요청했던 부분까지도 공개했다.

항소심 재판을 진행하는 과정 중에 1심에서 위증했던 신 모도 위증 혐의로 기소됐다. 확약서가 항소심 재판부에 공개되고 신 모가 위증 혐의로 기소된 사실이 재판부에 알려지자 재판의 분위기는 바뀌었다. 아니 정확히 말하면 대통령 선거가 끝나고 이어서 벌어진 BBK 특검이 끝나자 검찰의 분위기가 바뀌었다.

피고 측인 내가 나의 무죄를 밝히기 위해서 증인을 신청했고, 그 증인이 재판부에서 받아들여졌는데, 나의 유죄를 유지하기 위해 공판을 담당했던 검사는, 피고 측 증인의 검사가 해야 하는 증인신문 사항을 나의 변호인 측에서 대신 써달라는 부탁을 했다.

나도 변호인도 어처구니없었다. 그리고 재판부는 나의 변호인 측에 "보석을 신청하라"고 했다. 나에게 경영권을 넘겨받았던 린다김 그룹 측에서는 항소심 재판 과정에서 자신들의 확약서와 각서 등이 공개되자, 회사의 경영권을 가지고 있었으므로 회사의 입장에서 나를 위한 석방 탄원서를 제출하였고, 합의서도 작성하여 재판부에 제출했다. 그렇게 죽음과 절망 사이에 서 있던 나는 2008년 7월 보석으로 석방되었다.

새로 창간된 시사 주간지는 삼성 법무팀장이던, 김용철 변호사의

◆ 이 변호사는 최근에도 페이스북에서 진보적 발언을 쏟고 있다.

양심선언 특종 등으로 이미 중요 매체로 자리 잡고 있었다. 하지만 내가 구속돼 있었을 때나, 보석으로 풀려난 후에도 창간된 시사 주간지 회사로 전화를 해본 적은 없다. 사무실로 찾아가 본 적도 없다. 그들 스스로 새로운 언론으로서 사회적 역할을 잘하고 있었다.

부엉이 바위와 호주행 비행기

구속에서 9개월여 만에 자유의 몸이 되었지만, 그동안 새로운 계획을 가지고 출발했던 회사는 수습할 수 없을 만큼 엉망이 되어 있었다. 많은 자금을 들여서 진행하던 계약이나 사업은 모두 파기되거나 무산되어 있었고, 구속의 절박감을 벗어나려고 로펌에 지급했던 변호사 비용과 변론도 제대로 하지 않고 거액의 수임료만 받아 간 법률 비용은 회수가 불가능해 보였다.

회사나 내 개인으로부터 자금을 차용한 사람들은 이미 자취를 감추었고, 변제할 의사도 없어 보였다. 집에 돌아와 보니 큰딸은 어느 정도 눈치를 채고 있는 듯하였지만 밝은 표정은 그대로였고, 갓 중학생이 된 아들은 그때까지도 외국 출장에서 돌아온 것으로만 알고 있었다.

그래도 재기를 꿈꾸면서 최선을 다하고자 했다. 그렇게 다시 움직이면서 보석 중인 재판은 재판대로 진행하고 있었다. 보석된 상태에서 진행했던 항소심의 재판은 결국, 퇴사하는 직원들에게 지급했던 명예 퇴직금 부분이 배임으로 유죄 확정되어 집행유예를 받았다.

CRD 회사는 수십억 원의 매각 대금은 한 푼도 받지 못하고, 회사는 회사대로 빼앗기고◆ 억울하고 분통하지만 유죄를 받은 부분에 대해서는 변제하고 합의하였다. 변호인들은 대법원의 상소를 포기하라고 했고, 포기했다. 그때가 2009년 초순이었다. 이 재판이 끝나자 나경원은 법무법인 한승을 나와 다른 로펌으로 옮겼다는 기사를 보았다.

다시 뛰었다. 우선 재기가 필요했다. 그러나 검찰이 나를 가만히 놓아주지 않았다. 내가 소유했던 주식을 모두 우리사주조합에 주고 나왔던 회사인 AMS까지 거슬러 올라가 뒤졌다. 재기를 위해서 누군가와 금전 거래를 하면, 나와 거래 당사자를 검찰로 불렀다.

친구고 친척이고 가리지 않았다. 가장 힘들었던 일은 지방에 거주하는 연세도 많으신 막내 처제의 시아버지를 아무런 이유도 없이 불러서 조사한 것이었다. 처음 한두 번은 "사돈, 검찰에서 오라고 하는데, 별일 없을 테니 다녀오겠소" 하고는 출석하셨다. 그 사돈어른은 내가 회사를 할 때 사외 이사를 하셨던 것이 전부였다.

사돈어른이 출석해서 당했던 조사는 그 자체의 혐의보다는 검사와 조사관들이 해대는 모욕적인 언사였다. 두 번, 세 번, 네 번, 다섯 번……. 끝도 없고 이유도 없었다. 사돈의 말투는 원망으로 바뀌고

◆ 그렇게 회사의 경영권을 빼앗아간 주도적인 인물 중 한 사람은 훗날 〈스포츠서울〉 주가 조작 사건에도 등장한다. 주가 조작에 깊이 관여했음에도 전관변호사를 통해 입건조차 되지 않았다. 〈스포츠서울〉 사건의 판결문에는 그 "박 모씨"를 공범으로 적어놓고 있지만 아무런 처벌을 받지 않았다. 지금은 다른 상장회사의 오너로 있다.

있었다. 나로서는 "너무 죄송합니다"라는 말 외에는 아무것도 생각나지 않았다.

한번은 막내 처제에게 전화가 왔다. 말을 잇지 못하고 울기만 했다. 중간에서 얼마나 고통스러웠을까? 나는 울고 있는 처제에게 "미안하다"는 말밖에는 할 수 없었다.

잠을 이루려고 해도 맨 정신에는 잠이 오지 않았다. 술에 취해 잠시 잠이 들었다가도 가슴에 얹힌 큰 바위의 무게 때문에 다시 깨고는 했다. 머릿속에는 '죽음/자살'이라는 단어만 하루 종일 맴돌았다. 그러던 어느 날 아침이었다. 노무현 대통령이 부엉이 바위에서 뛰어내렸다는 뉴스가 TV에서 나왔다.

큰 충격이었다. 내가 죽을 수 있는 기회를 빼앗긴 기분이었다. 검찰이 죽인 것이다. 내가 겪고 있던 고통의 수만 배쯤 더 큰 고통을 견디지 못하고 죽은 것이라고 생각했다. 잠을 잘 때 숨이 제대로 쉬어지지 않아서 같이 일하던 직원 두 명과 함께 배낭을 메고 수목원으로 들어갔다.

그렇게 며칠을 그곳에서 보냈다. 노무현 대통령의 장례 소식을 듣고 있는데, 당시 김해시에서 장례용품 지원을 끊는다는 소식이 들려왔다. 역시 이명박다운 치졸한 꼼꼼함이 느껴졌다.

함께 있던 직원들과 수목원을 나와서 봉하로 내려가기로 했다. 우선 봉하마을 입구에 커다란 슈퍼마켓이 보이기에 화물차 한 대를 불러달라고 했다. 거기에 생수와 수박, 컵라면, 커피 등을 한 차 실어서 노무현 대통령의 장례식장으로 보내달라고 슈퍼마켓 측에 부탁했다. '보낸 이'를 적어야 한다고 해서 "시사 주간지 독자"◆라고 써서 보냈다. 그러고 함께 동행한 직원들과 부엉이 바위에 올라서 보았다. 그는 죽고, 나는 아직 살아 있었다.

봉하마을에서 바로 지리산 심원 계곡으로 들어갔다. 그곳에서 무작정 사흘간 무위도식하면서 지냈다. 어디서부터 무엇을 해야 할지 아무런 생각이 나지 않았다. 가져간 책도 눈에 들어오지 않았다. 그리고 다시 사돈어른으로부터 전화가 왔다. 또 검찰에서 오라고 했다는 것이다.

내가 직접 부딪쳐보기로 했다. 짐을 싸서 서울로 올라갔다. 그리고 검찰에 전화했다. "이제 무슨 혐의가 있으면 나를 불러달라. 지방에 사는 사돈어른을 계속 조사한다고 부르는 것이 너무 고통스럽다"고 했다. 전화를 받은 검사에게서 간단한 답변이 돌아왔다. "당신도 때 되면 다 부른다. 기다려라."

며칠을 고민했다. 나로 인해 주변 사람들이 받는 고통을 멈출 방법이 무엇일까? 사업적인 관계에 있는 다른 사람과는 상의할 수 있는 일이 아니었다. 내가 내린 결론은 죽지 않고 사라지는 것이었다.

사업을 하고 계시던 어머니에게 급히 만나자고 했고, 당시까지의 상황을 말씀드렸다. 그리고 외국으로 가겠다고 했고, 가족들과도 상의했다. 출국하기로 마음먹은 날, 주변 사람들에게 알렸다. 내가 없

◆ 당시 누구도 기억할 수 없었다고 생각했던 이 일을 누군가 기억하고 있었고, 이 책을 쓰는 과정에서 기억하고 있는 그분과 채널A 사건과 관련해 저녁식사를 같이했는데, 서로 깜짝 놀랐던 일이 있었다.

으면 검찰에서 더 이상 괴롭히지 않을 것이다. 나는 죽지 않고 없어지는 방법을 택하겠다고 했다.

그렇게 혼자 호주행 비행기에 올랐다. 호주에는 목회 활동을 하던 어릴 적 친구가 멜버른 시민권자로 살고 있었다. 나도 회사를 경영하면서 몇 번 방문했고 딸아이가 잠시 어학연수를 했던 곳이기도 했다. 몇 달 후 가족들도 호주에 합류했다.

BBK의 추억과 고통 그리고 결말

이명박은 2020년 10월 30일 대법원의 선고로 징역 17년을 확정받았고, 11월 2일 구속 수감됐다. 이명박이 BBK-옵셔널벤처스 주가 조작의 당사자임이 확정된 것이다. 만감이 교차했다. 그리고 허탈감이 몰려왔다.

우리는 현재 자본주의 체제에서 살고 있지만, 자본주의에 대해 얼마나 많이 알고 있을까? 수많은 사람이 주식 전광판을 바라보면서 주식 투자를 하고 있지만 '자본주의의 꽃'이라는 주식시장의 구조에 대해서는 얼마나 알고 투자하고 있을까?

수많은 기자, 아니 경제 전문 기자라는 사람들이 기사를 쏟아내지만, 과연 그들은 충분히 알고 쓰는 것일까?

2007년 이명박이 대통령에 출마했을 당시 수많은 언론이 BBK-옵셔널벤처스 사건을 다루었다. 하지만 대중의 시선은 이명박과 김경준의 진실게임에 매몰됐다. 두 사람의 주장에만 귀를 기울였다.

2002년 당시 피해 주주들의 입장에서 본다면, 두 사람 모두 기업 범죄-주가 조작-사기 사건의 공범일 뿐이다. 또한 2007년 대선 당시 이명박과 김경준의 주장은 그저 책임을 상대방에게 떠넘기는 변명의 기술에 지나지 않았다. 대부분의 언론사 기사들은 그들이 뱉는 변명을 받아쓰기에 급급했다.

물론 그러한 기사들도 대부분 검찰에서 던져주는 것들이었다. 검찰은 이미 이명박과의 권력 동업을 택하고 있었고, BBK-옵셔널벤처스 사건의 진실을 밝히려는 의지는 처음부터 없었다.

그렇게 이명박근혜 정권 9년이 흐르는 동안 국가의 운명도 국민의 삶이 변했다. 그리고 나와 내 가족의 삶도 큰 고통을 받으며 변화를 겪어야 했다.

이제 법을 제대로만 집행한다면, 이명박과 박근혜는 대부분의 나머지 삶을 감옥에서 보내야 한다. 짧은 권력의 단맛에 비하면 당사자들에게는 죽음보다 더한 고통일 것이다.

하지만 이명박근혜 정권 9년 동안 자본권력은 자기 몫을 충분히 챙겼다. 그리고 아무런 처벌도 받지 않았다. 결론적으로 본다면 이명박과 박근혜도 자본권력의 탐욕이 내세운 바지 권력이지 않을까 하는 생각이 든다.

4장.

죄수와 검사

죄수로 세상에 나온다는 것

검사나 검찰이 관련된 책이나 영화, 드라마를 보면 대부분, 아니 거의 모두 타이틀이 '검사와 ◯◯', '검사 ◯◯' 등 검사라는 직함이 앞에 나온다. 뉴스타파의 보도를 준비하는 과정에서 여러 타이틀 후보를 제치고 선정된 제목이 "죄수와 검사"였다. 심인보 기자의 아이디어였다.

보도를 준비하는 과정도 꽤 길었다. 증언의 진정성을 검증하는 과정, 그리고 사건의 기본 바탕이 '주식시장과 자본시장의 범죄'와 관련된 내용들이라, 그 구조를 설명하고 이해시키는 과정이 필요했다. 또한 구속되어 있던 시간을 기억에서 되살리는 과정이 너무 고통스러워서, 인터뷰 중간에도 뭔지 알 수 없는 서러움이 울컥하고 올라왔던 적이 여러 번이다.

촬영을 위해 지방의 빈 교도소에서 촬영을 할 때도, 아픈 기억이 통제 불가능한 것처럼 느껴졌다.

나는 구속되었을 때도 외부와 소통하는 모든 편지의 발신자에 이름을 적지 않고 "현직 죄수"라고 적었다. 가족에게 보내는 편지에도 똑같이 적었다.

검찰이 수사를 해서 인신을 구속시키는 이유 중 하나가, 상대방을 '죄수 신분'으로 전락시킴으로써 자신들의 주장이나 왜곡된 수사에 정당성을 부여하는 방법이기 때문이다. 검찰의 수사가 억울했던 나로서는 '죄수'라는 단어가 혐오스럽지 않아야 했다.

'죄수'라는 단어를 스스로 혐오스러워할수록 내가 나를 죽이는 일이었다. 그러니 일상의 단어처럼 느껴져야 했다. 그러려면 일상의 단어처럼 사용해야 했다.

그러니 '죄수'라는 단어에는 일부라도 검찰권의 왜곡된 행사가 남아 있을 수 있다는 것을 대중에게 알리기 위해서라도 뉴스타파의 '죄수와 검사' 제작에 동의할 수 있었다. 심인보 기자도 타이틀을 만들 때 나의 뜻을 감안했으리라 생각했다. 마치 선물처럼 느껴졌다.

— 습작을 여러 번 해서 외부로 보낸 시에도 '현직 죄수'로 보냈다. 「외식」이라는 이 습작시는 출정을 다녀오는 호송차에서 바라본 외부의 모습을 생각하며 적은 것이다.

外食

두 달만에 拘置所 밖으로 外出을 합니다

정갈하게 차려 입은 囚衣 위로 번듯한 手匣(수갑)을 차고

捕繩(포승)까지 곱게 묶고 나갑니다.

護送(호송)버스를 타고 裁判을 받으러 갔다가 돌아오는 길에는 가끔 外食을 하게 됩니다.

한동안 먹을 수 없었던 飮食을 먹을 수 있는 그 길은 距離(거리)나 時間으로 꼭 한食頃(식경) 쯤 됩니다.

탕수육, 짜장면에서부터 설렁탕, 피자, 스테이크, 랍스타, 치킨, 오리구이, 곱창구이까지 車道 옆으로 늘어선 看板(간판)속 飮食들을 視線(시선)으로 집어 허겁지겁 눈에 담습니다.

이렇게 하게 되는 外食 中에 目食의 食感이 가장 별납니다. 두어개에 漢字로 된 看板만 펼쳐져 있으니 食能(식능)이 생겨날 리 없습니다.

생선찜, 간장게장에 김이 모락모락한 수육까지 올라온 상차림. 누가 뭐래도 저녁 상은 韓食이 그만입니다.

그러다가 잠깐, 退勤길 交通遞增(교통체증)에 護送버스가 멈춰선 곳이 작은 「가정식 백반집」 앞이었습니다.

特別한 飮食 그림이 없음에도 침 고이듯 눈가에 물이 고이고 가슴이 고파옵니다.

「가정식 백반」이라는 단어 만으로도 護送車 안에 곱게 묶인 사람들은 그렇습니다.

現職罪囚

일기장

한명숙 전 총리 사건의 한만호 씨 비망록처럼, 담장 안에서는 별도의 일기장을 지급하지 않는다. 개인적으로 구치소나 교도소에서 구매할 수 있는 노트에다 각자 필기를 한다.

그런데 그 노트가 조잡하기도 하고, 페이지 수가 적어서 몇 자 적다 보면 금세 끝이 보이는지라 여러 권으로 정리를 해야 한다. 여러 번의 전방과 이감을 하다가 조금만 소홀해도 잃어버리기 일쑤이고 온전히 보전해서 가져 나오기가 힘들다.

하지만 나는 운이 좋게도(?) 두꺼운 노트를 구할 수 있었다. 그 노트의 실제 용도는 성경을 필사하는 용도다. 수감 생활 동안 문제가 생기면 징벌방에 가게 되는데, 징벌방 수용자들의 교화용으로 지급되는 노트다.

징벌방에 가게 되면 우선 변호사 접견을 제외한 모든 면회가 중지되고 생활용품 구매와 도서 구매를 할 수 없으며 신문과 TV 시청

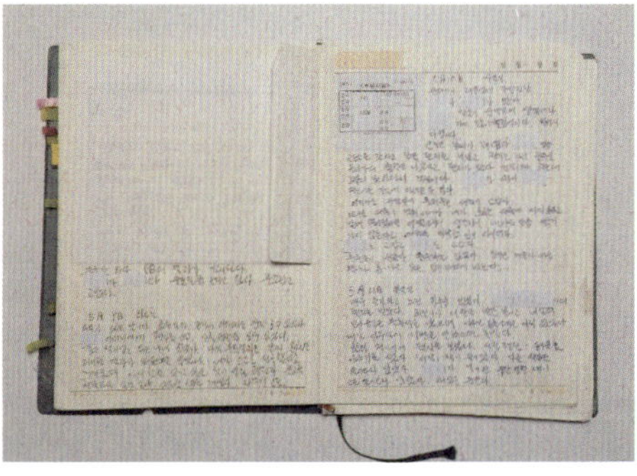

등이 일절 불가능하다.

그렇게 2주 정도 징벌 대기방에 있다가 징벌 위원회가 열리고 징벌을 결정하면 본격적인 징벌방 생활을 하게 된다. 징벌을 받으면 그 징벌의 종료 시점부터 1년 동안은 가석방에 제한을 받는다.

징벌 유예를 받거나 징벌이 해제되면 전에 있던 방으로는 절대 갈 수 없다. 다른 방으로 배치된다. "징역은 방을 이사 다니는 것이 고통"이라는 말이 있을 정도이니 생활하는 곳을 옮기면 따라붙는 고통이 많다.

내가 징벌방(징벌 대기방)에 간 이유가 있었다. 혼거실(여러 명이 같이 생활하는 방)에서 생활하는데, 이제 20대 초반의 어린 '새싹 건달'이 들어왔다. 나이 많은 어른들이 여럿 있는데도 거친 욕설을 했고 또래 수용자를 지속적으로 괴롭혔다.

혼거실에서 싸움이 일어나면 원인과 상관없이 싸운 당사자 모두 우선 징벌 대기방으로 옮긴다. 그곳에서 2주간 징벌위원회의 심사를 기다려야 한다.

새싹 건달은 여러 사람의 거듭된 부탁과 주의에도 행동에 아무런 변화가 없었다. 할 수 없이 누군가가 책임을 지고 그 새싹 건달과 함께 징벌방으로 가는 것이 괴롭힘을 당하는 사람과 남은 사람을 위해서 해야 할 일 같았다. 그렇다고 조카나 아들뻘 되는 사람과 치고받으며 싸울 일도 아니기에, 그냥 내가 나서서 "야, 같이 짐 싸고 징벌방 가자!"고 했다.

그리고 담당 교도관에게 그간의 사정을 설명하고 징벌 대기방으로 간 것이다. 그곳에서 '필사 노트'를 얻었다. 담장 안에서는 '희귀템' 이라 징벌방을 나와서는 여러 사람의 부러움을 샀던 그런 일기장이다.

일기장에는 서울남부지검의 금조부에 죄수복을 입고 출/퇴근하면서 지냈던 2년 6개월의 기록이 촘촘히 기록되어 있다. 혹시나 검열에 걸릴 수도 있다는 생각에 어떤 일은 은유적으로 어떤 것은 암호처럼 기록했다. 시간이 된다면 일기장만 정리해서 책으로 내볼 계획이다.

— 안경 걸이가 별도로 지급되지 않기에 풀과 면봉을 활용해 만든 모습이다. 징벌방에서는 할 수 있는 것이 거의 없다. 그만큼 뭔가 집중하기에는 좋은 환경이기도 하다. 이 그림은 볼펜의 잉크와 커피 가루를 녹여 면봉으로 그렸다.

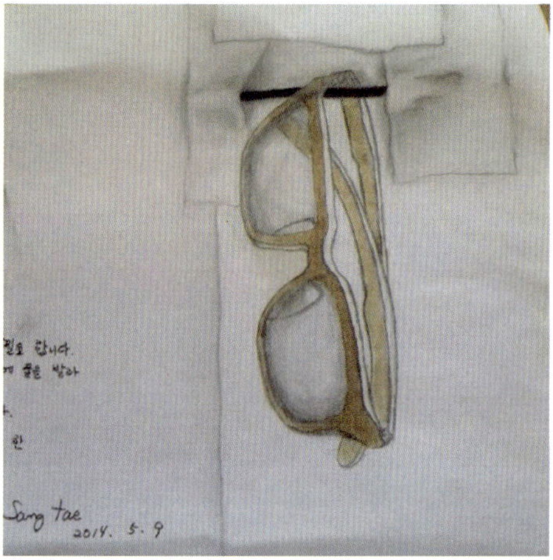

남부 구치소로 이감

내가 구속되고 〈스포츠서울〉을 무자본 M&A 했던 김 회장이 자신의 비리와 불법도 나에게 덮어씌울 목적으로 지속적인 형사 고소를 이어갔다. 그 고소를 진행하는 내내, 자신이 경영하는 언론사의 법무팀을 활용했고, 고소된 사건이 검찰 조사 후 무혐의로 결론이 나면 그것을 다시 고등 검찰청에 항고하고, '언론사의 법무팀'임을 앞세워 고검 검사실로 찾아가 재수사와 기소를 요청하는 짓을 반복했다.

이 사실은 나중에 〈스포츠서울〉의 김 회장이 주가 조작으로 구속된 후, 사동 도우미◆를 하던 사람 중 나와 친하게 지내던 사람이 있었는데, 마침 구속된 김 회장이 그 사람이 사동 도우미로 일하던 곳으로 방을 배정받았던 것이다.

소송 서류 등의 짐이 많았던 〈스포츠서울〉 회장은 자신의 짐 일부를 사동 도우미가 있던 곳에 임시로 보관했다.◆◆ 그 서류 중에는 〈스포츠서울〉의 법무팀장이 구치소에 있던 〈스포츠서울〉 김 회장에게 보낸 인터넷 서신◆◆◆ 용지가 있었다. 사동 도우미가 그것을 빼돌려서 나에게 전달했던 것이다.

◆ 예전에는 보통 소지나 사소로 불렸다. 형이 확정된 죄수 중 선발하여 배식이나 사동의 교도관을 보조하는 일을 하는 사람이다.

◆◆ 혼거는 여러 사람이 함께 생활하므로 방 동료들이 동의하지 않으면 좁은 공간에 개인 물품을 모두 보관할 수 없다. 그래서 사동 도우미들이 있는 창고에 보관하기도 한다.

◆◆◆ 요즘은 일반 우편이 아니고 교정청 홈페이지에 접속하면 이메일을 보내듯 인터넷 서신을 보낼 수 있다. 발송하면 다음 날에 전달된다.

그 편지에는 1차로 검찰에서 무혐의 된 사건을 고등 검찰청에 항고하였고, 고등 검찰청에 배당된 후 〈스포츠서울〉의 법무팀장 등이 직접 해당 검사실을 찾아가 나를 압박하기 위해 재수사와 기소를 청탁하였으며, 추가 조사를 한 번도 해보지 않은 상태에서 법무팀장이 찾아온 그 자리에서 해당 고검 검사가 "그렇게 도와주겠다"고 했다는 내용이 적나라하게 적혀 있었다. 그러니 이미 나로서는 '채널A 사건' 전에 검언 유착의 실체를 직접 경험한 셈이다.

그렇게 언론사의 영향력을 앞세워 나를 향해 수십 번 형사 고소를 해대던 〈스포츠서울〉 김 회장 측은 자신들이 오랜 기간 동안 해오던 주가 조작 범죄도 나에게 뒤집어씌울 요량으로 금감원과 검찰에 고소장을 넣었다.

나는 단 한 주도, 단 한 차례도 주가 조작에 가담한 사실이 없다. 그리고 주가 조작을 밝혀내는 것에 대해서는 누구보다 자신 있었기에 기쁜 마음으로 수사를 기다렸다. 하지만 수사는 진행되지 않았다. 고소를 진행했던 〈스포츠서울〉의 김 회장이 스스로 고소를 취하했다는 소리가 들려왔다.

그래서 이번에는 내가 주가 조작 혐의로 〈스포츠서울〉의 김 회장 일당을 고소했고, 당시 서울지검에 있던, 금융 범죄조사부와 증권범죄합수단이 남부지검으로 이전한 터라, 서울구치소에 있던 나는 남부지검 증권범죄합수단(이하 합수단)의 수사 진행에 따라서 남부지검이 있던 남부구치소로 이감되었다.

〈스포츠서울〉의 주가 조작 수사 참여와 결과

합수단의 수사는 빠르게 진행됐다. 수사팀의 의지도 처음에는 강해 보였다. 무자본 M&A와 주가 조작 사건에 필수적으로 따라붙는 것이 횡령과 배임이다. 〈스포츠서울〉 사건에서도 상당 부분의 횡령과 배임이 밝혀지고 있었다.

그토록 끈끈해 보이던 〈스포츠서울〉의 김 회장과 〈스포츠서울〉의 CFO(회장의 핵심 측근)◆는 수사를 진행하는 과정에서 책임을 서로에게 떠넘기고 뒤집어씌우고 있었다. 대질 신문 과정에 참여했던 나로서는 가관이 아닐 수 없었다.

〈스포츠서울〉 주가 조작 사건은 내가 추측하고 상상했던 것보다 훨씬 컸다. 주가 조작 범죄 기간 역시 장기간이었다. 주식시장에 내로라하는 주가 조작 선수들은 한 번씩 기웃거렸던 종목이라서 관련자도 많았다.

유수의 대형 로펌과 전관변호사들이 검찰 수사 단계부터 변호사로 참여했다. 이 사건의 수사 기간이 뉴스타파에 나왔던 '고교 동창 스폰서 사건'의 김형준 부장 검사가 증권범죄합수단장인 결재권자였던 시기와 일치한다.

수사 과정에 참여했던 내가 아는 것에 비해, 수사 결과는 초라했고 축소됐다. 합수단 수사팀은 "〈스포츠서울〉 회장 구속"이라는 기사

◆ 이들 두 사람은 15년 전부터 같이 보험 영업일을 하던 사이다.

타이틀에 만족한 듯했고, 수사 과정에 나타났던 횡령과 배임은 모두 덮고 빠져 있었다.

기업 사채시장의 거물 몇 명은 명백한 주가 조작 부당 이득을 파악해놓고도 기소하지 않았다. 당시에 사채업 역할을 했고 지금은 상장 그룹의 회장인 유준원은 한 번도 조사받지 않았다. 그 후 유준원 회장은 보도가 나간 한참 후인 2020년 6월 20일에 영장 실질 심사를 거쳐 구속됐다.

https://m.hankookilbo.com/News/Read/201502110437732154

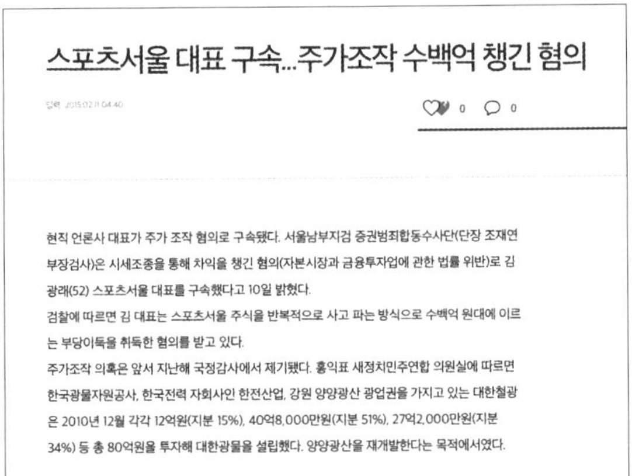

스포츠서울 대표 구속…주가조작 수백억 챙긴 혐의

입력 2015.02.11 04:40

0 0

현직 언론사 대표가 주가 조작 혐의로 구속됐다. 서울남부지검 증권범죄합동수사단(단장 조재연 부장검사)은 시세조종을 통해 차익을 챙긴 혐의(자본시장과 금융투자업에 관한 법률 위반)로 김광래(52) 스포츠서울 대표를 구속했다고 10일 밝혔다.

검찰에 따르면 김 대표는 스포츠서울 주식을 반복적으로 사고 파는 방식으로 수백억 원대에 이르는 부당이득을 취득한 혐의를 받고 있다.

주가조작 의혹은 앞서 지난해 국정감사에서 제기됐다. 홍익표 새정치민주연합 의원실에 따르면 한국광물자원공사, 한국전력 자회사인 한전산업, 강원 양양광산 광업권을 가지고 있는 대한철광은 2010년 12월 각각 12억원(지분 15%), 40억8,000만원(지분 51%), 27억2,000만원(지분 34%) 등 총 80억원을 투자해 대한광물을 설립했다. 양양광산을 재개발한다는 목적에서였다.

뉴스타파 취재 결과, 이 사건 관련자들은 수많은 현직 검사들과 연결되고 개입되었다는 정황을 찾았다. 당시 박근혜 정권 민정수석실 행정관이었고 우병우의 오른팔로 알려진 '주진우 검사'도 관련되었다는 정황을 찾았다.

본문 3장 〈2007년의 고통, BBK〉에서 말했던 '박 사장' 역시 이 사건에 깊숙이 개입돼 있었다. 검찰의 조사를 네 차례 받았으며 차명계좌를 통해 수십억 원의 부당 이득이 있었다는 것을 밝혀냈지만, 검사장 출신의 전관변호사가 선임되었고 그 후 기소되지 않았다.

그러나 이 사건의 1심 재판 판결문에는 '박 사장'을 공범으로 적시하고 있다. 그만큼 그의 혐의가 명백했지만 검찰이 기소하지 않았으므로 재판부는 처벌할 수 없었다. 다만 판결문에 박 사장에게 공범 혐의가 있다고 기재하는 것으로 그의 죄도 덮였다. 그는 현재도 한 코스닥 기업의 회장으로 지내고 있다. 이 사건의 공소시효는 2022년이다.

〈스포츠서울〉의 주가 조작 사건은 당시 내가 구속된 사건의 무죄를 밝힐 수 있는 절호의 기회이기도 했다. 그 수사만 제대로 이루어졌다면, 내가 구속된 사건에서 〈스포츠서울〉의 김 회장과 CEO가 했던 거짓 진술과 거짓 증언을 밝혀낼 수 있었다.

하지만 수사는 진행하다가 축소됐다. 그래도 그 부족한 검찰 수사 기록이나마 나의 재판부에 제출된다면 내 사건에서 수사와 재판이 얼마나 왜곡됐는지를 재판부가 알 수도 있겠다는 희망을 버릴 수 없었다.

〈스포츠서울〉 주가 조작 사건에 대한 검찰의 수사 기록을 당장 받을 수 있는 방법은 없었다. 사건 기록이 재판부로 넘어가고 나서야 열람/복사 신청을 통해서 받아 볼 수 있는데, 기간도 길었고, 넘어간다고 해도 구속돼 있던 내가 받아 볼 수 있는 절차가 복잡했다. 당장 할 수 있는 방법이 아무것도 없었다. 김 회장의 기소 시점과 나의 항소심 선고 날짜가 거의 같았으므로 나는 아무것도 제출하지 못하고 항소심에서도 유죄를 선고받았다.

이 사건을 수사하던 합수부의 책임 수사관 한 사람은 조사 과정에서 자신의 준법정신과 검찰 수사관의 자긍심을 유난히도 내세웠다. 그런 행태로 피의자들을 수사했지만, 이 사건 후 다른 검사실에서 불법을 저질러 구속됐다(뉴스타파 '죄수와 검사 2'). 이 사건의 씁쓸한 또 다른 장면이다.

증권범죄합수단에서 금조부로

〈스포츠서울〉 사건의 수사 결과가 마무리되고, 얼마 지나지 않아 이번에는 증권범죄합수단이 아닌 남부지검 금조2부의 요청으로 죄수복을 입고 호송 버스를 타면서 출퇴근했다.

내가 작업할 수 있는 별도의 사무 공간이 제공되었다. 전화기와 워드 작업을 할 수 있는 컴퓨터는 물론이고, 내가 회사에서 개인적으로 사용하던 아이패드를 검사실로 가져오게 하여 사용할 수 있었다. 아이패드의 인터넷 회선은 별도의 무선 와이파이 기기를 연결해 사용했다.

나는 금조부 안에서 별도의 사무 공간을 제공받은 터라, 자유롭게 아이패드를 사용할 수 있었다. 아이패드를 통해 수사 자료를 보는 중간중간에 페이스북도 할 수 있었다. '견상태(말 그대로 '개 같은 상태'를 뜻함)'라는 아이디로 페이스북에 흔적을 남겼다.

페이스북을 통해서 지인과도 소통했다. 내가 구속된 것을 알고 있는 지인들은 처음에는 답장을 하지 않거나 내가 페이스북을 하고 있다는 것을 믿으려 하지 않았다. 호주에 살던 아이들과도 중간중간 메일을 주고받거나 데이터 통화를 할 수 있었다.

하지만 그런 와중에서도 나의 수사 능력은 실적과 결과로 검증받고 싶다는 생각이 들었다. 사건 기록을 파악하기 위해 검찰청에서 다 볼 수 없는 기록은 구치소로 가져가서 검토하기도 했다. 혼거실에서는 7, 8명이 같이 생활하였으므로 사건 기록을 보기는 많이 불편했다. 그 사정을 검사실에 요청하니 남부지검장의 명의로 남부구치소장에게 "이 사람에게 독방을 제공해달라"는 공문을 보내줬다. 나는 혼거실에서 독방으로 옮겨졌다.

남부구치소의 독방은 특별한 사람들에게 제공되는 곳이다. 어느 구치소나 교도소보다 훌륭한 시설이다. 보도나 기사에 크게 알려진 사람이나 재벌 총수나 기업 오너, 또는 범죄를 저지른 높은 공무원에게만 제공된다. 내가 있던 남부구치소의 독방은 5동 하층에 있었다. 그래서 내가 페이스북 등에서 사용하는 아이디가 '이오하'가 된 것이다.

독방에서 유명한 여러 사람을 스치듯 만났다. 정운호 사건과 관련된 뇌물 사건으로 현직 판사와 함께 구속된 성형외과 원장, 청담동 주식 부자 이희진, 심지어는 내가 개입한 금조부의 수사를 통해 구속된 코스닥 회사의 회장도 같이 있었다.

금조부에 출근하면서 죄수로서 수사관 역할을 한다는 것은 새로운 경험이었다. 그래서 일기장에 거의 매일 기록했다. 내가 했던 작업은 상장회사의 그래프와 공시 자료, 기사 등을 통해서 주가 조작이 의심되는 종목을 분석하여 기업 범죄의 '스토리 라인'을 짜는 것이었다.

그렇게 한 기업에 대해서 범죄 혐의에 대한 스토리 라인이 만들어지면 그것을 가지고 수사팀과 날짜를 잡아서 검사와 수사관들 앞에서 브리핑을 했다. 어린 나이에 회사의 오너 경험을 해봤던 나로서는 PT나 브리핑을 받아는 봤지만, 다른 사람들 앞에서 직접 설명한다는 것이 처음이어서 어색했다.

그래도 "〈스포츠서울〉의 재수사를 해주고, 가석방 등 여러 편의를 주겠다"고 했고 절박한 나로서는 검찰에서 원하는 대로 할 수밖에 없었다. 그러면서 조금씩 익숙해져갔다.

내가 어릴 적부터 자본시장에서 했던, 피해 주주 모임에서의 경험, 명동 등 기업 사채시장에서의 경험, 상장회사의 CEO나 오너로서 겪은 경험, 여러 회사의 투자 컨설팅 경험을 하면서 했던 기업의 평가 방법이나 리스크를 체크하는 일의 경험은 그대로 '주가 조작이나 기업 범죄 혐의를 찾는 기술'로 변형시킬 수 있었다.

증권범죄합수단과 금조부가 남부지검으로 옮겨지면서 남부구치소에서는 '주식시장과 자본시장'에서 활동하다가 구속된 많은 사람들을 만날 수 있었다.

검사실에서 기업 범죄에 대한 스토리 라인이 만들어지면 구치소의 내부 정보를 취합하여 살을 붙여나갔다. 그렇게 많은 기업 범죄에 대해 보고서를 만들어 제출했고, 어떤 사건은 바로 수사를 진행하는 경우도 있었다. 하지만 전혀 수사가 이루어지지 않고 묻히는 사건도 많았다.

그렇게 약 2년 반가량 금조2부의 수사에 참여했다. 그 과정에서 신후, 에스아이티 글로벌, 씨엘 등 대형 주가 조작 사건이 수사로 밝혀지고 공개됐다. 수십 명의 기업 범죄 사범들이 구속되고 수백억 원의 벌금과 추징금이 부과됐다(1심의 수사 결과만을 기사로 볼 수 있기에 그 기록을 보고서 추정했던 것이다).

하지만 검찰에서 내게 했던 약속은 아무것도 지켜지지 않았다. 은폐됐던 〈스포츠서울〉 사건에 대해서 새로운 혐의를 포함한 재조사를 해주겠다는 약속은 지켜지지 않았다. 서너 차례 브리핑을 했지만, 수사는 전혀 진행하지 않고 있었다. 그래서 검사실로 편지를 보냈다. "이제 검사실로 나가지 않겠다"고.

그러자 검사실에서 다시 출정 요청이 왔다. 몇 번을 거절하다 검사실로 나갔다. 요구하는 "가석방을 위한 공문 등을 보내주겠다"는 것이었다. 그리고 당시 나를 도와주던 민변 소속 변호사를 검사실로 불러서 '가석방 협조 공문'을 작성해서 교정국으로 보내줬다. 나중에 알았지만 이렇게 보낸 공문은 가석방에 아무런 도움이 되지 못했다.

그렇게 세월이 지나는 과정에서 국정 농단 사건이 벌어지고 추운

겨울임에도 수백만 명이 촛불을 들고 광화문에 나온다는 뉴스를 접했다. 촛불 혁명이 이루어지리라고는 생각하지 못했다. '그러다 다시 진압되겠지'라고만 생각했다. 그런데 박근혜가 탄핵되고 문재인 대통령이 당선되었다. 그때까지도 나는 남부지검 금조부로 출근하고 있었다.

국민TV 조합과 관련된 수사

기업 운영을 하다가 분쟁이 생기면 의도하지 않은 문제들이 추가로 발생하기도 한다. 내가 받은 추가 사건의 재판에는 〈스포츠서울〉의 김 회장과 법적 분쟁 중 '국민TV 조합'과 함께 했던 회사 투자자와 관련된 사건도 있었다.

〈스포츠서울〉과 싸우는 동안 직원들의 직장을 지켜주기 위해 별도의 회사를 차려주고 내가 대부분의 투자를 한 후 일부 투자를 받아 '우리라이프'라는 회사를 만들어서 운영하게 했다.

그런데 〈스포츠서울〉의 김 회장과 싸우면서 갑자기 내가 구속이 되자, 일부분을 투자한 사람이 구치소로 면회를 왔다. 그는 면회하는 동안 "내가 투자한 금액의 두 배를 내놓으라!"◆고 했다. 나는 그 투자금에 대해 단 한 푼의 돈도 개인적으로 쓰지 않았다.

그래도 "내가 다른 싸움을 하고 있으니 그럼 투자 원금을 회수해

◆ 이 면회 부분은 고스란히 녹화와 녹음이 되어 있다.

가라"고 했다. 그러나 그 투자자는 내가 구속된 사정을 노려서 '두 배'의 돈을 요구했다. 나는 거부할 수밖에 없었다.

그러자 검찰의 수사는 이상한 방향으로 흘렀다. "국민TV 수사하겠다", "국민TV에 돈이 얼마나 건너갔느냐"는 등 별건 수사의 기미가 보였다. 당시 나로서는 내 개인의 문제 때문에 국민TV까지 문제가 번지기를 원하지 않았다.

'우리라이프'라는 회사는 직원들이 모두 국민TV에 조합원으로 가입했다. 국민TV와 당시 다른 여러 팟캐스트에 도움을 줄 요량으로 그곳에만 광고를 했고 광고비를 지출했다. 그런데 뜻하지 않게 그곳으로 수사가 옮겨가게 생겼다. 나를 고소했던 투자자는 '두 배'를 받아내기 위해 그런 문제를 검찰에 재기했던 것 같다.

나는 그 투자자의 돈을 단 한 푼도 쓰지 않았다. 그것은 다른 자료로도 증명됐지만, 내가 죄의 혐의를 인정하지 않는다면 불똥은 엉뚱한 곳으로 번질 수 있었다. 그래서 그냥 "죄가 있다"고 인정하는 것으로 끝냈다. 그렇게 6개월의 징역이 추가되고 말았다.

국민TV를 통해서 우리라이프에 가입한 회원들이 있었다. 책임 있는 사람으로서 선의로 가입한 분들에게 본의 아니게 서비스를 중단하게 됐지만, 남아 있던 직원들이 그 회원들 대부분을 다른 회사에서 서비스 받을 수 있도록 마지막까지 계약을 이관시켜 처리했다는 소식을 구속된 후에 들었다.

하지만 선의로 국민TV를 통해 또는 다른 팟캐스트 광고를 보고 우리라이프에 가입한 회원들에게 본의 아닌 번거로움을 안겨드린 것 같아, 그 죄스러움이 지금도 떨쳐지지 않는다.

법조시장, 전관시장

많은 사람들이 '법'이라는 것에 마치 수학이나 과학 같은 절대적 규칙이 있다고 생각한다. 하지만 자신이 형사사건의 당사자가 되어 보면 결코 그렇지 않다는 것을 금방 깨달을 수 있다. 검사의 기소 결정이나 재판의 판결문도 마찬가지다. 내가 살아오면서 경험했던 법은 '창작'에 가까웠다.

그리고 일반인들이 '변호사'라는 직업에 대해서도 착각하는 부분이 있다. 변호사는 모든 법률과 사건에 대해서 전지전능하게 파악할 수 있다라는 것이다. 하지만 역시 내가 경험한 바로는 그렇지 못하다. 특히나 주식시장이나 자본시장의 분쟁에 대해서는 더욱 그러했다.

일반 형사 사건에서 우리나라는 국선변호인 제도가 나름대로 잘 운영되고 있다. 그러나 기업/금융 범죄 사건에 대해서는 엄청난 금액의 수임료와 성공 보수가 오고 간다. 형사 사건에서 성공 보수가 금지됐다고 하는데 그것은 눈 가리고 아웅하는 것이다. 변호사, 그들이 누구인가? 법을 전공한 사람들이다. 그러므로 성공 보수 금지 규정을 피해 가는 방법은 그들에게 너무도 쉽다.

더군다나 사건 금액이 큰 기업/금융 범죄 사건에서는 연루된 당사자로서는 기소되거나 구속된다면 중형을 선고받을 수밖에 없고 절박하다. 많은 대형 로펌과 전관변호사들이 그들의 절박함을 너무나 잘 안다. 아니 오히려 그 절박함의 크기가 자신들의 수임료에 비례해 적용된다.

기업/금융 범죄 사건 변호사 수임료와 성공 보수는 보통, 최소 수천에서 많게는 수십, 수백억 원에 이른다. 큰 선임료는 물론이고 성공 보수 규정을 피해서 받는 방법으로, 수임료 자체를 거액으로 계약하고 그것을 나누어 지급하는 형식으로 선임 계약서를 작성한다. 성공하면 성공 보수가 아닌, 그냥 선임료의 잔금을 받는 것으로 한다. 실패하면 로펌에서 선임료의 잔금을 받지 않는 형식으로 이루어진다.

또한 고위직 전관변호사들은 퇴직한 곳에서 일정 기간 변호사 개업을 하지 못한다. 그 기간이 지난 후에 퇴직한 지역에서 변호사로 개업할 수 있다. 하지만 이것 역시 너무도 허술한 규정에 불과하다.

만약 자신이 변호사로서 활동하고 싶은 지역에서 근무하다가 다른 지역으로 발령이 나면 새로이 발령받은 곳에서 약간 근무하다가 퇴직하면 된다. 마지막 퇴임지가 기준이기 때문에 자신이 활동하고 싶은 지역에서 개업을 할 수 있는 것이다.

또한 고위직 전관변호사들은 대형 로펌을 통해서 위와 같은 여러 규정을 피하기도 한다. 많은 수의 변호사들이 포진한 대형 로펌은 사건 수임을 로펌이나 다른 변호사 명의로 수임하고, 선임계를 제출한 후 고위직 전관변호사가 선임계를 제출하지 않은 채 막후에서 자신이 역할하는 방식인 것이다.

검사 출신의 전관변호사들은 더하다. 그들의 역할은 검찰 수사

단계에서 사건을 왜곡하거나 축소하면서 거액의 수임료와 성공 보수를 받는다. 기업/금융 범죄 사건이 검찰에서 진행되면, 사건의 크기나 범위를 줄이거나 밝혀진(또는 밝힐 수 있는) 사건을 일부 덮거나, 구속시켜야 할 사건을 불구속으로 기소하면서 엄청난 금액이 오고 간다.

또한 기업/금융 범죄 사건에서는 막대한 부당 이득에 대해 추징하거나 벌금을 부과할 수도 있다. 그런데 이를 막으면 부당 이득이 그대로 피고인의 수익이 된다. 그 금액의 상당 부분이 전관변호사에게 변호인 수임료로 지급된다. 부당 이득을 피고인과 나누는 꼴이다.

내가 경험한 검찰 조직은 부패해야 승진할 수 있는 조직이었다. 수사관 역할을 할 당시에도, 주가 조작이나 금융 범죄에 개입한 고위직 검사 출신 전관변호사들의 범죄 혐의를 많이 포착했고, 그때마다 브리핑했다. 그러나 단 한 건도 수사가 이루어지지 않았다. 검사들과 수사관들은 그런 일이 있을 때마다 '덮는 일'이 일상인 것처럼 아무렇지 않게 생각했다. 검사 출신이라면 보수와 진보를 구분하지 않고 덮었다.

기업 범죄 사건을 조사하는 과정에서 고위직 전관변호사가 검사실을 방문하면 담당 검사는 자신의 사무실을 비워준다. 그러면 그 사무실로 전관변호사와 조사받던 죄수가 들어가서 회의를 하고 나오기도 한다.

검찰에 출근하면서 촛불 혁명이 완성된 후였다. 하루는 검사들과 수사관들이 함께 있는 브리핑 자리에서 "이제 세상도 바뀌었는데, BBK 사건을 수사합시다! 제가 그 사건의 당사자이고, 이곳이 대한민국의 금융 범죄를 수사하는 최고 부서인데, 합시다!"라고 했더니, 나를 보는 눈들이 다들 '뭐지? 저 이상한 죄수는?' 하는 눈치였다. 그리고 믿으려고도 하지 않았다. 그렇게 그날은 이상한 죄수가 되는 것으로 끝났다. 그때부터 내가 경험했던 BBK의 기억을 정리하기 시작했다. 얼마의 시간이 지났을까, 언론에서는 조금씩 잊혔던 '이명박과 BBK 사건'에 관심을 갖기 시작했다.

그리고 SBS 〈그것이 알고 싶다〉 제작진이 변호사를 통해 연락해왔다. "BBK 사건에 대해서 당시 상황을 자세하게 알고 싶다"는 것이었다. 그렇게 내가 그동안 정리해두었던 'BBK와 옵셔널벤처스 사건'의 실체는 〈그것이 알고 싶다〉 제작진에게 전달되었고, 그 자료는 〈그것이 알고 싶다〉 1095회에 방송되었다. 〈그것이 알고 싶다〉 작가분은 지금도 나를 호칭할 때 "끝전님"이라고 부른다.

〈그것이 알고 싶다〉 1095회 – BBK 투자금 진실게임

BBK사건의 진짜 피해자는 따로 있다?

얼마 전, 제작진에게 장문의 편지가 도착했다. 익명의 제보자가 보낸 편지엔 잊혀졌던 BBK사건에 관한 자세한 내막이 적혀있었다. BBK 사건은 재미사업가였던 김경준이 한국에 BBK라는 투자자문회사를 설립해 384억에 달하는 돈을 횡령했던 사건이다. 이 사건이 큰 주목을 받았던 이유는, 2007년 당시 대선후보였던 이명박 전 대통령이 BBK사건에 관여되어 있다는 의혹 때문이었다. 따라서 국민들은 'BBK 사건'이라고 하면, 이명박 전 대통령과 재미사업가 김경준 간의 치열한 진실공방만을 떠올린다. 그러나 진실은 다른 곳에 있었다. 그 내막을 알기 위해선 오랜 시간 지워져왔던 '진짜 피해자'들의 목소리에 귀를 기울여야한다.

"피해자들의 아우성이 들리지 않으니 검찰은 권력의 의중대로 사건을 마무리하고 진실을 덮어버릴 수 있었던 것이라고 봅니다."
-익명의 편지 내용 中

서초동에서 유명해진 속담

'죄수와 검사' 보도 후 서초동 법조타운에서 회자되는 속담이 있다고 한다. "억울한 죄수가 한을 품으면 오뉴월에도 대검 마당에 서리가 내린다."

형사 사건에서 '억울함'이란 유/무죄의 문제도 있을 것이고, 실제 사건보다 과도한 처벌도 있을 것이다. 수사와 재판 과정에서 당한 억울함도 있겠지만 '죄수와 검사'를 준비하는 과정에서 참여한 '죄수 제보자' 모두 자기 주장이나 자기 사건의 억울한 내용을 모두 배제하고 뉴스타파의 보도를 도왔다.

'죄수와 검사' 보도를 준비하면서 도운 사람들은 지금은 '전직 죄수'인 나를 비롯해서 'KTens 1조 원대 대출 사기 사건의 서정기 대표', '고교 동창 스폰서 사건의 김씨', '한명숙 전 총리 사건의 한은상 씨' 등이 있다. 모두 자신의 생사여탈권이 검찰의 손바닥 안에 놓여진 '현직 죄수'의 신분으로 증언하고 도왔다.

그들의 용기가 아니었으면 만들어질 수 없는 보도였다. 그렇기에 죄수의 신분이지만 모두 박수와 격려를 받을 만했다고 생각한다.

'죄수와 검사'에서 검사라는 단어를 뒤로 물릴 만한 '죄수'들이었다.

검찰 수사와 탐사 보도의 차이

검찰의 금조부 수사를 도왔던 2년 반의 경험과 뉴스타파의 '죄수와 검사'와 〈PD수첩〉의 제작 과정을 도우면서 검찰 수사와 탐사 보도의 차이에 대해서 무엇인가 같으면서도 다른 점이 존재한다는 것을 알게 되었다.

언론사의 탐사 보도에서는 인터뷰에 필요한 관련자나 보도에 필요한 물증을 찾기가 매우 어렵다. 한정된 제보를 가지고 그 제보의 배경과 사건의 심층적 진위를 파악하고, 영상을 담아야 하는 보도일 경우 사건의 당사자를 찾아내기란 모래사장에서 바늘 찾기 같은 느낌이 들 정도다. 하지만 모든 관련자는 아니더라도, 모든 물증은 확보하지 못했더라도 어느정도의 펙트만 확인된다면, 사건에 대한 의혹 제기는 가능하다.

이에 비해서 검찰의 특수-인지 수사는, 검찰의 권한 행사의 범위가 방대하고 너무도 막강함으로 사건의 당사자 파악이나 증거 수집에 너무도 용이하다. 클릭 몇 번으로 혐의자에 대한 거의 모든 인적 정보를 취득할 수 있는 것은 물론이고, 공문 한두 장만으로도 여러 기관으로부터 손쉽게 은밀한 자료들의 수집이 가능하다.

또한 그러한 방법으로도 충분한 자료를 확보하지 못했다면 압수수색이나 계좌 영장, 통신기록 영장 등, 그야말로 혐의 당사자들의 삶과 일상 자체를 탈탈 털어낼 수가 있다. 다만 검찰 수사는 혐의 당사자 및 가족의 삶을 송두리째 바꾸거나 파멸시킬 수 있는 사안임으로 수사의 결론에 다다를 때는 '탐사 보도의 의혹 제기' 수준을 넘어서 충분한 증거와 진술을 확보한 후에 구속이나 기소 등의 결론에 도달해야 한다.

언론사의 탐사 보도나 검찰의 인지 수사에서는 비슷한 면도 존재한다. 이 두 곳에서는 '한 번 다뤘던 사건'에 대해서는 흥미를 갖지 않는다. 언론사에서 단독이나 특종을 다뤘던 사건을 다른 언론사에서는 잘 다루지 않으려고 한다는 점이다.

이런 점은 검찰의 특수 수사나 인지 수사에서도 비슷하게 나타난다. 한 부서에서 수사를 진행하고 기소한 사건을 다시 다른 검사실에서 진행하는 경우는 거의 없다. 검찰의 경우 한 인지부서에서 수사하여 결론을 냈던 사건이 기소하거나 불기소했을 경우, 그 사건의 결과가 부실하게 처리됐다 하더라도 같은 사건을 다시 다른 부서에서 한다는 것은 먼저 수사했던 부서에 대한 문책이나 비난과 다르지 않기 때문이다.

여기서 한 가지 생각해야 할 점은, 언론사의 탐사 보도나 검찰의 수사에 있어서 어떤 중요한 사건에 대한 제보를 실체적 진실을 파악하는 데 부실하거나 게을리 처리한다면, 그 사건은 누구도 쳐다보지 않는 사건이 될 가능성이 크다는 것이다. 그렇게 된다면 중요한 제보를 한 당사자는 어디에도 같은 사건을 사회적으로 드러내지 못하게 되는 것이다. 언론사나 검찰, 두 곳 어디에서도 그것에 대한 책임은 잘 지지 않는다.

5장.

제보자 X

국민 죄수가 된 제보자 X

뉴스타파 보도 후 여러 방송국에서 출연 요청을 해왔다. 처음에는 대부분 사양했다. 그때 까지는 가족 누구도 내가 제보자 X인지 알지 못했다. 혹시나 가족이 알게 될까 봐 걱정했는데, 지금은 모두 알게 됐다.

뉴스타파 보도만 나왔을 때는 가족들이 알지 못했다. 그러다가 '죄수와 검사'의 마지막 9~10편을 〈PD수첩〉과 콜라보로 방송한다고 했을 때 가족들이 알 수도 있겠다는 불안감이 엄습했다. 그래서 〈PD수첩〉의 본방 시간에는 일부러 가족들을 데리고 치킨집으로 갔다.

그렇게 안심하고 있다가 문제가 다음 날 벌어졌다. 〈PD수첩〉이 다음 날 낮에 재방송을 했고 그것을 가족이 본 것이다. 음성을 변조하고 얼굴도 모자이크했지만 가족은 "대충 봐도 알겠던데 뭐"였다. 이해를 구하느라 몇 주가 걸렸다.

'채널A 검언 공작 사건'이 〈뉴스데스크〉를 통해 공개될 때 이름이 '제보자 A'였다. 그때 한 기자가 내게 말했다. "아니, 이제 제보자 A부터 Z까지 혼자 다 쓰실 거예요?"

'제보자 X'도 뉴스타파 심인보 기자의 작품이다. '죄수와 검사'의 이야기가 검사들의 비리 문제이기도 하지만 기본적인 베이스는 '기업범죄나 주가 조작의 이야기'이기도 했다.

그 보도 후 주식시장에서 주가 조작 등으로 피해를 보신 분들이 뉴스타파로 많이 제보했다. 제보자 X를 만나게 해달라고 심인보 기자를 조르는 일도 자주 있었다고 한다. 그 당시 조국 장관 가족과 관련된 사모펀드 사건이 터져 나오기 시작했다.

사건 초기에 나는 누구에게도 말하지 않고 사모펀드 사건에 대해 나만의 방식으로 기본적인 조사를 하고 있었다. 당시에 내가 내린 결론은 '정경심 교수가 조카에게 사기 당했다'는 것이었다. 그리고 얼마 지나지 않아 사모펀드와 관련된 엉뚱한 기사들이 쏟아졌다. 그때 들었던 생각은 '아, 기자들이 아무것도 몰라도 저렇게 기사는 쓸 수 있구나'였다.

얼마 후 알고 지내던 기자에게서 전화가 왔다. "조국 장관과 관련된 사모펀드 사건을 어떻게 생각하세요?" 길게 설명할 이유가 없었다. "그냥 조국 장관 부인이 조카에게 사기 당한 거야. 괜히 끼어들지 마. 나중에 개망신 당할 수 있어."

당시는 뉴스타파의 '죄수와 검사' 막바지 보도를 준비하던 때였다. 뉴스타파에서도 사모펀드와 관련된 내용을 설명해달라고 했다. 나는 정경심 교수와 사모펀드 문제에 대해서는 처음부터 쏟아진 관련 기사들이 너무 어처구니없어 쳐다보고만 있었는데 갈수록 가관이었다.

그래서 내가 파악하고 있는 한도 내에서 뉴스타파에서 설명했다. 그리고 함께 내린 결론은 '지금은 어떤 결론도 단정적으로 보도해서는 안 된다'였다.

〈뉴스공장〉 등의 방송 출연

처음 공중파 라디오 출연은 〈김경래의 최강시사〉였다. 새벽 방송이었는데, 전체적으로는 '죄수와 검사'에 대한 내용이었지만, 마무리 부분에서 정경심 교수와 관련된 사모펀드에 대한 질문이 있었다. "코링크PE의 실소유주가 정경심 교수입니까?"

방송 시간이 짧아서 길게 설명할 수는 없었다. "어떤 범죄를 저지를 때, 중국어만 하는 사람과 프랑스어만 하는 사람이 복잡한 범죄를 어떻게 모의할 수 있을까요? 정경심 교수는 절대 코링크PE의 실소유주가 아닙니다. 냉정하게 말하면 그냥 조카에게 사기 당한 것입니다." 이 정도밖에는 설명할 수 없었다.

이 방송을 듣고 〈뉴스공장〉을 비롯한 여러 곳에서 출연 요청이 뉴스타파를 통해 들어왔다. 처음에는 모두 거부했다. 유명해지면 큰 불편이 따른다는 것과, 또한 큰 책임이 따를 수도 있음을 익히 알았다. 그리고 가족들이 더 이상 힘들어지는 일을 할 수 없었다.

조국 장관과 관련된 표창장이며 인턴 증명서 등 온갖 엉뚱한 보도들이 계속 쏟아지고 있었다. 그중에서도 대중의 의식을 가장 왜곡된 방향으로 몰며 강력하게 자극하는 가짜 기사들은 역시 사모펀드 관련 내용들이었다.

'조국과 사모펀드'라는 단어 조합은 마치 거대한 게이트가 있는 것처럼 보이게 했다. 주가 조작, 자본시장법 위반, 수십억 원의 부당이득, 무자본 M&A, 가상화폐 개입설에 이르기까지.

주식과 기업 범죄에 대한 기사들은 늘 언론 소비자들의 머리를 복잡하게 함으로써 사건의 실체보다는 이미지로 전달된다. 그렇게 조국 장관과 그 가족들을 악마화시켜나갔다. 그렇게 언론에 의해 '유죄'가 되어가는 중이었다.

꼭 정의감만으로 나선 것은 아니었다. 누군가, 어떤 이의 일가족이 언론에 의해 억울하게 죽어가는 모습이 보였다. 그래서 아는 만큼은 알리는 것이 중요하다고 생각했다. 그래서 〈이이제이〉에 출연했고, 그 방송 후 〈뉴스공장〉의 김어준 공장장으로부터 직접 문자로 출연 요청을 받았다. 얼굴을 보이지 않고 목소리만 출연하는 것으로 했다.

그렇게 〈뉴스공장〉에 두 번 출연했다. 한 번은 55분가량 분량이었고, 또 한 번은 15분 분량의 녹음을 집에서 하고, 파일로 보내는 것으로 대신했다. 첫 번째 출연은 조범동 씨의 공소장이 공개된 후였고, 두 번째 출연은 정경심 교수의 공소장이 언론에 공개된 후였다.

〈뉴스공장〉의 김어준 총수는 어려운 코링크PE-사모펀드에 대해 나름의 공부가 많이 되어 있었다. 그때까지만 해도 코링크PE-사모펀드에 대해 받아 본 질문 중 가장 날카롭고 핵심적인 질문이 많았다.

두 번째 출연했을 때는 이미 언론에 정경심 교수의 공소장이 공개된 후라서 검찰의 의도를 알아채기에는 충분했다. 공소장 내용 중에서 표창장 관련 부분은 대학 문턱도 가보지 못한 나로서는 알 수 없는 부분이었지만 자본시장법과 관련해서는 어렵지 않게 이해할 수 있었다.

공소장에서 가장 어이없었던 부분은 "12만 주를 주당 5,000원에 샀고, 그것이 미공개 정보를 이용하여 2억여 원의 부당 이득을 얻었다"고 하는 부분이다. 물론 다른 부분도 헛웃음이 나오지만 12만 주 부분이 '자본시장법 위반'에 있어서 가장 큰 금액이었다.

하지만 이 부분은 그냥 WFM의 공개된 공시 자료만 대강 살펴봤다면 누구나 어처구니없다는 것을 알 수 있다. 그런데 수사팀 누구도 그것을 확인하지 않았거나 확인했음에도 외면한 결과로밖에 보이지 않았다.

공소장에 기재된 정확한 내용은 이렇다.

*** 동생 정00와 함께 2018. 1. 22.경 2억 원, 2018. 1. 26.경 4억 원 등 합계 6억 원을 마련하여 조범동으로부터 WFM 실물 주권 12만 주(1만 주 12장)를 매수하였다. 이로써 피고인은 공동 투자자인 동생 정00 공모하여, 조범동으로부터 받은 미공개 정보를 WFM 주식거래에 이용하였고, 이를 통하여 합계 280,833,109**

원 상당의 부당 이득을 취득하였다.

하지만 이것은 전후 맥락을 무시한 끼워 맞추기식 공소장에 지나지 않는다.

조범동 등은 WFM의 기존 대주주인 우국환 등으로부터 WFM의 주식을 인수하는 계약을 2017년 12월 9일에 체결하였다.

최대 주주 변경을 수반하는 주식 양수도 계약 체결(공시 자료)

<table>
<tr><td rowspan="2">1. 계약 당사자</td><td>양도인</td><td>우국환 외3명</td><td>회사와의 관계</td><td>최대 주주 및 특수 관계인</td></tr>
<tr><td>양수인</td><td>(주)코링크 프라이빗에쿼티</td><td>회사와의 관계</td><td>-</td></tr>
<tr><td rowspan="3">2. 계약 내역</td><td>양수도 주식 수(주)</td><td colspan="3">4,700,000</td></tr>
<tr><td>1주당 가액(원)</td><td colspan="3">5,000</td></tr>
<tr><td>양수도 대금(원)</td><td colspan="3">23,500,000,000</td></tr>
</table>

이 계약이 체결된 후에 조범동 등은 임시주총을 통해서 일부가 이사 선임됐음에도 잔금을 제때 치루지 못하던 상황이다. 그리고 조범동은 수차례에 걸쳐서 계약 이행에 관한 정정 공시를 하면서 잔금일을 계속 연기하던 상황이다.

최대 주주 변경을 수반하는 주식양수도 계약 체결
계약 이행에 관한 정정 공시

2017.12.20. 15:56

http://www.paxnet.co.kr/news/035290/disclosureView?articleId=20171220070171&stockCode=035290&currentPageNo=10&objId=A20171220070171

2017.12.22. 18:14

http://www.paxnet.co.kr/news/035290/disclosureView?articleId=20171222071099&stockCode=035290&currentPageNo=9&objId=A20171222071099

2017.12.22. 17:43

http://www.paxnet.co.kr/news/035290/disclosureView?articleId=20171222071047&stockCode=035290&currentPageNo=9&objId=A20171222071047

2018.01.24. 17:41

http://www.paxnet.co.kr/news/035290/disclosureView?articleId=20180124004169&stockCode=035290&currentPageNo=9&objId=A20180124004169

2018.01.23. 17:15

http://www.paxnet.co.kr/news/035290/disclosureView?articleId=20180123003836&stockCode=035290&currentPageNo=9&objId=A20180123003836

2018.01.23 07:16

http://www.paxnet.co.kr/news/035290/disclosureView?articleId=20180123003630&stockCode=035290&currentPageNo=9&objId=A20180123003630

이렇게 여섯 차례 이상 조범동 등은 잔금을 미뤄 오다가 2018년 1월 24일 6억 원가량을 정경심 교수와 동생에게 차용하면서 잔금을 치를 수 있었다. 그 후에 비로소 실질적인 경영권을 행사하면서 4차 중도금을 지급하고 자신이 영입한 이상훈을 대표이사로 선임할 수 있었다.

정정일자	**2018-01-24**
1. 정정 관련 공시 서류	최대 주주 변경을 수반하는 주식 양수도 계약 체결
2. 정정 관련 공시 서류 제출일	2017-10-16
3. 정정 사유	계약 내역의 변경 및 계약 완료 종결

대표이사 변경

1. 변경내용	변경 전 대표이사	우국환
	변경 후 대표이사	이상훈
2. 변경사유		우국환 대표이사(사내 이사 포함) 사임에 따른 신규 대표이사 선임
3. 변경일		2018-01-24
4. 이사회결의일		2018-01-24

최대 주주 변경 : 2018-01-24

	최대 주주 등	우국환 외 4
변경 전	소유 주식 수(주)	4,288,122
	소유 비율(%)	19.34

1. 변경 내용

변경 후	최대 주주 등	(주)코링크프라이빗에쿼티외 1
	소유 주식 수(주)	3,931,174
	소유 비율(%)	17.73

4차 매매대금 : 600,000,000원(2018.01.22)
– 매매 주식 수 : 120,000주,
(주)코링크프라이빗에쿼티(120,000주)

이렇듯 공시된 자료만으로 유추해도 공소장 내용처럼 미공개 정보를 이용하여 부당 이득을 차지하려고 했다는 것보다, WFM의 경영권 인수를 위해서 자금을 구하다가 어렵게 되자, 조범동이 4차 매매대금을 지급하면서 받게 되는 12만 주를 정경심 교수의 동생에게 부탁하여 6억 원을 급히 차용한 후 담보로 제공했다는 것으로 봐야 타당하다. 정경심 교수가 범죄의 의도를 가지고 취득한 주식이 아니라는 것이다.

그렇다면 “미공개 정보를 이용하여 부당 이득을 취했다”는 검찰의 주장은 억지일 수밖에 없다. 해당 주식 12만 주는 조범동이 우국환 등으로부터 인수받는 ‘대주주 지분’의 일부로 계좌에 넣으면 또 한 번의 지분 이전 공시 의무가 발생한다. 따라서 담보 형태의 현물로 가지고 있다가 조범동이 6억 원을 변제하면 다시 돌려줘야 한다. 미공개 정보를 이용한 범죄라는 주장은 성립할 수 없다.

다시 한 번 정리하면 조범동이 WFM의 경영권 인수를 위하여 우국환의 대주주 물량을 받아오는 과정에서 자금 조달의 어려움 때문에 중도금 지급을 수차례 미뤄오다가 정경심 교수의 동생을 통해서 6억 원의 자금을 융통했고, 그 과정에서 담보 명분으로 4차 중도금 지급 시 인수하는 12만 주를 제공한 것이다. 조범동은 4차 중도금 지급 직후에야 자신의 심복을 WFM의 대표이사로 선임하면서 실질적 경영권 행사를 할 수 있었다.

따라서 정경심 교수 측은 미공개 정보를 이용해서 부당한 이득을 얻을 목적으로 주식을 매수한 것이 아니라, 조범동의 필요에 의해, 조범동의 기만적 설득에 의해(이 부분은 추측이다) WFM의 주식 12만 주를 떠안았다고 보는 것이 상식에 부합하는 결론이다.

과정이 이러하니 정경심 교수의 동생도 12만 주를 현물로 보관했고, 수사 과정에서 그 현물마저도 압수 수색 영장에 기재되지 않은 채 검찰에 불법으로 빼앗기고 만 것이다. 결론적으로 그냥 6억 원의 피해를 본 것이다.

나는 정경심 교수의 공소장이 언론을 통해 공개됐을 때, 잠시나마 같이 일했던 금융 범죄를 전문으로 다루는 검찰의 금조부에서 어떤 형태로든 입장 표명이 있을 것으로 기대했다. 그들이 금융 범죄 수사의 전문가를 자처하기 때문이다. 그러나 그들 모두 침묵했다.

그 과정을 지켜보다가 두 번째 〈뉴스공장〉 출연 요청을 받았다. 정경심 교수의 공소장을 읽어보고 약 15분 동안 방 안에서 녹음해 파일로 전송했다. 김어준 공장장에게 "꼭 이것만은 편집하지 말고 내보

내 주세요"라고 부탁한 부분이 있었다.

"검사님들, 다음부터 코링크PE 같은 것을 파실 때에는, 몇 십 명씩 개고생하지 마시고, 저한테 외주 주세요." 다행히 편집 없이 그대로 방송됐다.

실패한 토론

조국 전 장관과 정경심 교수에 대한 무책임한 언론 보도가 쏟아지면서 느꼈던 점 가운데 또 다른 하나는, 나름은 전문적이라고 사회적으로 평가받는 경제지 기자들의 무책임이다. 더 나아가 전문직이라는 라이선스 뒤에 숨어서 아무 말이나 뱉는 소위 라이선스 전문가라는 사람들에게는 분노가 치밀어 올랐다.

'전문가라면 그 자격에 맞는 책임이 있다'고 생각했지만 어떤 이는 오히려 자신이 가진 라이선스를 대중을 현혹하는 수단으로 활용하는 느낌마저 들었다.

〈뉴스공장〉에 목소리만 출연한 후 얼마의 시간이 흘렀다. 이번에는 MBC 〈김종배의 시선집중〉에 출연해달라는 제안이 들어왔다. 출연 제의 과정은 이러했다. 당시에 "코링크PE의 실제 소유주는 정경심 교수이고, 배후는 조국이다"라고 주장하고 다니던 사람이 있었는데, 그가 바로 김경율 회계사이다.

어느 날 김경율 회계사가 〈김종배의 시선집중〉에 출연했고, 방송이 끝난 후 내가 〈뉴스공장〉에 나와서 "코링크PE의 실소유주는 정경심 교수가 아니다. 정경심 교수는 피해자다"라고 주장했다는 것을 알고 있던 김종배 사회자가 김경률 회계사에게 말했다. "제보자 X라는 사람이 있는데 두 사람이 토론을 해보는 것이 어떠냐"고. 김경률 회계사에게 의사를 물어봤고 "100% 하겠다"라는 즉답을 받았다는 것이다.

그리고 뉴스타파를 통해 다시 토론 제의가 온 것이다. 나는 농담처럼 "회식비를 넉넉히 주면, 그리고 가면을 쓰고 출연하는 것을 용인하면 하겠다"고 뉴스타파 기자들을 통해 의사를 전달했다.

그러자 이번에는 김경율 회계사 쪽에서 갑자기 "하루만 생각할 시간을 달라"고 했다는 소식을 들었다. 그때까지 나는 김경율 회계사가 "코링크PE의 실소유주는 정경심이다"라고 주장하고 있는 것에 대해 안타깝게 생각하고 있던 터였다.

그는 이미 삼성바이오의 분식회계를 밝혀냄으로써 대중으로부터 충분한 관심과 존경을 받고 있었는데 왜 그렇게 무리한 주장을 하면서 돌아올 수 없는 길을 가고 있을까 하고 늘 궁금해하고 안타깝게 생각하고 있었다.

김경율 회계사가 참여연대에서 삼성바이오 분식회계를 밝혀내고 발표했을 때, 나는 그의 회계사 능력보다는 거대 권력인 삼성의 불법을 드러내고 발표하는 용기에 박수를 보냈다.

그의 능력을 폄하하는 것이 아니다. 어느 정도의 회계감사 실무 경력이 있다면 삼성바이오 분식회계는 밝혀낼 수 있는 일이었다. 하지만 대부분의 회계사들은 삼성이기에 침묵하고 묵인했던 것이다.

내가 남부지검 금조부에 다닐 때도 검사와 검찰 수사관만 있는 것이 아니었다. 금감원 등 외부 기관에서 파견 나온 회계사들도 함께 기업 범죄 수사 작업을 하고는 했다. 다만 회계사들은 감사 보고서 등의 자금 이동과 결산, 처리 항목 등의 수치를 계산하고 평가하는 일을 했다. 기업 범죄의 전체 구조를 구성하고 파악하는 일은 그들이 할 수 있는 일이 아니었다.

나는 김경율 회계사의 결정을 기다리는 동안 토론의 방향과 내용을 정리하고 있었다. 만약 그와 공개적인 토론을 한다면, 어떤 일방의 주장을 관철시키는 토론이 아니라 내가 잘못 알고 있는 부분은 배우고, 그가 잘못 알고 있는 부분을 설득해 서로가 동의하는 과정을 만드는 형식을 갖춰 진행하기를 바랐다. 토론의 결과에 따라 그가 더 이상 진실에서 멀리 나가지 않을 수 있겠다고 생각하며 답을 기다렸다.

하지만 다음 날 김경율 회계사 측으로부터 답이 왔다. "토론 방송에 참여하지 않겠다"는 것이었다. 구체적인 이유는 듣지 못했다. 나로서는 그를 붙잡아 되돌릴 수 있는 기회를 놓쳐버린 것이다.

죽이는 수사로 명성을 얻고, 덮는 수사로 부를 축적한다

"죽이는 수사로 명성을 얻고, 덮는 수사로 부를 축적한다." 이 문장은 〈PD수첩〉을 통해서 공개된 문장이다. 평소 검찰에 대해 생각했던 것을 페이스북에 썼던 문장이고, 뉴스타파 팀의 단톡방에서 먼저 썼던 문장이기도 하다.

검찰은 대중에게 정의롭게 보여야 할 이유가 있다. 사회를 정의롭게 만들기 위해서가 아니라, 자신들의 기득권을 지키고, 자신들의 비리나 치부를 감추기 위해 '정의로움'으로 포장될 필요성이 있어 왔다.

그래서 때로는 거악을 척결하는 모습으로 언론에 공개되고 수사 결과 발표를 하면서 검찰은 사회 구성원으로부터 정의로운 집단으로 인정받는 일에 충실했다. 그렇게 정의로움으로 포장한 후에는 덮는 수사를 진행한다. 이렇게 덮이는 수사는 세상에 알려지지 않는다.

재벌가, 친검 정치인, 검찰 내부 인사의 범죄에 대한 수사는 거의 덮이거나 축소된다. 축소된다는 것 역시 덮는 수사의 한 가지 방법이다. 덮는 수사와 함께 사용한다고 해도 무방할 듯하다.

재벌 비리를 수사하지 않거나 축소한 검사들 또는 그 사건을 지휘한 간부 검사들은 퇴직 후 직접 해당 재벌의 법무팀으로 거액의 연봉과 보너스를 받는 조건으로 스카웃돼 평생 호의호식한다. 또는 대형 로펌으로 들어가 재벌 기업에서 여러 법률 자문 명목으로 수십억 원의 수임료를 받는 방식으로 사후 보상을 받는다. 이 같은 행위의 관례들이 명백한 범죄로 보이지만 우리 사회는 무의식적으로 용인하면서 덮어왔다.

남부지검의 금조부에 출근하면서 많게는 한 달에 한 건, 적어도 두세 달에 한 건 정도는 기업 범죄 보고서를 만들어서 검사실에 제출하거나 브리핑했다. 하지만 수사로 이어지는 것은 별로 없었다.

더군다나 제때 수사가 이루어지는 것은 한두 건에 불과했고, 몇 달을 묵히거나 해를 넘기는 경우도 종종 있었다. 하지만 수사가 전혀 이루어지지 않고 그냥 덮이는 사건도 많았다.

어떤 사건 중에는 기업 사채시장에서 악명 높은 어떤 회장이(지금은 몇 개의 상장회사를 거느린 회장이기도 하다) 개입된 사건에 대해 수사팀에 브리핑했다. 그런데 어떻게 알았는지 그 '어떤 회장'은 다음 날부터 남부지검 검사실을 누비고 다녔다. 자신의 범죄 혐의가 알려졌다는 것을 누군가로부터 들었던 것이다.

이 '어떤 회장'은 수임 비리로 구속된 한 고위 검사장 출신 변호사와는 현직에 있을 때부터 호형호제하는 친분을 과시했고, 주식시장에서는 "매달 2억 원씩 검찰에 뿌린다"는 소문이 파다했다. 오래도록 이 '어떤 회장'을 쫓던 복수의 기자로부터 들은 바다. 그가 남부지검의 검사실을 며칠 누비고 다닌 후에 그 수사는 영원히 덮였다.

또 한 사람은 내가 파는 사건마다 사외이사로 등장했던 변호사다. 그가 자신 명의 계좌를 직접 주가 조작 선수에게 위탁해 수익을 얻었다는 관련자 진술이 공개 브리핑 시간에도 나왔다. 내가 파악한 코스닥 회사 사건의 서너 곳에서 그의 이름이 등장했다.

아주 오래전에는 어떤 사건에 '변호사'의 이름이 등장하면 법조인들이 동업자 정신으로 그냥 덮었다. 그래도 최근에는 명백한 범죄가 드러나면 아무리 변호사라고 해도 검찰이나 경찰에서 구속하거나 기소하는 일이 종종 있다.

그래서 나는 과거를 떠올리며 그 사외 이사 변호사에 대해서는

PD수첩
제보자 X
검사가 검찰개혁을 반대하는 가장 근본적인 이유는
그 전관시장을 놓지 않으려고 하는 거죠
왜냐하면 일반 형사부 사건 같은 경우에는 수임료가 싸요, 그렇죠?
몇백만 원, 때로는 국선변호인 제도가 나름 잘돼있기 때문에
수임료 시장 법조 시장 측면에서 본다면
(검찰이) 버릴 수 있는 시장이죠, 일반 형사사건 시장은
그런데 금융조세조사부(금조부), 특수부 이런 사건들은
정운호 사건 때 보셨다시피 변호사 선임료 50억 원 하잖아요
최소 출발이 일반 형사사건의 몇 배 몇십 배예요
검사 출신 전관들 입장에서는 놓칠 수 없는 시장인 거죠

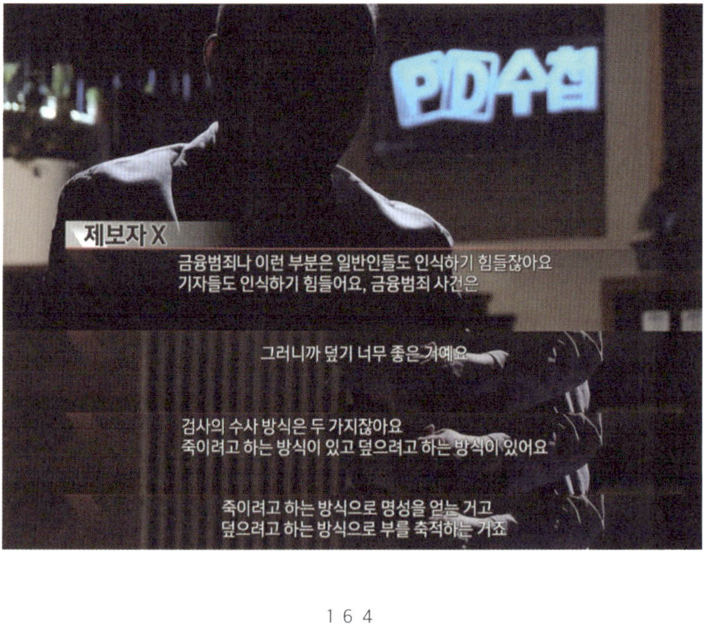
PD수첩
제보자 X
금융범죄나 이런 부분은 일반인들도 인식하기 힘들잖아요
기자들도 인식하기 힘들어요, 금융범죄 사건은
그러니까 덮기 너무 좋은 거예요
검사의 수사 방식은 두 가지잖아요
죽이려고 하는 방식이 있고 덮으려고 하는 방식이 있어요
죽이려고 하는 방식으로 명성을 얻는 거고
덮으려고 하는 방식으로 부를 축적하는 거죠

그냥 '변호사라서 덮나 보다'고 생각했다. 한편으로는 '아무리 변호사라도 과거 진보 정권의 사람이면(내가 금조부에 출근할 당시는 박근혜 정권 시절이었으므로) 수사를 할 만도 한데 왜 안 하지?'라는 의문이 같이 들기도 했다. 그런데 해당 변호사의 이력을 좀 더 파고드니 그제야 이해가 됐다. 그는 그냥 변호사가 아니라 '검사 출신 변호사'였다. 정치적 좌표보다는 검사 출신이 작용한 것으로 보인다.

주가 조작이나 금융/기업 범죄 사건은 어렵고 복잡하다. 수사 결과를 언론에 발표하더라도 쓰는 언론사의 기자나 보도를 접하는 대중도 잘 이해하지 못하고 넘어가는 경우가 대부분이다. 그만큼 주가 조작이나 금융/기업 범죄 사건은 수사 주체가 사건의 범위나 규모, 기간, 관련자들을 임의로 구성하고 재단할 수 있다.

그 과정에 대형 로펌과 고위급 전관들이 개입하고 엄청난 돈이 수임료와 성공 보수로 거래되면서 사건의 실체는 몇 차례 성형을 거쳐 언론에 발표된다. 그렇게 수사 결과가 발표된다고 해서, 어느 기자가 '덮었다, 축소했다'고 알아차리거나 주장할 수 있을까? 언론 소비자 중 누가 검찰 수사에서 주가 조작이나 기업 범죄 사건이 '덮었다, 축소했다'고 지적할 수 있을까?

그렇게 죽이는 수사 방식이나 덮는 수사 방식 모두 전관변호사들의 법조 자본시장과 검찰 조직의 기득권과 연결되어 있다고 본다. 그렇게 실체를 재단하고 성형할 수 있는 권력이 그들의 손안에 있는 한 '죽이는 수사로 명성을 얻고, 덮는 수사로 부를 축적한다'는 공식은 영원할 것이다.

기자와 제보자

지나온 나의 삶을 돌이켜보면 가끔씩 드는 생각이 있다. '나는 전생에 기자였을까?' 전혀 계획하지 않았는데 기자들과 유난히 인연이 많다. 하지만 기자로서 능력도 자격도 없었기에 내가 할 수 있는 것이 '제보'였을 것 같다.

한 기자에게 이런 질문을 받았다. "왜 제보자 X 주변에 이러한 제보가 많이 몰리게 됐다고 생각하세요?" 그때 나는 이렇게 대답했다. "주식시장, 자본시장은 사회의 모든 탐욕과 욕망이 모여드는 곳이다. 그러니 그곳에는 그 탐욕과 욕망이 성취되는 과정에서 수많은 범죄와 불법들이 발생하는 것 같다."

내가 있었던 구치소나 교도소에 들어왔던 대부분의 피고나 재소자들의 사연을 파악해보면 거의 모든 원인이 돈과 관련되어 있었다. 돈이 많아서 비싼 전관변호사를 선임해 구속되지 않았을 경우까지 포함한다면 더욱 그러했다.

다른 큰 사건의 보도나 기사의 제보자들을 보면 대한민국 대부분의 제보자들은 특종에 사용되고 버려지는 느낌이 들 때가 있다. 누가 의도하든 의도하지 않든 간에 새로운 사건은 늘 발생하고 특종이 특종을 덮고 밀어내면서 언론사가 굴러가기 때문이다.

그리고 특종을 했던 언론사와 기자는 성공을 한 모습으로 남고, 대부분의 대한민국 제보자들의 말로는 비참해지고 잊히는 모습이었다. 그래도 대부분의 제보자가 원망하는 모습을 보이지 않았다. 오히려 제보를 감행했던 무모한 자신을 자책하는 것으로 끝맺는 것 같다.

살아오면서 기자들과 '무모한 작업'을 시도했던 것이 서너 번 정도 되는 것 같다. 처음은 2007년 BBK와 관련된 사건을 세상에 알리려 했던 작업(본문 3장 〈2007년의 고통, BBK〉), 두 번째는 뉴스타파 심인보 기자 등과 했던 '죄수와 검사 1', 세 번째는 MBC 장인수 기자와 했던 '채널A 검언 공작 사건', 그리고 다시 뉴스타파와 했던 '한명숙 전 총리 조작 사건' 등이다.

첫 번째 작업은 실패했고, 이명박이 대통령이 되는 것을 구치소에서 지켜보아야 했다. 하지만 나머지는 모두 성공했다고 생각한다. 그리고 그 보도로 사회가 조금은 변한 모습을 지켜보기도 했다.

그 실패한 제보로 나와 내 가족이 큰 고통을 겪었지만, 성공한 보도와 기사를 제보한 당사자로서 그 고통에 못지않은 보람과 자부심도 생겼다.

뉴스타파의 '죄수와 검사 1'과 한명숙 전 총리 사건의 보도는 그 완성도와 치밀함에서 예술성마저 느꼈다. '채널A 검언 공작 사건'의 MBC 〈뉴스데스크〉의 보도는 마치 전쟁의 전격적인 상륙작전을 떠올릴 만큼 전폭적이었다.

보도가 나간 후 〈조선일보〉를 비롯한 수구/친일 언론의 인신공격이 거셌다. 제보를 했던 내가 '제보자로서 버려졌다는 느낌'이 들 겨를도 없이 뉴스타파 팀과 심인보 기자의 후속 보도와 입장 표명, MBC 장인수 기자의 나에 대한 배려로 '이제 나에게도 동지가 생겼다'고 충분히 느꼈다.

뉴스타파의 심인보 기자는 자신의 페이스북에 '〈조선일보〉의 제보자 X에 대한 공격'에 장문의 반박 글을 적었고, MBC 장인수 기자는 내가 검찰의 출석 요청에 "나경원 전 의원을 먼저 소환하라"고 요구하면서 조건부 출석으로 불응하고 검찰의 '체포 영장 청구' 보도가 나가자, 자신도 검찰 출석을 거부하는 것으로 나를 응원했다.

> 3. 검찰은 제보자X가 죄수로 갇혀 있을 때 그를 백 차례 넘게 불러 수사에 도움을 받았고 그 사실은 그의 출정기록과 일기, 이메일과 SNS 등 물증을 통해 입증이 됐습니다. 그의 전문성을 인정하고 그에 의존했던 검찰이 지금은 그를 '믿을 수 없는 전과자'로 공격하고 있습니다.
>
> 제보자X는 그렇게 출정을 다니면서 검찰의 숨기고 싶은 민낯을 알게됐고, 그렇게 알게 된 사실을 시민들에게 알렸습니다. 검찰이 얼마나 그를 미워할지, 짐작이 갑니다. 뉴스타파는 그의 증언과 주장을 보도하면서 그가 '죄수'였다는 사실을 수십 차례 밝혔는데 이제 와서 그가 '죄수'였다는 사실을 문제삼으니 신기하게도 그게 또 문제가 되는 분위기입니다. 언론의 힘이 이렇게 무섭습니다. 그의 정파성이나 정치적인 견해가 제보를 오염시킨 것 아니냐는 문제제기에 대해서는, 위 2번에서 충분히 해명했다고 생각합니다.
>
> 작년 <죄수와 검사> 10부작으로 민주언론상을 받았습니다. 그때 쓴 수상소감의 한 부분입니다.
>
> "감사를 표하고 싶은 사람이 무척 많습니다. 우선 구치소와 검찰청 사이에 그렇게 많은 이야기거리가 있다는 것을 알게해 준 제보자X, 그는 독특한 경험과 빼어난 전문성 뿐 아니라 정의에 대한 매우 특별한 감각을 갖고 있는 사람입니다. 이 보도는 처음부터 끝까지 그에게 빚진 바가 많습니다."
>
> 제보자X에 대한 저의 개인적인 생각은, 지금도 그때와 똑같습니다.

심인보 기자의 페이스북 글 전문 캡처(2020년 4월 5일 쓴 페이스북 글)

법세련이라는 단체에서는 나와 황희석 변호사, 최강욱 대표를 함께 고발했고 검찰에서 두 차례 출석 요청이 있었지만 나는 이왕 싸우기로 마음먹었으니 황희석 변호사의 도움으로 두 차례 입장문을 내면서 "나경원 전 의원이 출석하면 나도 출석하겠다"는 '조건부 출석'을 요청하면서 버텼다.

첫 번째 입장문

제보자 X, 검찰의 채널A 사건 피고발인 2차 출석 요청과 관련하여

1. 저는 지난번, 1차 출석요구에서 민주 시민 단체 활동 경력이 명확하고 존재가 분명한 민생경제 연구소(안진걸 소장) 등이 10여 차례나 고발했음에도 단 한 차례의 피고발 조사조차 받지 않은 나경원 전 의원의 조사가 이루어진다면 출석하겠다는 '조건부 출석'의 입장을 밝힌 바 있습니다.

2. 하지만 그 어느 언론에서도 나경원 전 의원이 피고발인 조사를 받았다는 기사나 보도를 접하지 못했음에도 다시 한 번 서울지검으로부터 변호인을 통해 또 한 번 출석 요청을 받게 됐습니다.

3. 존재가 이상한 우파 단체로부터 고소당한 저의 혐의는 '채널A의 보도 업무'를 방해하였다는 것인데, 저는 지난번 참고인으로 출석하여 영상 녹화 조사를 받는 과정에서도 "내가 방해한 것은 검언 공작이지, 정당한 취재 업무를 방해한 사실이 없다"고 진술한 바 있습니다.

4. 또한 이 고발 사건에는 저의 변호인인 황희석 변호사마저 공동으로 고발당하였기에 규정상 변호인의 조력을 받을 수도 없는 입장이고, 더군다나 저에게는 저를 비호해줄 김사 사위도 존재하지 않기에 오롯이 혼자 감당해야 하는 그니큰 압박이 있는 것도 사실입니다.

5. 민언련이 고발한 '채널A 검언 공작 사건'의 그동안 진행 상황을 보더라도, 해당 이동재 기자의 구속영장을 윤석열 총장이 막고 있는 상황이고, 채널A 기자 두 사람이 이철 대표에게 협박 편지를 보내기 하루 전에 이미 채널A 기자들과 한동훈 검사장이 '사전 모의'를 했을 법한 정황이 밝혀지고 있음에도, 저를 '업무 방해'로 조사한다는 것은 참으로 상식적이지 못한 것이라고 저와 많은 국민들은 인식하고 있습니다.

6. 저는 지난 2년여에 걸쳐서 생계에 전혀 도움이 되지 못하는 '저 나름의 공익 제보 활동'을 해왔던 터이고, 그와 관련된 이러한 고소 사건을 오래도록 끌고 가더라도, 저에게는 저의 사업 재기를 위해서 잔고 증명을 만들어줄 수 있는 장모님조차 존재하고 있지 않기에 하루라도 빨리 모든 문제를 해결하고 생업을 찾아 가족을 부양하는 의무를 다하고 싶은 심정뿐입니다.

7. '채널A 검언 공작 사건'이 제게 왔을 때, 대한민국에서 가장 오래되고, 가장 강력한 권력인 언론과 검찰을 상대로 싸움을 한다는 것에 잠시 두려움도 있었습니다. 따라서 더 크고 많은 범죄 혐의에 대해서, 존재가 명확한 시민 단체의 수많은 고발에도 불구하고 '피고발인 조사'가 이루어지지 않는 나경원 전 의원의 '피고발인 조사'가 이루어진 이후에 저 역시 '피고발인 조사'에 응할 것입니다. 아니 최소한 같은 날 같은 시간에 불러서 피고발인 조사가 이루어진다면 포토라인에 같이 설 용의도 있습니다.

8. 그렇지 않다면, 출석 요구서를 형식에 맞게 받아 보고, 체포 영장이 발부되어서 강제 연행될 때까지, '피고발인 조사'에 응하지 않을 것입니다. 이 또한 대한민국의 법 집행이 얼마나 편파적이고 편의적으로 이루어지고 있는가를 세상에 알리는 기회로 삼겠습니다.

2020년 6월 10일

제보자 X

두 번째 입장문

제보자 X, 검찰의 채널A 사건 피고발인 2차 출석 요청과 관련하여

1. 저는 저에 대한 고발 사건과 관련하여 조사를 위해 출석해달라는 서울중앙지검의 1차 출석 요구에 대해 '민주 시민 단체 활동 경력이 명확하고 존재가 분명한 민생경제연구소(안진걸 소장) 등이 10여 차례나 고발했음에도 불구하고 단 한 차례의 피고발인 조사조차 받지 않은 나경원 전 의원의 조사가 이루어진다면 출석하겠다'는 취지로 조건부 출석의 입장을 밝힌 바 있습니다.

2. 하지만 그 어느 언론에서도 나경원 전 의원이 피고발인 조사를 받았다는 기사나 보도를 접하지 못했음에도 다시 또 서울중앙지검으로부터 피고발인 조사를 위해 출석해달라는 요청을 변호인을 통해 받게 됐습니다.

3. 존재가 이상한 우파 '고발 전문 단체'로부터 고발당한 저의 혐의는 '채널A의 보도 업무 방해'로 알고 있는데, 저는 지난번 민주언론시민연합('민언련')이 채널A 이동재 기자와 현직 검사 등을 고발한 사건에 참고인으로 출석하여 영상 녹화 조사를 받는 과정에서도 "내가 방해한 것은 검언 공작이지, 정당한 취재 업무를 방해한 것이 아니다"라고 진술한 바 있습니다.

4. 또한 이번 고발 사건에는 저의 변호인인 황희석 변호사마저 고발당하여 같은 피고발인인 저와 함께 출석하여 저를 변호할 수도 없는 입장이라 하고, 그렇다고 저에게는 저를 비호해줄 '검사 사위'조차 없기 때문에 피고발인으로서 조사를 받더라도 오롯이 혼자 감당해야 하는 크나큰 압박이 있는 것도 사실입니다.

5. 그동안 민언련이 고발한 채널A 검언 공작 사건의 진행 상황을 보더라도, 해

당 이동재 기자의 구속영장을 윤석열 총장이 막고 있는 상황이고, 채널A 기자 두 사람이 이철 대표에게 협박 편지를 보내기 하루 전에 이미 채널A 기자들과 한동훈 검사장이 '사전 모의'를 했을 법한 정황이 밝혀지고 있음에도, 저를 '업무 방해'로 조사한다는 것은 참으로 상식적이지 못한 것이라는 것을 저와 많은 국민들은 인식하고 있습니다.

6. 저는 지난 2년여에 걸쳐 생계에 전혀 도움이 되지 못하는 '저 나름의 공익 제보 활동'을 해왔던 터여서, 그와 관련된 이러한 고소 사건을 오래도록 끌고 가다가 끝나더라도, 저에게는 저의 사업 재기를 위해서 '잔고 증명을 만들어줄 수 있는 장모님' 조차 존재하고 있지 않기에 하루라도 빨리 모든 문제를 해결하고, 생업을 찾아 가족을 부양하는 의무를 다하고 싶은 심정뿐입니다.

7. 채널A 검언 공작 사건을 제가 접하게 되었을 때, 대한민국에서 가장 오래되고, 가장 강력한 권력인 언론과 검찰을 상대로 싸움을 한다는 것에 잠시 두려움도 있었습니다. 하지만 "싸움은 꼭 이긴다는 보장이 없다. 100% 이길 수 있는 싸움은 그냥 폭력일 뿐이다"라고 생각했던 저로서는 피하지 않기로 했었고, 제가 가진 마지막의 것도 버릴 수 있다는 각오를 하고 싸움을 시작했던 것이라 조사를 일부러 피하고 싶은 마음은 전혀 없습니다.

8. 다만 이 싸움의 과정에서 최근, 검찰총장님마저 발로 걷어차 버린 '법과 원칙'을 세우는 일을 조금이나마 해보고자 수사 검사님께 이렇게 다시 한 번 간곡한 부탁을 드리는 것입니다.

9. 10여 차례나 고발되고도 단 한 번의 피고발인 조사조차 받지 않은 나경원 전 의원과 같이 소환해주십시오. 파악하고 계신 주소로 그렇게 소환장을 보내주시면 서울중앙지검 앞에서 오전 9시부터 오후 6시까지 지켜보고 있다가 나경원 전 의원이

출석하는 모습을 보면 바로 달려가 조사에 성실히 임하겠습니다.

저의 요청을 꼭 받아주실 것으로 믿고 소환장을 기다리고 있겠습니다.

2020년 6월 24일

제보자 X

그리고 2020년 9월 말경 채널A 이동재가 구속된 사건에 대해서 재판부로부터 출석을 요구받았다. 사건의 실체가 절반도 밝혀지지 않은 상황에서 내가 나가서 증언을 해야 하는지에 대해서 며칠을 고민했다. 그리고 다음과 같은 불출석 사유서를 작성해서 재판부에 제출했고, 등기로 수신됐다는 영수증 문자를 우체국으로부터 받았다.

문자 메시지
(오늘) 오후 3:06

제목없음
[Web발신]
[증인소환안내]

서울중앙지방법원 형사1단독입니다.

사건번호:2020고단5321
피고인 : 이동재,백승우
증인 : [redacted]
일시 : 2020. 10. 6. 15:00
(재판은 10시부터 시작이지만 앞선 증인의 증언소요시간을 감안하여 15시00분으로 안내해드리니 15시00분까지 출석하시면 됩니다)
장소 : 서울중앙지방법원
서관 제502호법정

신분증소지하시고 출석하시기 바랍니다.
불출석시 과태료 부과등 불이익이 있음을 고지합니다.

문의사항은 02-530-2143으로 연락하시기 바랍니다.(수,금요일은 재판으로 통화가 어렵습니다)

불출석 사유서

사건번호 : 2020 고단 5321

피고인 : 이동재, 백승우

증인 소환 대상자 : 제보자 X

재판장님

저는 2020년 10월 6일 오후 3시까지 증인으로 출석하라고 통보받은 제보자 X 입니다.

증인출석 통보를 받고 여러 가지 생각을 해보았습니다. 그래서 다다른 결론은 이번 저의 증인출석이 오히려 사건의 실체를 규명하는 데 도움은커녕 피고인들과 혐의자들에게 은폐의 빌미만 제공할 뿐이라고 생각했습니다.

이 사건은 단순한 "강요미수 사건"이 아닌 수구 언론 권력과 검찰 권력이 합작하여 정치적 상징성이 있는 유시민 작가에게 총선이라는 특정한 시점에 맞춰서 없는 혐의를 뒤집어 씌워, 선거 결과를 왜곡시키려고 했던, 내란에 준하는 사건이라고 많은 사람들은 생각하고 있습니다.

그럼에도 핵심 당사자인 한동훈 검사에 대한 수사는 이루어지고 있지 않습니다. 한동훈 검사는 공무원 신분으로서 성실히 수사에 협조하기는커녕, 압수된 핸드폰마저도 비밀번호를 제공하지 않아 추가적인 수사가 멈춰진 상태이고, 오히려 여론전을 비롯한 온갖 방법을 동원하여 수사를 방해하려고 하고 왜곡까지 하고 있는 상황입니다.

상황이 이러할 진데, 한동훈 검사의 수사도 끝나지 않은 상태에서 관련자들이 모두 재판에 나가 사건과 관련된 사실에 대한 증언을 일일이 실행한다면, 중요 혐의자인 한동훈 검사에게 자신의 혐의에 대한 부인-왜곡할 수 있는, 마치 시험을 앞둔 수험생에게 답안지를 먼저 제공하고 시험을 보게 하는 것과 마찬가지인 부정 행위를 도와주는 꼴이 된다고 생각합니다.

이러한 저의 판단은 충분히 합당한 판단이라고 생각합니다.

따라서 최소한의 실체적 진실이라도 밝히기 위해서라면 한동훈 검사의 실질적인 수사가 이루어진 이후에나, 또는 최소한 중요 혐의자인 한동훈 검사에 대한 법정 신문이 먼저 이루어진 이후에나 제가 법정에 나가서 증언을 하는 것이 많은 사람들이 납득할 수 있는 결론이 날 것이라고 생각합니다.

그렇지 못한 상황에서 다시 저에게 법정 증언을 요구한다면 당당히 거부할 것을 밝힙니다.

저의 바람대로 한동훈 검사의 수사가 이루어지거나 최소한 그에 대한 법정 신문이 우선 된다면, 과거 검찰의 감찰이 제대로 작동됐거나, 진즉 공수처가 설치되었더라면 결코 변호인석에 오를 수 없었을 것으로 보이는, 피고인 이동재의 변호인에 대한 치욕적인 반대 신문도 감수하면서라도 하시라도 출석하여 사실대로 증언할 것을 약속 드립니다. (이동재 변호인에 대한 기사 자료를 첨부합니다.)

https://newstapa.org/article/bdYcL

재판장님이 저의 이러한 나름의 상식적인 판단의 결과를 이해하여 주실 것으로 믿고 불출석 사유서의 글을 마치도록 하겠습니다. 끝까지 읽어 주셔서 감사합니다.

2020년 10월 5일

서울중앙지방 법원 형사 1단독 귀중

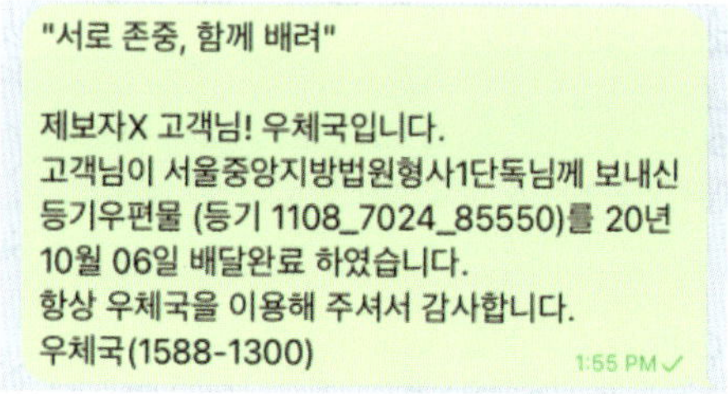
"서로 존중, 함께 배려"
제보자X 고객님! 우체국입니다.
고객님이 서울중앙지방법원형사1단독님께 보내신
등기우편물 (등기 1108_7024_85550)를 20년
10월 06일 배달완료 하였습니다.
항상 우체국을 이용해 주셔서 감사합니다.
우체국(1588-1300)
1:55 PM

내 아들이 자기 아빠가 '제보자 X'라는 것을 어느 정도 눈치챘을 때 '저놈이 나에게 뭐라고 물어올까? 물어오면 뭐라고 답해야 할까?'를 생각하면서 그에 대한 변명을 머릿속에서 생각하는 일이 자주 있었다. 아직은 아들로부터 그런 질문을 받지 못했지만, 아니 영원히 그 질문을 해오지 않을 수도 있지만, 내가 아들에게 준비해놓은 답은 이런 것이었다.

"아빠는 2007년, 높은 놈의 어떤 비리를 제보하려다 발각돼서, 그리고 그 이후의 두려움 때문에 우리 가족 모두가 고생하고 호주에 오랜 기간을 살게 됐잖아. 그런 세상이 대한민국에 계속된다면 아빠가 겪을 두려움과 고통이 너에게도 올 수 있을 것 같아서. 너는 내 아들이고 그놈들은 집요하게 보복을 하거든. 그래서 그 보복을 막을 수 있는 방법을 생각해봤어.

권력이 있는 놈들의 힘을 빼서 부당하게 권력을 행사하지 못한다면, 너에 대한 보복도 하지 않을 것이고, 또 너의 아이들에게도 보복하지 못할 것이고, 그렇게 세상이 평등해지고, 잘못된 권력을 휘두르는 놈들도 처벌하고, 처벌받을 수 있는 세상이 온다면, 그러면 너에 대한 보복을 막을 수 있겠다 생각했지. 그래서 계속 높고, 나쁜 놈들의 죄를 세상에 알릴 수 있도록 제보를 한 것이다. 그래도 세상이 바뀌지 않으면 피하지 말고 너도 싸워라. 네 아이들을 위해서라도."

뜻밖의 영광

뉴스타파의 '죄수와 검사' 시리즈가 언론노조에서 주는 민주언론상 특별상을 수상했다. 나도 게스트로 초청받아서 참석했는데, 갑자기 인사말을 해달라는 요청에 급히 머릿속을 정리해서 이렇게 말했던 기억이 난다.

"어느 언론이든 죄수의 말에 귀 기울이지 않았다. 검찰의 비리를 잘 아는 집단이 세 집단이 있는데, 하나는 같이 근무하는 검찰들이고, 두 번째는 늘상 그들과 부딪치는 변호사 집단이다. 그리고 남은 집단이 죄수 집단이다. 그러나 첫 번째 집단과 두 번째 집단은 거의 동업자적 관계라 검찰의 비리를 말하지 않는다. 검찰 비리를 아는 마지막 집단은 죄수 집단인데, 그들의 목소리는 잘 믿으려 하지 않는다. 한 죄수의 목소리를 믿어주고 귀 기울여준 뉴스타파에 감사함을 표한다."

그리고 뉴스타파 팀은 상금으로 받은 돈으로 자신들이 받은 '민주언론상'과 똑같은 트로피를 따로 제작해서 주었다. 죄수 출신으로 민주언론상에 이름을 남기기는 제보자 X가 처음이지 않을까?

6장.

권력의 아내

이 이야기는 내가 경험한 사실을 소설의 형식을 빌려 쓴 글이다. 이 글 속에 등장하는 인물들은 나와 심인보 기자를 제외하고는 모두 '특정인과 관련이 없다'는 단서를 달아놓아야 고소/고발에 시달리지 않을 것 같아서 그렇게 표시하기로 한다. 이것은 '단편 소설'이라고 봐도 좋다.

두 통의 등기우편

텔레그램의 문자 알림이 연이어 울렸다. 뉴스타파의 '죄수와 검사', 〈PD수첩〉의 '검사 범죄' 방영 이후, 스트레스와 고독감을 이겨보려고 며칠간 계속된 음주가 몸에 탈을 일으키기 직전인 듯 1미터 앞에 놓인 핸드폰으로 팔조차 뻗기 힘들었다. 못 본 체 못 들은 체 돌아누웠다.

이제는 벨소리와 진동이 연이어졌다. 그러고는 다시 텔레그램의 문자 알림 소리.

손가락으로 오른쪽 눈꺼풀을 들어올려 벽에 걸린 시계를 보았다. 이제 겨우 오전 7시 10분. 이렇게 일찍 일어난다는 것은 그동안 내가 살아온 삶의 습관에 대한 예의가 아닐뿐더러, 몰려온 피곤함에 도저히 억울해서라도 일어날 수 없는 시간이었다. 그러나 지금 일어나지 않는다고 해서, 저 문자 알림 소리를 염력으로 멈추게 할 수도 없는 상황이었다.

일어나서도 울려대는 핸드폰을 본체만체하고 냉장고 앞으로 갔다. 시끄럽게 잠을 깨운 핸드폰에 대한 소심한 복수이기도 했고, 마른 목젖을 적셔야 정신을 차릴 것 같기도 해서다. 물을 반 통쯤 들이켜고 핸드폰을 손에 잡았다.

부재중 전화 11통, 문자 15통. 보낸 사람은 한 사람. 심인보 기자였다.

문자 내용은 "선배 자요?" "X 선배 뭐해요?" "X선배 몇 시에 일어날 거예요?" "선배 오늘 혹시 아침 약속 없지요?" "선배 아침 약속 없으면 좀 일찍 만날래요?"

혼자 질문하고 혼자 답을 반복하는 목적은 딱 하나, 나를 깨우려는 것이었다.

심인보 기자에게 전화를 걸었다.

"어제도 만났잖아. 심 자기, 그렇게 내가 보고 싶어? 아직 7시면 새벽이잖아!"

"선배 혹시 오늘 아침 약속 있어요? 아직 없죠? 없으면 일찍 좀 우리 사무실에서 만나요. 아주 중요한 걸 보여드릴게요."

심인보 기자는 또다시 혼자 질문하고 결론까지 내버렸다. 그동안 심인보 기자와는 '죄수와 검사' 시리즈를 만드느라 거의 1년 이상 애인처럼 만나고 지냈다. 그래서 가끔 '심 기자'라는 호칭보다는 '심 자기'라는 호칭을 쓰기도 했다.

"몇 시까지 가면 되는데……." 못내 퉁명스럽게 대답했다.

"아직 아침 안 먹었죠? 안 먹었으면 지금 바로 우리 사무실로 나오세요. 저랑 같이 굶게……. 흐흐."

"그래 같이 굶어 죽자!"

대충 세면을 하고 충무로에 있는 뉴스타파 사무실로 향했다.

심인보 기자의 자리가 있는 뉴스타파 5층으로 올라갔다. 사무실은 아직 어두웠으며, 심인보 기자의 자리에만 컴퓨터 모니터 불이 켜 있었다. 심인보 기자는 모니터 속으로 들어갈 기세로 정신없이 무엇인가를 들여다보고 있었다. 나는 5층 유리문을 두드렸다.

"뭐가 그리 중요한 일이기에 둘이 같이 굶어 죽자는 거야!"

"선배, 이쪽으로 한번 와봐요."

심인보 기자는 흥분해 있었고, 비어 있는 회의실로 들어가자마자 서류 봉투에서 10여 장의 A4 용지들을 꺼내 내 앞으로 들이밀었다.

"보고 있어요. 커피 좀 가져올게요."

서류 봉투에서 나온 것들은 무슨 '보고서' 형식으로 작성된 것들이었다. 타이틀로 "나베 모터스 코리아 주가 조작 혐의"라고 쓰여 있었다. 나베 모터스는 일본의 자동차 업체이고 '나베 모터스 코리아'라는 회사는 일본 회사의 자동차를 국내에서 독점 판매하는 회사로 현재 코스닥 시장에 상장되었다.

그 보고서를 한참 들여다봤다. 주요 내용은 2010년에서 2011년 사이에 벌어진 나베 모터스 코리아에서 벌어진 주가 조작 혐의를 그래프 설명을 포함해 작성한 것인데, 앞부분은 주가 조작에 대해 너무 일반적이고 기초적인 내용을 길게 적어 아서 괜한 시간을 뺏기에 좋은 보고서였다.

"이게 뭔데? 그냥 주가 조작을 조사한 보고서 같은데? 이걸 누가 준 거야?"

"보낸 사람이 누군지는 모르겠어요. 그런데 여길 한번 봐보세요."

심인보 기자는 보고서 11페이지 하단과 그다음 장 상단에 적힌 이름을 가리켰다.

"이명희? 이명희가 누군데? 삼성그룹 이건희 회장의 형이었나?"

"아니 참! 잠깐 기다려봐요" 하고는 자기 자리로 가서 노트북을 들고 오더니 사진이 나온 화면을 내 앞으로 돌렸다.

그 여자는 얼마 전 검찰총장으로 선임된 진경율이 청와대에서 임명장을 받을 때, 부인과 함께 찍은 사진이 크게 실린 기사였다. 사진 아래에는 "진경율 신임 검찰총장 부인 이명희"라고 쓰여 있었다.

나는 놀라서 심인보 기자의 눈을 급히 쳐다보았다. 심인보 기자도 더 크게 눈을 뜨면서 나와 눈을 맞추고 고개를 끄덕였다. 둘이서 한참을 말없이 사진과 보고서를 번갈아 보았다.

그 보고서에 나오는 진경율 검찰총장 부인, 이명희의 역할은 단순히 주가 조작 세력들에게 현금과 계좌를 주고 위탁하는 형식으로 보이는 대목에서 간단히 두 차례 이름이 등장하는 정도였다.

“선배가 이 종목을 좀 파줘라. 이것만 제대로 파면 선배와 내가 지난 1년 동안 검찰개혁 명분으로 만들어낸 ‘죄수와 검사’보다 파급력이 클 것 같아.”

“내가 이걸 파면 너님은 뭐할 건데.” 나는 귀찮은 듯이 심인보 기자에게 되물었다.

“나는 이 보고서의 출처를 한번 알아볼게. 선배 이거 파는 데 얼마나 걸릴까?”

“수사용이면 두 달, 보도용이면 한 달?”

“뭐야 선배! 죄수로 있으면서 남부지검 금조부 다닐 때는 한 달에 한 건씩 파 줬다면서……. 여기는 사회고 누가 참견하는 사람도 없는데, 두 달에 한 건이면 죄수로 금조부 다닐 때보다 실적이 더 안 좋은 거잖아!”

“야! 그때는 가석방을 해준다니까, 겁나 열심히 한 거지! 지금은 나와 있잖아!”

심인보 기자는 웃으면서 칭얼대는 나를 다그쳤다.

나는 하는 수 없이 못 이기는 듯 대답했다.

“그래 알았어. 수사용으로 한 달…….”

복사해준 보고서를 들고 일어서려는데 심인보 기자가 다른 두께운 봉투를 하나 더 내밀었다.

"선배, 이것은 무슨 판결문 같은 건데, 횡령/배임……. 뭐가 좀 복잡한 것들이 많아. 이것은 저 보고서보다 일주일 정도 먼저 우편으로 온 것인데, 뭔지 도대체 모르겠어. 10년도 더 지난 판결문을 누가 왜 보냈을까?"

"이것도 보낸 사람의 이름이 없어?"

"없어. 그런데 우체국 소인은 둘이 달라. 보고서는 서울인데, 판결문 봉투는 포항으로 되어 있더라고."

"그런데 왜 이런 봉투는 너님한테만 보낸다니? 다른 기자들은 없다니?"

"왜긴 왜겠어. 내 뒤에는 비공식적 금조부장인 선배가 떡! 버티고 있다는 것을 아는가 보지 뭐……. ㅋㅋㅋㅋ"

"ㅋㅋㅋㅋ" 나는 슬프게 웃고 두 봉투를 들고 나왔다. 그렇게 둘은 한나절을 생각 없이 굶었다. 그리고 둘만의 작전을 시작했다.

'명희 빛나는 밤에'

나는 언제나 그랬듯이, 어떤 종목을 파헤쳐서 보고서를 쓰거나, 글을 쓰기 시작하기 전에는 모래주머니를 발목에 차고 산행을 했다. 구치소에 갇혀서 죄수의 몸으로 금조부에 출근할 당시에도 독방에서 책으로 쌓아서 만든 '책 계단'을 삼천 번씩 혼자 걸어 올랐다(정확히 표현하면 혼자 제자리에서 오르고 내렸다를 반복했다).

그다음 날부터 시작했다. 먼저 보고서에 나온 종목을 검토했다. 그 보고서에 쓰인 혐의 내용이 사실에 기초하여 작성된 것인지를 먼저 확인하는 작업이 필요했다.

죄수로서 검찰의 금조부에 출근할 때 작업했던 방식으로, 공개된 나베 모터스 코리아의 사업 보고서와 감사 보고서를 뒤지면서 시작했다. 보고서에 나온 시점은 2010년도였으니 그 시점의 2년 전 감사 보고서부터 시작해서 2019년까지 모두를 찾아봤다.

'이명희'의 이름을 확인해나갔고, 이명희와 나베 모터스 코리아의 관련성을 파악해나갔다. 2010년 이전 나베 모터스 코리아의 모든 서류에서 이명희의 이름을 발견하지 못했다.

그리고 나베 모터스 코리아의 2010년에서 2011년 주가 일봉 차트를 분석해나갔다. 당시의 공시 자료와 기사 내용을 검색해나갔다. 차트상 주가 조작의 상승기와 수익 실현기에 호재성 공시와 기사들이 쏟아져 나왔다. 그 중간 과정에서 나베 모터스 코리아의 회장이 또 다른 사업 목적으로 자신의 대주주 지분을 금융권에 담보하던 시기이기도 했다.

부당 이득을 취할 목적과 함께 나베 모터스 코리아의 황 회장이 금융권에 담보로 맡긴 대주주 지분의 반대 매매를 막기 위한, 내부자 거래와 미공개 정보를 이용한 주가 조작 혐의가 충분했다. 익명으로 받은 보고서는 내용은 약간 부실하지만 사실에 가까웠다.

심인보 기자에게 부탁해서 나베 모터스 코리아와 관련된 자회사나 공시에 나오는 모든 관련 법인들의 법인 등기부 등본을 파일로 요청했다. 내가 요청하는 대로 바로바로 보내주었다. 보내준 법인 등기부 파일을 함께 검토해나갔다. 그곳에서 '이장숙'이라는 이름을 발견했다. 그렇게 밤과 낮이 바뀐 채로 며칠 지낸 컴컴한 겨울 새벽이었다.

관련 회사의 법인 등기부 등본에는 2008년도에 '이장숙'이라는 이름이 '이명희'로 개명되어 있었고, 개명이 되자마자 나베 모터스 코리아와 관계를 맺었다는 사실을 알게 됐다.

이장숙과 이명희는 같은 사람이었고, 그녀가 가진 나베 모터스 코리아의 지분 역시 동일했다. 이명희라는 이름이 캄캄한 밤하늘에 별처럼 빛나는 새벽이었다. 그렇게 흥분된 기분을 안고 창가에서 일출을 맞이했다.

이번에는 내가 먼저 심인보 기자에게 전화해서 깨웠다.

"심 자기, 사무실에 몇 시까지 출근해?"

"X 선배, 나 오늘 월차 내고 쉬는데?"

"지금 쉴 때냐! 당장 사무실로 나와! 나도 지금 출발할 테니까!"

심 기자와 나는 또 회의실 문을 걸어 잠그고 1차로 정리한 검토자료를 가지고 둘만의 작전을 이어갔다.

"익명으로 받은 보고서의 내용이 대부분 사실이고, 이명희는 2010년이 아닌 2008~2009년부터 나베 모터스 코리아와 개입돼 있었어."

"진짜야? 그걸 찾았어?"

"진짜야. 나베모터스 코리아가 상장을 위해 다른 코스닥 회사를 인수해서 합병하기 전부터 이미 개입하고 있었는데, 나베 모터스 코리아 회장과는 보통 사이가 아닌 것 같아. 특별한 사이가 아니면 이런 주식을 오너와 똑같은 가격에 살 수가 없거든. 그런데 어떻게 된 것인지는 모르겠는데, 나베 모터스 코리아 회장은 이명희에게만 그런 특혜를 주는 거야. 이상하지? 무슨 관계일까?"

"선배, 또 버릇 도진다. 너무 19금 쪽으로 생각하는 거 아냐?"

"뭐야! 이상하게는 너님이 더 이상하게 생각하네……. 나는 뭐…… 사촌오빠가 아닐까? 생각한 것뿐인데? ㅋㅋㅋㅋ"

"엥? 그런 거야? 왜 나만 그런 생각을 했지? ㅋㅋㅋㅋ"

그렇게 일주일 동안 파헤친 자료를 가지고 둘만의 회의를 끝냈다. 둘의 다음 진행 단계에서 나는 나베 모터스 코리아의 자본시장법상 추가 범죄를 파악했고, 심인보 기자는 주가 조작의 상승기와 수익실현기에 집중적으로 호재성 기사를 쏟아낸 언론사들과 해당 기사를 작성했던 기자를 좇아가기로 했다.

회의를 마치고 나는 다시 한 번 도시락을 싸 들고 산에 올랐다. 어릴 적 돌아가신 형의 위패가 모셔진 절에도 들렀다. 그렇게 오르는 산행은 보통 10km를 걷는다.

나는 작아지고 내 안의 고뇌나 근심도 가쁜 숨과 함께 잠시 내 안에 머물다가 길게 뱉는 숨과 함께 산길에 흩어진다. 그렇게 내 안의 것을 버리고 더 작고 낮아진 모습으로 산에서 내려올 때면 머리도 몸도 가벼워진 상태가 되어 있다.

나베 모터스 코리아의 관계사를 파악해나갔다. 그곳에서 '이명희'의 이름이 쏟아져 나왔다. 역시 특혜성 주식 배정이었다. 다른 A 업체에서는 주당 2,000원씩 매각했던 나베 모터스 코리아의 자회사 주식을 이명희에게는 주당 1,500원씩 배정해 지급했다. 그런 거래로 이명희가 얻은 수익은 단순 계산만으로도 수십억 원이었다. 그뿐만이 아니었다.

A라는 업체는 나베 모터스 코리아 자회사인 '나모코 케피탈'이 설립 초기임에도 2,000원에 배정을 받았고, 이명희는 나모코 케피탈이 사업 안정기에 접어드는 시점임에도 A라는 업체보다 저가인 1,500원에 주식을 배정받았다. 이는 특혜가 분명했고, 이명희에게 특혜를 준 것만큼 나베 모터스 황 회장은 회사에 피해를 입힌 배임의 범죄를 저지른 것이다.

또한 나베 모터스 코리아의 주가 조작이 일어났던 시기에는 이명희 명의의 주식 일부가 매각되고 다시 매수되는 과정이 반복된 것으로 보였다. 그것은 시장에 적극적으로 개입했다는 증거이기도 했다.

또한 더욱 놀라웠던 것은 진경율 검사장이 검찰총장으로 지명되기 직전에 나모코 케피탈의 주식이 제3자에게 매각됐다. 그런데 이미 시장에서 고가에 가격이 형성됐음에도 이명희는 나베 모터스 코리아 회장에게 처음 배정받은 저가에 매각했고, 해당 주식을 매수한 당사자는 끝내 밝히지 않았다는 것이다.

이 같은 매매는 우선 양도소득세를 피하기 위함은 물론이고, 전혀 일반적이지 못하며, 오히려 검찰총장의 인사청문회에서 지적과 비난에 대비해 매매를 가장하여 제3의 인물에게 임시로 보관시켰다고 보는 것이 타당했다.

그렇게 다시 일주일 동안 밤을 낮처럼 생활하면서 두 번째 파일을 완성했다. 그렇게 사건의 실체를 만들어낸 후가 더 큰 문제였다. 나베 모터스 코리아의 주가 조작에 직접 가담했던 관련자들을 찾아 나서는 것이 중요했기 때문이다.

다음 날 심인보 기자와 나는 뉴스타파 사무실이 아닌 제3의 장소를 정해서 스파이들이 접선하는 것처럼 만났다. 우리가 파헤치고 있는 사람은 어느 언론도 건드려보지 못한 검찰이라는 거대 권력의 핵심이었다. 그 권력을 둘러싸고 있는 수많은 기득권 카르텔들이 존재하고 있었으니 심인보 기자와 나는 지레 겁을 먹고 있었던 것이 분명했다.

만남의 장소를 오히려 번잡한 곳으로 정했다. 시내의 패스트푸드 체인점 2층에서 만나기로 했다. 창가에 붙어 길게 이어진 테이블에 각자 모르는 사람처럼 창가를 바라보고 옆에 앉았다.

심인보 기자는 나름 변신을 한다고 검정 가죽 재킷에 한 손에는 붕대를 두텁게 감고 나왔다. '방금 누군가를 직접 손보고 온 듯한 건달의 중간 보스' 같은 분장이었다. 나는 개량 한복에 헝겊으로 된 가방을 메고 몇 달 전 파계한 스님처럼 분장하고 나갔다. 그리고 각자의 음료를 챙겨 창가를 보고 창을 향해 속삭였다.

"심 기자, 너님 뭐야 지금? 붕대는 뭐고? 몰라보겠다. 누가 너님을 보고 기자라고 하겠냐?"

"선배는 뭐예요? 어디 탁발하다 조퇴하고 왔어요? ㅋㅋㅋㅋ"

"너님, 지금 무섭지?"

"X 선배는? 솔직히 선배도 무섭지?"

"무섭긴 뭐가 무섭냐! 가봐야 뭐 나는 원래 있던 데로 가는 건데!"

나는 애써 두려움을 감춰가며 호기롭게 얘기했다.

내게 "선배도 무섭지?"라고 묻는 심인보 기자의 질문에도 약간의 두려움이 묻어 있었다. 왜 그렇지 않을까?

심인보 기자와 나, 둘이서 파헤치는 사건의 당사자는, 죄가 있든 없든 그 누구든 조사해서 구속시킬 수 있고, 누구든 조국 장관의 가족처럼 온 가족의 일생을 털어서 멸문 시킬 수 있는 최고 권력의 우두머리가 아닌가?

만약 그런 일이 당사자에게 벌어질 수 있다고 상상한다면 누가 버텨낼 수 있을까? 하는 두려움이 나와 심인보 기자에게 함께 있었지만 우스운 변장으로 애써 감춰보려 한 것이 아닌가…….

"선배, 나베 모터스 코리아의 주가 조작 때, 기사를 쏟아냈던 백 기자를 찾았어요. 그리고 그때 우호적인 매수 리포트를 공개했던 증권사 애널리스트도 찾았고요."

"그래? 뭐라는데?"

"나베 모터스의 황 회장을 직접 만난 것은 인정해요. 그런데 자기들은 그냥 회사에서 주는 기업 홍보 자료를 보고 기사를 쓴 것뿐이래요. 그리고 나베 모터스 코리아의 회장도 만났지만 그것이 뭐가 문제가 되냐고 그러더라고요."

"그것이 문제가 안 된다고? 그 기사를 괜히 그 시점에 써줬겠어? 돈을 받았겠지. 아니면 그전에 주가 조작 정보를 받아서 수익을 얻었든지 그랬겠지."

주식시장에 기생하는 기자들에게는 주가 조작에, 호재성 기사나 악재성 기사로 직접 개입하거나 기자로서 회사의 오너나 작전 세력의 핵심으로부터 얻어낸 미공개된 정보를 이용하여 부당한 수익을 얻는 것이 일상적인 범죄인데도, 기자 본인은 그것이 결코 범죄라고 생각하지 않는다. 그리고 검찰은 그러한 일이 벌어져도 잘 수사하지 않는다.

검사들은 기자들과 척지는 것을 부담스러워하지만, 검사와 기자는 서로의 권력을 인정하고 보호하려는 습성이 있다. 그러니 수사도 잘 안 되는 것을 심 기자가 모두 밝혀낸다는 것은 한계가 있는 일이기도 했다.

"그리고 선배, 당시 매수 보고서를 썼던 증권사 직원은 지금 무슨 대학교 교수로 있던데? 그리고 자기는 기억이 안 난데……."

"그 머리로 교수는 시켜주나 보다. ㅋㅋㅋㅋ"

그리고 그다음에는 그동안 내가 파악해놓은 내용에 대해서 창문을 보고 설명을 이어갔다. 목소리를 낮게 해서 그렇지 아마도 둘이 창가만을 보고 대화하는 모습을 누군가 보았다면, 같은 정신병원을 탈출한 사람들로 느꼈을 것이다.

"너님, 내 말 잘 들어. 이것은 단순한 주가 조작이 아닌 것 같아. 그리고 이명희의 수법을 보니까, 그 종목만 했던 단순 가담자가 아닌 것 같아."

"뭐야 그럼? 다른 종목도 한 거야?"

"아직 다른 종목까지는 모르겠고, 나베 모터스 코리아의 자회사인 나모코 캐피탈에서도 엄청난 수익을 이명희가 얻었는데, 그 주식을 진경율이 검찰총장이 되기 직전에 다른 제3자에게 넘겨놨어."

"넘겨놓다니? 팔아버린 거야? 제3자가 누군데?"

"판 게 아니라, 잠시 명의만 옮겨놓은 것 같아. 제3자? 그것은 아직 모르겠어."

나는 헝겊 가방 안에서 양말 한 켤레를 꺼내서 심인보 기자에게 눈도 마주치지 않고 옆으로 건넸다. 심인보 기자도 창가만 보면서 내가 건넨 양말을 더듬거리며 집었다.

"뭐야 이거?"

"그 안에 USB 있어. 다 정리한 파일이야."

"그냥 주지 왜 양말에 넣어 주는 거야, 더럽게!"

"우리는 지금부터 더 은밀해야 해. 더 조심해야 해서 그래."

"아니 조심은 그냥 하면 되지, 왜 선배가 신던 양말에……. 참나. ㅋㅋㅋㅋ"

나는 심인보 기자가 코를 막고 양말을 가방에 넣는 모습을 뒤로하고 주변의 눈치를 살피면서 자리를 먼저 떴다. 절을 찾아 헤매는 파계한 스님처럼.

사람이 곧 증거다

이제 남은 일은 익명으로 건넨 '보고서'에 등장하는 주가 조작의 핵심 선수와 그들에게 주식 물량을 받아, 주식 담보를 하고 주가 조작에 필요한 추가 자금을 대출해준 주식시장의 기업 사채 브로커를 찾는 일이었다.

나베 모터스 코리아의의 주가 조작에 참여한 선수의 핵심은, 현재 나이가 40대 중반이었으니까, 대략 10년 전 나이로는 30대 중반의 '박광래'라는 인물이 이 사건에서는 주가 조작의 '주장'으로 뛰었다고 파악됐다.

30대 중반에 이렇게 시가 총액이 큰 종목의 주가 조작에서 주장으로 뛴다는 것은 일반인 출신이 아니라 '증권사나 기업 사채 쪽' 출신임이 분명했다.

일단 과거의 주가 조작 선수들 명함을 챙겼다. 남양주 은갈치, 대치동 이븐파, 화려한 도피 철수형, 킴스 광운 등. 그리고 과거 명동 기업 사채시장의 브로커들 전화번호도 챙겨보았다.

처음 찾아낸 박광래라는 인물은 현재도 캐피탈 회사에 임원으로 근무하고 있는데, 현재 나이가 30대 중반이라 맞는 인물이 아니었다. 10년 전 사건이니 나베 모터스 코리아 주가 조작이 벌어졌던 때에 20대 중반이었으므로 전혀 맞지가 않았다.

그렇게 몇 주를 찾아 헤매고 다녔다. "박광래를 알고 있다"는 사람은 모두 만나 술도 마시고 밥도 같이 먹으면서 물었다. 그리고 마침 내 명함 한 장을 얻었다. "박광래."

그는 나이도 비슷했고, 명함으로 봐서는 아직도 M&A 시장에서 활동하고 있었고, 한 코스닥 회사의 부회장으로 있는 듯했다. 얻은 박광래의 명함에 적힌 회사를 다시 뒤져보기로 했다. 공시 내용 등을 파악해보니 이미 6개월 전에 회사를 매각하고 사라진 상태였다.

하지만 그 회사의 공시 내용 중에는 익명의 보고서에 등장한 다른 관련자의 이름도 하나 있었다. 명함의 주인이 우리가 찾던 박광래가 분명해졌다. 또다시 '위험한 기자'를 만나야 했다. 심인보.

텔레그램으로 문자를 보냈다.

"찾았음. 박광래."

"헉! 진짜루?"

"장난함? 진짜지……. ㅋㅋㅋㅋ"

"선배 짱! 당장 만나!"

"어디서? 변장할 시간이 필요함."

"그럼 4시간 있다가 만나기로 하고 장소는 각자 생각나는 곳을 올려놓기로 해요, 선배."

우리가 정한 장소는 종로 탑골공원 옆 한 '실버 극장' 안이었다. 좌석은 인터넷으로 예약하여 사람들이 잘 앉지 않는 극장 안 맨 뒷자리 좌석이었다. 상영하는 프로그램 역시 누구도 볼 것 같지 않은, 1969년도에 개봉한 액션 영화 〈팔도 사나이〉였다.

극장 안에는 빈자리가 많았다. 내가 조금 늦게 도착했다. 심인보 기자는 이미 도착해서 영화에 몰입돼 있었다. 그리고 영화에 걸맞은 오래된 바바리 복장에 중절모까지 쓰고 있었다. 여전히 오른손에는 흰 붕대를 칭칭 감은 채.

“저게 재밌어?”

“어 선배……. 되게 재밌는데? 선배도 어릴 때 싸움 좀 해봤어?”

“싸움은 해봤지만, 너님처럼 손에 붕대 감고 티는 안 내고 살았다!”

“근데 선배는 그 패션을 어디서 구한 거야? 푸하하하하하.”

나는 나름의 변장을 하느라 급히 동묘 앞 구제 시장을 찾아가서 노인들이 입는 검정색 한복 두루마기를 3만 원에 구해 입고 나간 터였다.

“이거 입으니까 나 김구 선생님 같지?”

“아니, 김정구 선생님”

“눈물 젖은 두만강?”

“ㅋㅋㅋㅋㅋㅋㅋㅋ”

우리는 그렇게 서로의 불안감을 허튼 유머로 달래면서 이야기를 이어나갔다.

“박광래는 아직도 M&A 시장에서 선수로 뛰고 있는 것 같아. 6개월 전에도 회사를 하나 팔고 그 회사에서 떴더라고.”

“선배가 찾은 회사는 무슨 회산데?”

“엔터테인먼트 하는 코스닥 회사인데, 그 회사의 공시에는 익명보고서에도 나오는 정성일이 주요 주주로 있었어.”

“그럼 박광래가 맞겠네……. 회사를 팔았으면 회사에 찾아가도 없는 거 아냐?"

"회사에는 없어도, 핸드폰 번호는 그대로인 것 같아. 다른 사람 시켜서 전화를 해보니까 전화는 받더라."

나는 보자기에 싼 양은 도시락을 심인보 기자에게 건넸다.

"이건 또 뭐야?"

"박광래 명함하고 박광래가 팔고 나간 회사의 자료가 여기 안에 있어. USB."

"아니 그러면 USB만 주면 되지, 뭔 보자기에 도시락까지, 선배 도대체 왜 그래!"

"우리는 어쩌면 지금 독립운동을 하고 있는지도 몰라. 윤봉길 도시락."

"푸하하하하하하하하."

"ㅋㅋㅋㅋㅋㅋㅋㅋ"

이제 내가 할 수 있는 일은 다한 것이다.

심인보 기자가 다시 자료를 분석하고, 사람을 찾아다니고, 인터뷰를 진행하고, 그리고 그것을 영상에 담아서 폭탄처럼 터트리는 일만 남았다.

두 번째 서류 봉투

심인보 기자가 발바닥에 땀을 내고 뛰고 있을 동안에 나는 익명의 보고서와 같이 받은 두 번째 봉투를 열었다. 그 안에는 170장에 달하는 한 사건의 항소심 판결문이 담겨 있었다.

사　　건　　2009고합000, 900(병합), 1xxx(병합), xxx8(병합)
2010고xxx(병합), xx7(병합)

으로 시작되는 판결문이었다. 죄명은 주로 주가 조작이나 기업 범죄에서 다뤄지는 내용들로 이루어져 있었다.

가. 증권거래법 위반
나. 특정 경제 범죄 가중 처벌 등에 관한 법률 위반(횡령)
다. 특정 경제 범죄 가중 처벌 등에 관한 법률 위반(배임) 특정 경제 범죄 가중 처벌 등에 관한 법률 위반(횡령)
라. 특정 경제 범죄 가중 처벌 등에 관한 법률 위반(사기)
마. 업무상 횡령{일부 인정된 죄명 : 업무상 배임}
바. 사문서 위조
사. 위조 사문서 행사
아. 유가 증권 위조

그 판결문에 나오는 공범은 모두 9명이었고, 주범으로 보이는 조태훈이 징역 6년에 벌금 70억 원으로 되어 있었고, 그다음 상범 두 명이 징역 3년의 판결을 받았으며 나머지 공범들은 대부분 징역 2년 6개월에서 1년 형과 함께 집행유예가 선고된 판결문이었다.

판결문에 나오는 회사들은 모두 네 곳이었다. 사건 당시에 모두 코스닥에 상장되어 있던 회사였으며 사건 발생 후에는 모두 상장 폐지되었고, 낯익은 회사의 이름도 보였다.

사건 번호가 2009 또는 2010으로 시작되는 것을 보아 최소한 2009년 이전에 검찰 조사가 시작되었고, 사건 발생 시기는 최소한 2008년 이전이라고 봐야 했다.

판결문에 나타난 사건의 주요 테마는, 무자본 M&A 세력들과 주가 조작 세력들이 재벌가 2, 3세 자녀들과 짜고, 마치 재벌가 2, 3세들이 코스닥 회사를 인수하는 것처럼 허위 계약과 공시를 이용하여 해당 회사의 주가를 인위적으로 상승시킨 뒤 고점에서 차명계좌로 보유한 물량을 개미 투자자들에게 매도하여 막대한 부당 이득을 취했다는 것이었다.

이러한 사건에 등장하는 재벌 2, 3세 자녀들은 재벌 기업의 경영권을 물려받지 못한 재벌 창업자의 방계 자손들에게서 벌어지는데, 선친의 영광은 보고 자랐지만 재벌 경영의 핵심에서 버려진 재벌 창업자의 방계 자손들의 욕망을 이용하여 무자본 M&A 세력들과 주가 조작 세력들이 벌이는 일종의 주가 조작 테마이기도 하다.

그런데 이 판결문은 누가 어떤 이유와 목적으로 심인보 기자에게 익명으로 보냈을까? 당시 뉴스타파에서 보도한 '죄수와 검사 1'은 이야기의 중요 베이스가 자본시장에서 벌어지는 주가 조작이나 기업범죄와 관련된 것들이어서 가끔 주가 조작의 피해자들이 자신들의 사연을 가지고 심인보 기자를 찾아오는 경우가 있었다.

재판이 이루어진 시기를 보거나 항소심 재판이 열렸던 곳이 서울고등법원이라면 사건 관련자들은 모두 서울구치소에 구속돼 재판을 받았을 것이고 그렇다면 사건의 기본적인 내용을 알아볼 곳이 생각났다.

그는 현재도 구속돼서 15년이 넘도록 서울구치소에 수감되어 있는 '자본시장의 만델라'라고 불리는 사람이었다.

그는 나와는 이미 2002년도 BBK–옵셔널벤처스에 대한 피해 주주 모임에서 옵셔널벤처스를 매각할 때부터 인연이 되어 알고 있었다. 자본시장의 만델라는 2004년 당시 상장 회사를 경영하다가, 무자본 M&A 세력들과 잘못 연결되어 사건에 휘말렸고, 사건이 확대되자 자신이 경영하던 여행사를 이용하여 사건을 피할 목적으로 밀항을 시도했다가 측근의 밀고로 구속되었던 인물이다. 나보다 나이가 두세 살 위였기에 자본시장에서는 편하게 형 동생하며 지내기도 했다.

그에게 장문의 편지를 썼다. 판결문도 하나 카피해서 동봉했다. 그리고 답장은 후배 변호사 사무실 주소로 보내달라고 요청했다.

뉴스타파, 〈PD수첩〉의 보도 후 검찰 쪽에서는 주식시장의 주변 인물을 통해서 나에게 "가만히 두지 않겠다"라든가 "두고 보자"는 소리를 듣고 있던 터였다. 더군다나 심인보 기자가 진경율에 대한 저격용 총알을 장전하고 있던 시기여서 되도록 조심스럽게 움직여야 했다.

허무한 저격

텔레그램이 떴다. 거의 한 달만이었다. 위험한 기자였다. 심인보.

"X 선배, 이제 다 끝났는데 만나자. 이번에는 그냥 사무실로 와야 해. 우리 팀장이랑 같이 만나야 할 것 같아."

"끝났으면 쏘면 되지 왜 또 나를 불러."

"아이, 일단 와봐! 몇 시에 올 거야!"

오후 4시 좀 넘어서 충무로에 도착했다.

회의실 안에는 심인보 기자와 팀장이 함께 심각한 인상을 쓰면서 나를 기다리고 있었다.

김 팀장은 질문에 걱정을 흠뻑 적셔서 내게 물었다.

"X님, 이번에 분석하신 나베 모터스 코리아의 주가 조작 의혹과 이명희 씨에 대한 특혜 의혹에 대해서 자신 있으세요?"

"넹? 자신이여? 물론 있는데요. 왜요?"

"이게 잘못되면 저희들 큰일나요."

"잘못되면 저도 큰일나는데요? ㅋㅋㅋㅋ"

심인보 기자가 대화 중간에 들어왔다.

"선배, 이 보도가 잘못되면 우리 모두 큰나."

"뭐가 큰일나? 짤려? 짤리면 나랑 둘이서 주식 관련 유튜브나 하자니까? ㅋㅋㅋㅋ"

"X님, 저희 둘이 짤리는 것이 문제가 아니고, 우리 회사가 문 닫을 수도 있어요."

"팀장님, 제가 분석한 나베 모터스 코리아의 주가 조작 의혹과 이명희 씨에 대한 특혜 의혹은 분명합니다. 제가 죄수로서 금조부에 출퇴근하면서 작성한 범죄 보고서로 수사해서, 그 결과로 승진한 수사관이나 검사도 많아요."

답변을 기다리지 않고 나는 말을 이어갔다.

"그리고 다른 특수부/금조부 검사실에서 기소한 사건 중에는, 1심 재판이나 항소심 재판에서 일부 무죄가 되는 혐의점들이 한두 개씩은 나오곤 했는데, 제가 작성했던 범죄 혐의 보고서로 수사한 사건 중에는 단 하나도 무죄를 받은 사건이 없습니다. 그리고 이것은 사람을 구속하는 수사도 아니고, 충분한 혐의점이 있는 의혹을 언론사가 제기하는데 무슨 문제가 있어요. 자신 있습니다!"

팀장이 잠시 고개를 숙이고 자료를 보는 사이에 심인보는 나를 향해서 한쪽 눈을 살짝 감았다. 나도 두 눈을 감았다 뜨는 것으로 심인보 기자에 응답했다.

팀장은 자리에서 일어서면서 목소리에 잔뜩 힘을 주며 말했다.

"좋습니다! 쏩시다!"

다음 날 아침에 뉴스타파의 보도가 터져 나왔다. "현직 진경율 검찰총장 부인의 주가 조작 의혹."

아침부터 포털에 올라왔고, 순식간에 검색 순위 1위를 차지했다. 드디어 무엇인가 일이 벌어질 것 같은 느낌이었다. 고생했다는 인사를 하려고 심인보 기자에게 통화를 시도했지만 계속 통화 중이었다.

'바쁘겠지, 여기저기 인터뷰도 잡아야 하고. 그나저나 진경율 총장. 이번에는 내려올까? 아니 말도 안 되는 혐의로 전직 국회의장의 집을 100번도 넘게 압수 수색하고 부인까지 구속시켰는데, 이렇게 큰 일이 터졌는데, 지가 무슨 낯짝으로 그 자리에 있을 거야. ㅋㅋㅋㅋ"

그리고 한편으로는 이런 불안한 생각도 엄습해왔다.

"진경율은 가만히 보고만 있을까? 아니 가만히 있지는 않을 거야. 진경율이 일선 검사 시절에 접대부가 나오는 룸살롱에 갔었다는 증언을 묻었다는 기사를 한 언론사가 보도했는데 그 기사를 쓴 기자를 바로 고소했잖아. 그럼 뉴스타파도 고소는 기본적으로 하겠지. 압수 수색은 나올까?"

그래도 어찌됐든 무엇인가, 세상에 도움이 되는 일을 했다는 성취감에 도취해서 하루를 보냈다.

다음 날 해도 떨어지지 않은 초저녁에 심인보 기자로부터 전화가 왔다. 목소리는 이미 만취되어 있었다. 많은 기자들과 특종에 대한 축배를 들고 있다고 생각했다.

"선배 모하냐! 술 한잔 빨자! 빨리 나와! 그리고 변장 같은 거 하지 말고 그냥 나와! 빨리 와, 알았지? 충무로 탕탕이 집이야!"

심 기자가 있는 장소에 도착하는 동안 비가 내리고 있었고, 충무로 골목 안쪽의 탕탕이 집에 도착해보니 혼자 소주를 네 병째 비우는 중이었다.

"다른 사람들은 먼저 갔어?"

"다른 사람 누구? 없어. 아무도 없어. 그냥 나 혼자야."

"그렇게 큰 사건을 터트렸는데 왜 혼자야! 다른 언론사나 기자들 샘나서 같이 안 논데?"

짧은 한숨 소리와 같이 투정하듯 심인보 기자가 말했다.

"큰일은 개뿔 무슨 큰일. 어제 반짝하더니 포털에서도 기사가 사라졌어. 첫날은 여기저기 언론사에서 전화로 엄청 물어보더니 그때뿐이야. 기사는 하나도 안 받아 써. 어떻게 이런 일이 있을 수 있지? 작년에 전 국회의장 부인의 사모펀드 의혹이 나올 때는 신고 다니는 신발의 메이커까지 기사로 쓰고 보도하더니만……."

"진경율 총장 쪽에서도 아무 반응이 없어? 대검 대변인도 반론을 안 해?"

나는 혹시나 검찰에 불려 가는 일이 생길까 봐 그것부터 챙겨 물었다.

"그쪽도 벙어리야! 차라리 고발이라도 해 오면 후속 기사라도 쓰겠는데, 아무런 반응이 없어. 그렇다고 내가 먼저 대검에 '기사 보셨어요? 괜찮아요?' 물어볼 수도 없는 거잖아! 아, 진짜 어처구니없다! 내가 무서워서 변장하느라고 가죽 잠바를 얼마나 주고 샀는데. 붕대 값은 또 왜 이렇게 비싸!"

"그러게……. 아, 내가 산 두루마기 저고리는……."

두려울 만큼의 침묵이었다. 주가 조작을 다뤘기 때문에 뉴스타파의 보도가 어려워서인 것일까? 그렇지 않다. 누가 보더라도 이명희의 부정을 쉽게 이해할 수 있는 내용이었다. 그런데도 대부분의 언론이 침묵했다.

진경율 검찰총장 쪽의 침묵은 더 이해할 수 없었다. 그의 침묵으로 이해되는 것은 단 하나 '나와 심인보 기자가 파악한 내용은 팩트다'라는 것이고, 진경율 총장의 대응 방식은 '무대응이 상책이다. 대응하면 커진다'는 재벌이 부정적 기사에 대해 언론에 대응하는 일반적 방식과 같을 뿐이다.

"뉴스타파의 보도는 다른 기사보다 종류가 다르다고 했지? 다른 기사나 보도는 어떤 악의 상대방에게, 순간은 아프지만 금방 아물게 되는 '할퀴' 같은 보도나 기사라면, 뉴스타파의 보도는 악의 상대방을 고무망치로 때리는 보도잖아. 지금은 거악이 겉으로는 아무런 상처가 나지 않은 것 같지만, 고무망치로 맞고 이미 안으로 골병들고 있는 거야. 잘 아물지 않아. 그리고 지금껏 현직 검찰총장에 대해서 이렇게 도전해본 기자가 누구야! 아무도 없어. 심 기자가 처음이야. 이제는 이번 심인보의 기사를 보고 다른 기자들도 용기가 생길 거야. 그만 일어나자. 심 자기."

비틀거리는 심인보 기자를 일으켜 세우고 밖으로 나왔다. 비가 시끄럽게 내렸다. 빗소리가 세상 사람들의 귀를 막고 있는 것일까? 안 들리세요?

주식시장의 만델라에게서 온 시놉시스

자본시장의 만델라로부터 장문의 편지가 후배 변호사 사무실로 도착해 있었다. 그의 편지는 마치 암호처럼 쓰여 있어서 공개된다고 해도 내용을 알아볼 사람이 없다.

그는 이미 십여 년을 감옥에 있었기 때문에 주고받는 편지를 암호화시키는 데 익숙했고, 특히 편지에 매기는 페이지 표시를 홀수와 짝수를 별도로 조합해서 읽어야 한다. 그는 오랜 수감 기간 동안에도 주식 공부와 정보를 취합하면서 변호사를 통해 주식 투자를 계속했다. 나는 이미 그와 오래전부터 주식과 관련된 정보를 암호처럼 주고받던 상황이라, 그의 편지를 이해하는 데 큰 어려움이 없었다.

후배에게 편지를 개봉해서 캡처해 보내달라고 부탁했다. 스무 장이 넘는 긴 편지였다. 그의 글씨가 크기도 했지만 내가 부탁한 정보에 대한 내용을 최대한 자세히 적어서 보낸 것 같았다.

자본시장의 만델라가 보내준 편지를 모두 해석하여 정리해보니 당장 영화의 시나리오를 써도 좋을 만큼 충격적인 내용이었다. 그 사건의 핵심에는 다시 이명희가 등장하고 있었다. 아니 당시의 이름은 이장숙이었다.

조태훈은 키가 180cm 정도의 훤칠한 키에 연예인을 능가하는 준수한 외모를 지닌 남자다. 그는 코스닥 버블 당시에 20대 중반의 나이에 이미 상장회사 하나를 직접 경영할 만큼 주식시장에서 이름을 날렸다.

이후 코스닥 버블의 붕괴와 함께 몰락해 주식시장 주변을 전전하다가 2005년도에 누군가의 도움으로 코스닥 회사 하나를 다시 인수했고, 그 회사의 주가 조작 등을 통해 다시 추가로 세 곳의 상장 회사를 인수하여 운영하다가 2008년 초반부터 불어 닥친 리먼 브러더스 사태로 회사가 연쇄적으로 파산했고 2008년 말 횡령과 배임, 주가 조작 등 혐의로 구속되었다.

2011년, 1차의 6년 형기가 대법원에서 확정되었고 추가 사건으로 1년 형이 추가되었으며 납부하지 못한 벌금이 70억 원인데, 이를 납부하지 못하면 1,000일의 추가 형기를 살아야 했다.

그러던 중 2012년 초순경 조태훈의 가족 중에서 이모할머니가 사망하는데, 규정상 결코 될 수 없는 귀휴(구속된 죄수의 직계 가족이 사망하였을 경우, 장례식을 위해 보통 3박 4일의 석방을 허가하는 제도의 명칭)가 결정되었다. 3박 4일의 귀휴 결정을 받아 출소한 후 교도소로 귀소하지 않고 도주하여 지금까지 검거되지 않았다는 것이다.

자본시장의 만델라의 예상으로는 어떤 막강한 힘이 도주 중인 조태훈을 비호하고 있어서 지금까지 검거되지 않는 것이며, 조태훈의 비호 세력은 다름 아닌 검찰 권력의 최고위층일 것이라고 예상하고 있었다.

욕망의 수묵화

2005년. 역삼동 부근에 비비앤느라는 5성급 호텔이 있었다.

비비앤느 호텔의 11층에는 낮에는 카페 영업을 하고 저녁에는 바(bar) 형식의 영업을 하는 곳이 있었다. 당시에는 주식시장의 M&A

선수들이 주로 모이는 곳이었다.

그곳에는 스펙은 좋지만 취업을 못하거나 취업을 했다가 어떤 문제 등으로 실업자가 된 고학력의 나이든 전문직 사람들이 M&A 선수가 인수한 회사의 등기 이사나 사외 이사로 들어가기 위한 면접 시험장이 가끔 열리기도 했다.

비비앤느 호텔은 지방의 중견 건설 업체인 호성주택이 소유한 호텔이었고, 이장숙의 어머니 채금실은 그 호텔의 사주(호성주택 회장)와 개인적 친분을 이용해 호텔이 운영하는 뷔페식당 등에 식자재를 납품하는 납품권으로 수익을 챙기고 있었다. 채금실은 한 재벌가의 나이든 며느리의 개인적 허드렛일을 처리해주면서 친분을 쌓다가, 그 며느리의 소개로 호성주택 회장과 인연을 맺었다.

이장숙은 지방의 한 대학교에서 동양화를 전공했지만 변변한 직장을 갖지 못하다가 어머니 채금실의 부탁으로 11층 바에서 서브 매니저로 근무할 수 있었다.

조태훈은 코스닥 버블로 상장회사를 하나 망해 먹은 후 잠시 구속되었다가 집행유예로 풀려났고, 이후 준 백수 시절부터 비비앤느 호텔 11층에 출근하다시피하면서 자연스럽게 이장숙과 친분을 가졌다. 둘 사이에 나이 차이는 없었다. 아니 정확히 따져 보면 이장숙이 조태훈보다 한 살 많았다.

조태훈은 여자를 다루는 기술이 능수능란했다. 출중한 외모와 화술로 이장숙은 이미 조태훈의 여자가 되어 있었다. 조태훈은 이북 실향민 출신의 사채업을 하던 신 모 여사와도 관계를 가지고 있었고 이는 이장숙도 익히 알고 있던 상황이다.

신 여사는 누가 보더라도 조태훈과는 띠동갑을 훨씬 넘는 나이 차이를 보였으므로 이장숙은 둘 사이를 크게 신경쓰지 않았다.

그렇게 비비앤느 호텔 안에서는 미묘한 인연들이 얽혀 있었고 조태훈은 신 여사의 도움을 받아서 코스닥 상장회사이던 에스코프를 인수했다. 과거 상장회사 하나를 상장 폐지시킨 이력으로 인하여 회사에 정식으로 등기되지는 못하고 비등기 회장으로서 막후에서 활동했다.

이장숙은 짧은 기간 동안에 바의 손님에서 상장회사의 회장으로 변해가는 조태훈을 지켜보았다. 그리고 자신의 모든 결정과 판단 능력을 조태훈 안으로 스스로 던져 넣게 되었다.

조태훈은 무자본 M&A와 주가 조작을 통해 허황되고 모래성 같은 사업 확장을 했고 그야말로 화려하게 커가고 있었다. 이장숙은 조태훈의 화려한 변신을 모두 자기의 변신으로 받아들였다.

이후 이장숙은 다니던 바를 그만두고 조태훈과 은밀한 동거에 들어갔다. 채금실은 딸인 이장숙의 변화를 전혀 눈치채지 못하고 있었다.

이장숙은 조태훈의 그림자 후원으로 비비앤느 호텔 등 강남의 특급 호텔 여러 곳에서 미치지 못하는 실력임에도 동양화 개인전을 여러 차례 열었다. 이 전시회 과정에서 채금실은 호성주택 회장의 도움을 받아 많은 법조인들과 알게 되었다.

조태훈은 우연히 이장숙의 개인전을 둘러보다가 그 전시회에 자신이 상상할 수 없는 막강한 법조인들이 다녀가고 있다는 사실을 알게 되었고, 자신의 사업적 보호를 위해 이장숙으로 하여금 검찰의 고위층과 끈끈한 인연을 갖고 지낼 수 있는 지원을 아끼지 않았다. 물론 자신은 드러내지 않은 채.

그렇게 조태훈은 이장숙을 붓으로 사용하면서 자신의 계획을 그려나갔다. 때로는 짙게, 어느 곳은 여백으로 남기면서.

부당한 이득의 공정한 분배

조태훈은 처음에는 이장숙의 증권 계좌를 활용하여 주가 조작의 수익을 이장숙에게 주는 방식으로 당시는 상상할 수 없는 수익을 이장숙에게 안겨줬다. 주식시장이나 주가 조작을 모르던 이장숙의 눈에 조태훈은 메시아였다.

그다음으로는 이장숙과 채금실의 계좌로 주가 조작의 모찌계좌(최종적 수익을 보는 계좌. 주식시장의 은어)를 넓혀나갔고, 채금실은 조태훈에 일임했던 주식 계좌의 수익률이 놀라울 정도로 불어나자 주변 지인들을 끌어들이기 시작했다. 그리고 지인들의 수익에서도 수수료 명목으로 별도의 수익을 챙기기도 하였다.

채금실이 끌어들여서 이장숙을 통해 조태훈에게 건넨 증권 계좌들 중에는 채금실 자신과 친분을 쌓아가던 당시 고위층 검사들의 계좌들도 포함되어 있었다. 채금실에게 주식 계좌를 맡긴 검사들은 자신들의 계좌 운영을 모두 이장숙이 하고 있는 것으로 알았다. 그래서 채금실에게 이장숙과 같이 자리를 해줄 것을 부탁하는 일이 많아졌다.

고위급 검사들이 이장숙과 만남을 채금실을 통해서 요청하자, 이 같은 사실을 이장숙은 조태훈과 상의했다. 대치동에 밀회의 장소를 구입하여 이장숙과 동거하고 있던 조태훈은 흔쾌히 허락했다. 아니 부추기기도 했다. 조태훈은 이장숙에게 "내가 하는 사업에 없어서는 안 될 사람들이다. 그 사람들을 내가 직접 만날 수는 없으니 장숙이가 네 사람으로 만들어서 나를 도와줘라"고 했다.

이장숙은 조태훈의 말을 듣고, 검사들과의 자리를 자주 갖기 시작했다. 매너 있는 식사 자리는 잦은 술자리로 진화했다.

그 과정에서 조태훈의 사업은 화려하게 커져만 갔다. 에스코프의 인수에서 시작해서 거침없는 주가 조작과 횡령 등의 부당 이득금을 채금실과 그녀가 끌어들인 검사들에게 공정하게 배분하면서 또 다른 코스닥 회사들을 똑같은 무자본 M&A와 주가 조작을 이용하는 방식으로 인수해나가기 시작했다.

조태훈은 이제 외형적으로 4개의 상장회사를 거느린 명실상부한 회장으로 거듭났다. 그러나 문제는 엉뚱한 곳에서 터졌다. 나는 이 상황을 사채 전주 신 여사의 '단순한 질투'로는 보지 않는다. 신 여사는 질투를 가장한 '적절한 시기의 자금 회수'를 진행한 것이다.

신 여사는 이장숙과의 동거를 눈치채고 조태훈을 다그쳤다. 조태훈은 단순한 사업적 필요성이라고 이장숙과 본인 사이에 대한 관계의 깊이를 부인하고 이장숙과 결별할 것을 신 여사에게 약속했다. 그리고 대치동의 밀회 장소를 없앴다. 이장숙은 순순히 조태훈의 결정에 따랐다. 조태훈과 이장숙은 장소에 연연할 필요가 없었다.

조태훈은 신 여사의 영향력에서 벗어날 준비를 시작했다. 주가 조작에는 과감했고, 횡령과 배임에는 용감했다. 주식시장에서 소액주주의 작은 비난과 고발은 이장숙의 영향력에 있던 검사들에 의해서 손쉽게 제압당하고 묻혔다.

신 여사도 조태훈이 자신의 영향력에서 벗어나려 한다는 것을 눈치채고 있었다. 그리고 조태훈이 이장숙과 은밀한 관계를 이어가고 있다는 것도 파악하고 있었다. 그녀는 사채업계 전주의 냉정한 본성을 한순간에 쏟아냈다. 조태훈과 신 여사가 연인 사이에서 채권자와 채무자의 관계로 돌아가는 것은 순식간이었다.

신 여사가 보유하고 있던 에스코프의 약속어음을 바로 사채시장에 돌렸고, 담보 형식으로 보유한 주식도 즉시 매각하기 시작했다. 조태훈은 그렇게 돌아오는 약속어음과 쏟아지는 주식 물량을 그동안 비축한 횡령 금액과 쌓아놓은 주가 조작의 부당 이득금으로 처음에는 무난히 막아냈다. 그렇게 신 여사는 조태훈에 대한 대여금을 전혀 손실 없이 회수했다.

문제는 그다음부터였다. 사채시장과 증권가에는 "이제 조태훈에게서 신 여사는 손을 뺐다"는 소문이 퍼져나갔고, 조태훈이 새로운 자금을 조달하는 것은 힘들어졌다. 그러던 와중에 핵폭탄이 날아들었다. 2008년 리먼 브러더스 사태가 터진 것이다.

권력의 아내가 되다

이장숙의 조태훈을 향한 마음은 순수했다. 이장숙의 모든 결정은 조태훈이 했다. 조태훈이 신 여사를 설득하기 위해서 이장숙을 신 여사 앞에 세워 변명할 때도, 이장숙은 조태훈이 살 수 있는 길이라면 따랐다. 이장숙은 조태훈과 함께 꾸던 꿈이 무너져내리는 순간에도 조태훈을 사랑했다.

조태훈의 회사는 무너져내렸다. 그것은 이장숙의 숭고함으로도 막을 수 없는 국가의 금융 체계가 무너져 내리는 위기이기도 했다. 조태훈을 향한 고소와 고발은 마치 폭격기가 쏟아내는 폭탄들 같았다. 이장숙은 조태훈을 살리기 위해 백방으로 뛰었다.

이장숙은 어머니인 채금실에게도 방법을 구했다. 채금실은 조태훈 회사의 몰락으로 손실을 입은 주식 투자 금액을 보전해주는 조건으로 자신과 가장 친분이 있고, 당시에 조태훈의 사건에 대해 가장 영향력이 있었던 서울지검 특수부 부장 검사인 제갈택 검사를 이장숙에게 소개했다. 이장숙도 제갈택을 몇 번 봐왔지만 또 다른 의미의 소개였다.

제갈택 부장검사는 이장숙의 부탁을 들어주는 조건으로 점점 더 많은 것을 요구했다. 제갈택 부장은 조태훈의 많은 범죄를 덮어주고 축소시켜줬지만 조태훈이 상장 폐지시킨 회사들이 너무 많았다. 그 피해자들의 숫자도 너무 많았기에 모든 범죄를 없는 것으로 할 수는 없었다.

그렇게 조태훈을 위하여 이장숙은 가정이 있던 제갈택 부장의 내연녀가 되어 동거를 마다하지 않았다. 하지만 조태훈은 끝내 구속되었다. 이장숙의 조태훈을 향한 숭고함이었을까? 아니면 제갈택 부장도 조태훈의 부당한 이득을 공정하게 배분받았던 당사자 중 한 사람이었을까는 아직 확인하지 못했지만, 제갈 택 부장은 부장 검사를 사임하고 '제갈택 변호사'가 되어 조태훈의 재판에서 변론을 맡았다.

막강한 여러 명의 변호사들로 방어에 나섰지만 피해자의 숫자가 너무 많고 회사의 피해 금액이 수백억 원에 이르렀다. 조태훈은 끝내 실형을 면하지 못했다. 재판 내용 역시 이장숙의 숭고함이나 지극한 사랑만으로는 어쩔 수 없는 결론이었다.

그렇게 2년여의 조태훈에 대한 재판이 끝나갈 즈음, 이장숙과 제갈택의 관계도 정리해야 하는 순간이 다가왔다. 제갈택 변호사의 가족은 모두 호주 시드니에 거주하고 있었는데 그는 이제 돌아가야 했다. 제갈택이 이장숙에게 줄 수 있는 마지막 이별의 선물이었을까?

제갈택은 자신이 신뢰하던 그리고 가장 아끼던 후배가 서울지검의 인지 부서를 모두 관장하는 서울지검 3차장의 자리에 부임했다. 그때 조태훈은 대법원까지 모든 사건의 재판을 끝냈고 형이 확정된 기결수가 되어 춘천교도소의 작업장에서 수인 생활을 시작할 즈음이었다.

재판이 끝난 수인의 관리는 다시 검찰의 영역이다. 그의 석방, 병보석, 가석방, 귀휴 등은 모두 검찰의 결정이 있어야 했다. 조태훈은 자신도 모르는 귀휴 통지서를 받았다. 귀휴는 죄수의 직계 가족이 사망했을 때 망자의 장례식에 참여할 수 있도록 법무부에서 배려하는 제도이다.

조태훈이 받은 귀휴 기간은 3박 4일이었다. 조태훈은 어머니를 일찍이 여의였고 아버지는 생존해 있었으므로 의아해할 수밖에 없었다. 귀휴 통지서에 적힌 망자는 기억에도 희미한 '이모할머니'였다.

조태훈은 보관돼 있던 사복으로 갈아입고 교도소 앞으로 걸어 나갔다. 교도소 앞에는 고급 리무진의 백색 장의차가 주차해 있었다. 조태훈이 모습을 보이자 정장 차림의 운전기사가 정중히 인사했다. 그리고 자신이 '모시러 왔다'는 의사를 밝혔다.

조태훈은 차에 오르다가 잠시 멈춰 섰다. 차량 번호가 자신이 구속되기 직전까지 탔던 3213이었다. 그리고 차를 다시 한 번 둘러봤다. 외장은 장의 차량으로 치장했지만 분명히 자신이 애착을 가지고 타고 다니던 벤틀리 리무진이었다.

천천히 차문을 열고 차에 올랐다. 차 안에는 아름다운 미망인이 뒷자리에 앉아 있었다. 차는 출발했고, 어리둥절한 조태훈이 뒤를 돌아볼 때쯤 미망인 복장의 여인이 얼굴을 들어올렸다. 이장숙이었다. 차는 서울과 반대 방향인 동해를 향해 달렸다.

그날 이후로 조태훈은 교도소로 돌아오지 않았다. 조태훈이 사라진 그해에 이장숙은 진경율 검찰총장의 아내가 되었다. 대한민국에 존재하는, 누구도 건드릴 수 없는 진정한 권력의 아내가 되었다. 이명희의 이름으로.

무엇으로 끝날까?

이 작은 단편 소설은 익명으로 보내온 판결문에서 시작됐다. 누가 무슨 이유로 보냈는지는 지금도 확인 중이다. 그리고 '조태훈'으로 그려진 사람의 실체는 확인했다. 그리고 조태훈의 '공식적 탈옥'을 도와준 서울지검 3차장은 지금 한 정당의 국회의원이 되어 있다.

이 단편 소설이 장편 소설로 진화할 것인지, 다큐멘터리로 드러날 것인지는 아직 자신 있게 말할 수 없다. 나와 심인보 기자는 다큐멘터리로 만들어내려고 노력하고 있지만 어쩌면 장편 소설로 끝날 수도 있다.

하지만 분명한 것은 소설에서 다큐멘터리로 진화 중인 것만은 분명하다.

7장.

성공한 조작, 한명숙 전 총리 뇌물 조작 사건

다시 만나다

'죄수 H.' 그와는 이미 오래전부터 주식시장의 관계자나 정보를 통해 서로 이름 정도는 알고 있는 사이였다. 그러다가 처음 만났던 것은 본문 3장 〈2007년의 고통, BBK〉에서 썼던 것처럼, 2007년 당시 대선 과정에서 몇 개월 구속되어 서울 구치소에서 가깝게 지내다가, 다시 2014년 〈스포츠서울〉의 경영권 분쟁 과정에서 구속되고 다시 만났다.

그는 여전히 서울구치소에 있었다. 그의 입장에서 생각한다면 나는 그동안 세상에 한 번 다녀왔던 사람이니 무척 반가웠을 법하다. 그리고 2007년에 내가 한 언론사의 지분을 가지고 있었으니 아직 언론사와 기자들과 많은 친분이 있을 것이라고 그는 생각했다.

2014년 당시, 갑작스러운 구속으로 나는 많이 당황했다. 가족 모두가 호주에 있었던 상태라 외부에서 도움을 받는 것에 많은 한계가 있었다. 죄수 H. 공개된 실명은 한은상 씨다. 그는 다시 구속된 내 모습을 보고 위로와 반가움을 함께 전하면서 여러 도움을 주려고 애썼다.

서울 구치소에서의 변호인 접견장과 변호인 접견 대기실은 재소자들에게 정보를 얻고 공유할 수 있는 소통의 장이기도 하고 사랑방 같은 곳이기도 하다. 한은상 씨는 자신의 변호인을 통해서 기회가 될 때마다 나에게 변호인 접견을 하도록 해주었고, 그러는 과정에서 한은상 씨와 이런저런 대화를 하면서 그동안의 회포를 풀고는 했다.

당시에도 검찰에서는 한은상 씨를 지속적으로 검사실로 불렀고, 한은상 씨는 계속 검찰 출정을 거부했다. "형, 그렇게 계속 검찰 출정 요청을 거부해도 되는 거야?" 내가 그렇게 얘기할 때마다 "이미 오래 전부터 그랬다"고 답했다. 한은상 씨가 서울구치소에서 가지고 있는 기록이 몇 개 있는데, 그중 하나가 검찰 출정 요청 거부 횟수일 것이다. 당시 기억으로는 60여 차례나 거부했다.

그렇게 나는 나대로 재판을 준비하고 얼마간의 시간이 지났다. 다시 한 번 한은상 씨가 불러서 변호인 접견장에 나갔던 날, 그가 너무도 충격적인 이야기를 들려주었다.

귀를 씻고 다시 듣다

한은상 씨는 이렇게 말을 시작했다. "내 말을 잘 듣고 메모해봐. 지금 재판이 진행 중인 한명숙 총리 뇌물 사건은 전부 검찰이 조작한 거야. 내가 개입해서 관여했었다. 이 사실을 언론에 알려야 한다. 네가 언론사 지분도 있고, 기자들을 알 것 같으니 이것을 세상에 알리자."

처음에는 그의 말이 쉽게 믿기지 않았다. 말을 듣고 흥분해서였을까? 화장실에 가서 얼굴을 씻고 거울을 한 번 더 쳐다봤다. 그리고 다시 그에게 가서 구체적인 이야기를 듣고 메모했다. 한편으로는 메모하는 것조차 교도관들에게 들킬까봐 암호처럼 적었다. 2014년 중반에 그런 메모를 한 달 가까이 했다.

그 후 그와 얼굴을 자주 마주할 수 없었다. 한은상 씨는 검찰의 출정을 거부하고 있었고, 서울구치소 측과도 치열한 싸움을 하고 있었다. 그는 오랜 기간 동안 독거(독방) 생활을 하고 있었는데, 갑자기 혼거 방(여러 명이 함께 생활하는 방)으로 옮기면서 일상을 깨버렸다. 한은상 씨는 그러한 구치소 측의 갑작스러운 조치를 검찰의 사주에 의한 것으로 판단하고 구치소의 조치를 거부했다.

구치소 측은 한은상 씨가 전방(방을 옮기는 것) 조치를 거부하자 징계하기 시작했다. 한 번 구치소 측의 조치를 거부할 경우, 약 2주간 징벌 대기방에 있다가 징벌 심사위를 거치고 약 한 달간 징벌방 생활을 하게 된다. 한은상 씨는 구치소의 조치들을 모두 거부하면서 계속 '징벌 대기방-징벌 위원회-징벌방(징벌조치)'을 순환하는 혼자만의 투쟁을 계속하고 있었다.

한은상 씨가 서울구치소에서 가진 기록 중 이것도 또 다른 하나일 것이다. 그 과정을 열 차례 정도 반복했던 것 같다. 끝내 서울구치소로부터 굴복을 받아내고 다시 독거 생활을 했던 것으로 기억한다.

한은상 씨가 구치소와 검찰과 싸움을 하는 동안에 나 역시 재판을 진행하고 있었다. 그래서 '한명숙 전 총리 조작 사건'에 대해서는 더 이상 함께 진행할 틈이 없었다.

그렇게 한명숙 전 총리 조작 사건을 방치하다가 서울지검에 있던 금조부와 증권범죄합수단이 서울 남부지검으로 옮겨지면서, 〈스포츠서울〉 주가 조작 사건을 밝히려던 나 역시 서울구치소에서 남부 구치소로 이감을 갔다. 그로부터 오랫동안 한은상 씨와 소통할 수 없었다.

2017년의 소통과 설득

남부구치소로 이감되고 2년 반가량을 남부지검 금융 범죄조사부, 일명 금조부에서 죄수 신분으로 수사관 생활을 했다. 2016년 겨울에 수백만의 촛불이 광화문 광장을 밝혔다. 뉴스타파 '죄수와 검사'에서도 밝혔듯이 나는 남부지검에서 특별한 대우를 받았다.

검사나 수사관이 들여다보지 않는 내 개인 사무실을 제공받았고, 컴퓨터는 물론 전화기와 개인용 아이패드를 사용할 수 있었다. 그러니 업무를 보는 중간중간 광화문에 타오르는 촛불 소식을 듣고 볼 수 있었다. 가끔 그런 기사에 댓글로 응원의 흔적을 남길 수도 있었다.

그렇게 타오르던 촛불이 기필코 박근혜를 끌어내리는 장면을 목격했으며 드디어 2017년 5월 10일 문재인 대통령의 당선이 발표되었다. 그 당시 일기장에는 담담하게 적었지만 교도관을 통해서 문재인

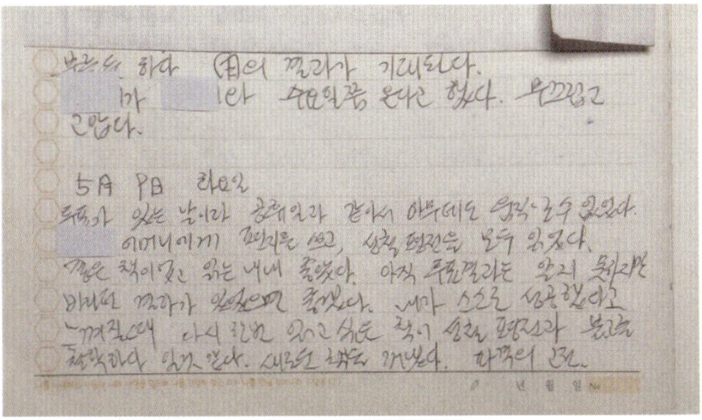

부끄러운 하다 (日)의 결과가 기대된다.
[redacted]가 [redacted]와 수요일쯤 온다고 했다. 부끄럽고
고맙다.

5月 9日 火요일
투표가 있는 날이라 공휴일과 같아서 아무데도 연락할 수 없었다.
[redacted] 어머니에게 편지를 쓰고, 성철 평전을 모두 읽었다.
좋은 책이었고 읽는 내내 좋았다. 아직 투표결과는 알지 못하지만
바라던 결과가 있을 것 같아 좋았다. 내가 스스로 성공했다고
느껴질 때 다시 한번 읽고 싶은 책이 성철 평전이라 본다는
확약하다 말것 같다. 새로운 책을 기다린다. 파격의 고요.

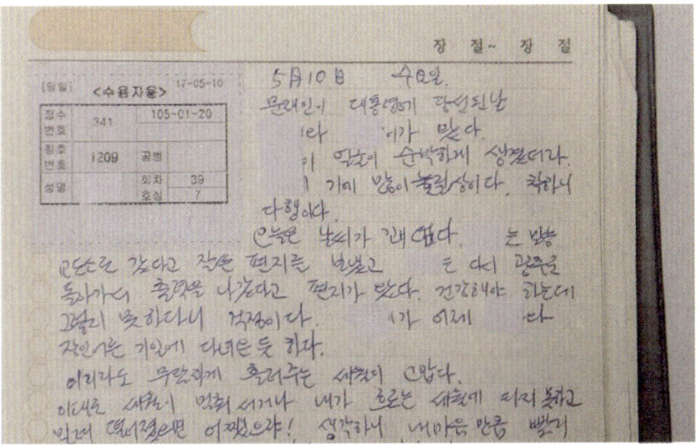

장 절~ 장 절

[당일] <수용자용> 17-05-10

접수번호	341	105-01-20	
칭호번호	1209	공범	
성명	[redacted]	회차	39
		호실	7

5月10日 수요일.
문재인이 대통령에 당선된 날
[redacted]와 [redacted]가 왔다.
[redacted]이 얼굴이 순박하게 생겼더라.
[redacted] 기에 많이 놀랐을 것이다. 착하니
다행이다.
오늘은 날씨가 개었다. [redacted]는 방송
교도소로 갔다고 잘 편지를 보냈고 [redacted]는 다시 광주로
돌아가서 출퇴근 나간다고 편지가 왔다. 건강해야 하는데
그렇지 못하다니 걱정이다. [redacted]가 어제 [redacted]다
자신가는 기일에 다녀온 듯 하다.
이리라도 무탈하게 흘러주는 세월이 고맙다.
이대로 세월이 멈춰 서거나 내가 흐르는 세월에 타지 못하고
밀려 떨어져 있으면 어찌했으랴! 생각하니 내마음 만큼 빨리

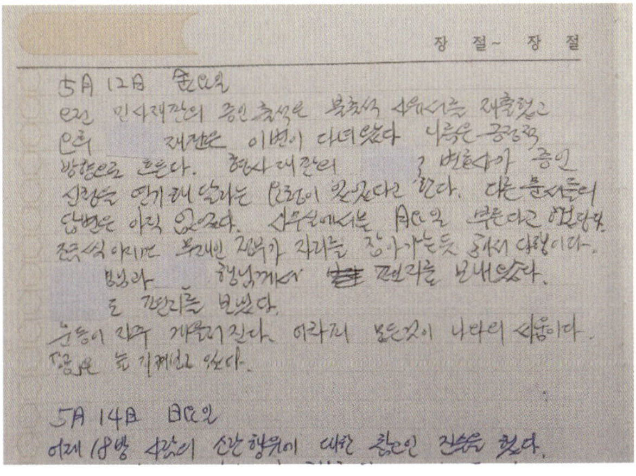

장 절~ 장 절

5月 12日 金요일
오전 민사재판의 증인 출석은 불출석 사유서를 제출했고
오후 [redacted] 재판은 이번이 다녀왔다 나름은 긍정적
방향으로 흐른다. 형사재판의 [redacted] 변호사가 증인
신청을 연기해 달라는 요청이 왔었다고 한다. 다른 증인들의
답변은 아직 없었다. 사무실에서는 月요일 부른다고 했단다.
진심 아니면 문재인 정부가 자리를 잡아가는 듯 해서 다행이다.
[redacted] 부부와 [redacted] 형님께서 [illegible] 편지를 보내왔다.
[redacted]도 편지를 보냈다.
손등이 자주 가려워진다. 어려지 보는 것이 나타의 사용이다.
정원은 늘 기계로 있다.

5月 14日 日요일
어제 18방 사람의 소란 행위에 대한 참고인 진술을 했다.

대통령이 당선됐다는 소식을 듣고, 아침 일찍 독방 창문을 열어젖히고 "대한민국 만세다!"를 몇 번 외치고 흥분했던 기억이 생생하다. 말로 다 설명할 수 없이 기뻤다.

흥분이 가라앉을 때쯤 한 사람이 떠올랐다. 한은상 씨였다. 그를 수소문해서 찾아야 했다. 그리고 잊고 있었던 한명숙 전 총리의 뇌물 조작 사건을 밝혀야 한다고, 아니 이제는 밝힐 수 있다고 생각했다. 편지를 주고받는 여러 곳의 구치소/교도소 죄수들과의 네트워크를 통해 한은상 씨를 찾아냈다.

그는 땅끝마을이 있는 해남교도소로 이감을 가서 생활하고 있었다. 조심스럽게 편지를 썼다. "형, 이제는 세상이 바뀌었다. 이제는 한명숙 총리 사건을 밝힐 때가 된 것 같다"로 시작하는 편지였다. 그리고 얼마 지나지 않아 한은상 씨의 답장이 도착했다.

2017년 6월 12일 해남 교도소의 등기 소인이 찍힌 편지였다. 그에게는 아직 한명숙 전 총리 사건의 진실을 밝히려는 의지가 남아 있었다.

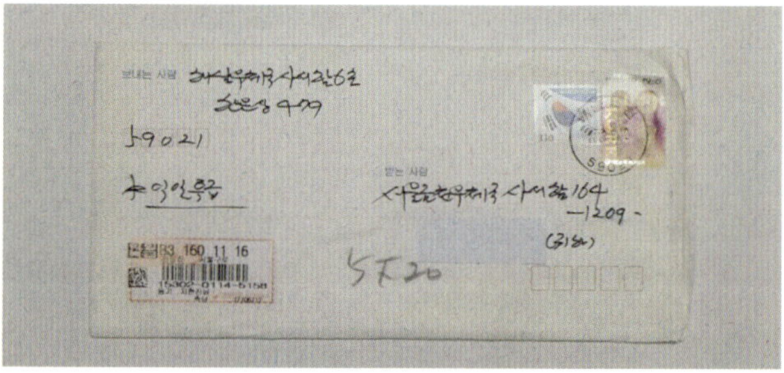

내 페이스북 필명이 '이오하'인데,
그 이유는 2년 6개월 동안 5동 하층의 독방에서 생활했기 때문이다.

그리고 혹시나 모를 우편 검열을 피하기 위해 중간에 간단히 내용을 요약해서 보냈다. 그런 사실을 나와 조금의 인연이 있던 언론사의 기자에게 편지로 보냈다. 하지만 기자로부터 돌아온 답변은 역시 “아직은 때가 아니다”였다. 당시 내 일기장에는 이렇게 써 있다. “기레기 새끼.”

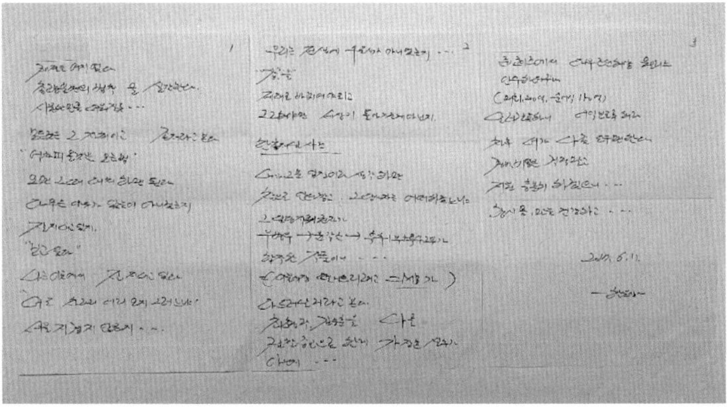

내가 그렇게 하고 있는 과정에서 한은상 씨는 자기 나름대로 진실을 밝히려고 움직였다. 청와대로 “한명숙 전 총리 사건이 조작됐다”는 내용의 진정서를 접수한 것이다. 하지만 청와대는 그 내용을 서울중앙지검으로 내려보냈으며 서울중앙지검은 그 진정 내용을 아무 일도 없었다는 듯 덮었다. 당시 서울중앙지검장은 윤석열 현 검찰총장이었다. 그렇게 또다시 묻혔다.

2019년의 결행

2018년 나는 세상으로 나왔다. 상당 기간, 4년간의 공백을 추스르는 일에 매달렸다. 그리고 2018년 말경부터 뉴스타파와 '죄수와 검사 1'을 만들어가기 시작했다. 마무리되어 갈 무렵인 2019년 10월쯤 다시 한 번 뉴스타파의 심인보 기자와 '한명숙 전 총리 뇌물 조작 사건'에 대해 상의했고, 한은상 씨의 존재를 설명해줬다.

심인보 기자는 뉴스타파 팀 전체에 한명숙 전 총리 뇌물 조작 사건을 공론화시켰고, 진행하자는 결론을 이끌어냈다. 뉴스타파 팀은 한명숙 전 총리 사건의 기초자료를 수집해나갔다. 내가 할 역할은 한은상 씨의 소재를 파악하고 다시 한 번 그의 의지를 확인하는 것이었다. 한은상 씨는 광주교도소로 옮겨져 생활하고 있었다.

광주교도소로 편지를 썼다. 다시 쓴 첫 편지는 2019년 11월 8일이었다.

한은상 씨는 아직도 기결수(형이 확정된 재소자) 신분임에도 불구하고 또 다른 형사 재판을 받고 있었다. 어느 부장검사 출신의 변호사가 마치 전담하듯이 지속적으로 한은상 씨를 상대로 형사 고소를 진행하면서 괴롭히는 형국이었다.

내가 편지를 보내고 한두 주 후에 답장이 도착했다. 이미 작성해 놓은 '한명숙 전 총리 사건 조작에 가담했던' 검사들에 대한 고소장 초안이 첨부되어 있었다. 그는 이미 각오하고 있었고, 준비되어 있었다.

나는 기차표를 준비하고 광주로 향했다. 광주교도소에 도착해서 온상이형. OO이야.
해남에 있는 줄 알고 찾았는데 없더라구.
광주는 언제갔소. 건강이나 잘 챙기고 있는지 모르겠네....

남주에 있을 때 검찰청에서 사고를 크게 친. 조일훈이라는 애가 광주로 갔는데 형도 만났을래나? 워낙 이빨이 좋은 놈이라 소문이 금방 났을텐데..ㅋㅋ

형. 광주가 새로 지은 곳이지?
그래도 그쪽은 건달놈들이 많아서 형이 징역 살기가 어떤 줄 모르겠다.
힘들지나 않을지...

형. 나는 작년 7월말에 나와서 이것저것 추스르고. 호주에 있던 가족들도 이제야 조금식 추스르고 정리하고. 이제야 회사 인수문제에 집중하고 있어. 그러다보니 연락도 늦어네...ㅎㅎ

밖의 세상은 많이 변했어.
정치도 변하고 언론도 변하고...
형. 그렇지만 완강하게 변하지 않고 있는 것이 하나있지... 형이 너무도 잘 알고 있는 "검찰 권력"

아마 대한민국 역대 수많은 재소자중에서 형만큼 출정을 많이 다니고. 검사들과 친하게 지내고. 또 검사들과 치열하게 싸웠던 재소자는 없을거야. 60번이 넘는 검사의 출정 요청을 거부하고 결국에는 검찰이 구치소로 찾아와야 했으니까.

또 형이 지내던 독방을 뺏어간 서울구치소장과 싸우면서 10번을 넘게 징벌방을 다니면서 기필코 다시 독방을 찾아왔던 형의 모습에 나도 놀래고. 보안과장도 놀랬던 기억이 나네...

온상이형.
지금 형이 살고있는 징역의 형기가 얼마나 남았는지. 그리고 형이 살고있는 징역 생활의 형편이 어떤지. 그리고 형의 건강상태가 어떤지도 나는 잘 몰라.

하지만 내가 형에 대해서 알고 있는. 그리고 느끼고 있는 점은. 형은 옳다고하면 끝까지 관철 시키는 의지 만큼은 믿고 있지.

형이 뉴스나 기사를 봤는지 모르겠어.
나는 최근 "검찰이 바뀌고 개혁돼야 한다"고 생각해서 한 언론사와 함께 검사들의 무소불위 권력과 권한 남용에 대해서 밝히는 작업을 하고 있고. 최근에는 PD수첩과 함께 1차 마무리 작업을 했지.

내가 비록 죄수로 4년 정도를 살았지만. 검사들의 불법적이고 부당한 권력을 행사해서 억울한 사람이 단 한 사람. 단 한 건의 사건도 없어야 생각하고. 그런 세상을 만드는 것이. 내 아이들에게도 더는 부끄럽지 않은 이버지가 되는 길이라고 생각해서 행동한 것이니 두렵거나 부끄럽지는 않아.

온상이형.
지난 시간 내가 남부에 있을 때. 형에게도 한 두 번 편지를 했었던 것 기억나? 그때 형에게 "이제는 한 총리 문제를 밝혀보자"라고 했었지. 2010년 한만호씨가 특수부 출정 다니면서. 검사들의 회유와 협박으로 거짓 진술을 하고. 그것으로 한명숙 총리는 기소 됐자나.

이후. 한만호씨가 재판에서 "검찰에서 거짓말을 했다"고 양심선언을 해서 1심은 무죄가 됐지만. 항소심에서는 검찰조서를 인정해서 결국 2년 형을 받고 한 총리가 구속됐던 일.

얼만전 한만호씨는 죽었어.
죽기전에 자신의 잘못으로 한명숙 총리가 구속됐던 일에 대해서 죽는 순간까지도 미안해 했다고 하더라구.

형. 이제 그 진실을 밝혀줄 수 있는 사람은 형 뿐이라고 생각해. 형이 밝혀준다고 해서 모든 진실이 밝혀 질 수 있을지 모르겠지만. 그래도 그 사건에 대해서 형만큼 진실을 알고 있는 사람이 없자나.

당시 사건과 관련된 자료들은 대부분 준비돼있고. 한만호씨의 출정기록도 신청해 놓은 상태야. 형이 당시의 상황과 한만호씨와 같이 특수부에 출정을 같이했던. 정황을 밝혀주고. 그와 관련된 출정자료만 있으면 나머지는 내가 같이하는 언론사와 법무부의 인권국 등에서 도움을 받을 수 있을 것 같아.

온상이형.

현재 구속되어있는 상태에서 진실을 밝히기는 힘들고. 어려운 일일 것이라는 것은 잘 알지만. 그래도 "검찰 개혁"의 국민적인 여론이 지금같이 높았던 시기도 없어서. 지금이야말로 진실을 밝힐 수 있는 기회라고 생각해. 물론 그 길을 완성하기에는 형의 결단이 필요하겠지.

온상이형
이 편지는 내가 있는 주소가 아니라. 지금 나와같이 움직이는 후배의 집 주소로해서 보내는 것이니 형의 답장도 그쪽으로 보내주면 될 것 같고. 참고로 역시 이 일을 도와주고 있는 "민변 소속" 변호사의 로펌 주소도 같이 첨부하니까. 그쪽으로 보내도 돼.

경기 안양시 동안구 관악대로 000. 4층 (우)13944 지번-관양동 OOOO

형이 도움을 주기로 결심하게 되면. 아마 그 변호사분이 형에게 접견을 갈 예정이야.

형의 결심과 도움이 지금 역사를 바꾸는 결정적인 증언이 됐으면 좋겠다.

온상이형.
건강 잘 챙기고. 같이 보내는 책중에 하나의 시집은 나와 친형이 같이 시를 쓰는 형이 이번에 낸 시집이야...ㅎㅎ

2019년 11월 8일

OO이가.

그동안의 안부를 묻고 답했다. 그리고 앞으로의 각오와 진행 방향을 논의했다. 그리고 다음에는 뉴스타파 팀과 함께 올 것을 약속하고 돌아왔다. 몇 주 후 다시 심인보 기자, 김경래 기자와 함께 광주교도소를 찾았다.

앞으로는 한은상 씨와 뉴스타파 팀이 직접 소통하면서 진실을 찾아갈 수 있도록 준비했다. 여기까지가 내가 할 수 있는 역할이었다. 이제 모든 것은 한은상 씨와 뉴스타파 팀의 취재력에 달려 있었다. 적어도 탐사 보도에 관해서는 국내 최고의 취재팀이었고, 한은상 씨의 의지 또한 내가 익히 경험한 바였다. 검찰에 의한 '성공한 조작'에 대한 진실이 밝혀질 것이라고 믿어 의심치 않았다.

죄수 신분으로 검찰의 범죄를 세상에 고발한다는 것의 의미

뉴스타파 '죄수와 검사'에서 검찰의 범죄를 세상에 알리는 고발에 참여했던 사람들이 몇 명 있다. 어떤 이는 자신의 억울함을 포함해서 알리고 싶어 했고, 어떤 이는 자신의 어떤 이해와도 무관하게 검사들의 범죄를 세상에 고발했다.

하지만 대부분의 일반인은 그 과정이 어떤 의지와 결심, 그리고 그 검사들에 의해 어떤 고통이 따르는 것인지 잘 알지 못한다.

구속된 수인들에게 가장 큰 고통은 '추가 기소'이다. 구속되기 전 검찰 조사 과정에서 그 심리적 압박 때문에 스스로 목숨을 끊는 사람이 종종 있다. 과정 자체가 그만큼 심리적 고통이 크다. 그것을 이겨내고 구속되면 재판이 기다리고 있다. 재판 과정 또한 감당하기 힘든 고통이다.

그러한 형사 과정의 고통을 이겨내고, 불확실한 재판이 결론 나면 오히려 홀가분한 기분마저 든다. 결론지어진 자신의 앞날에 순응하게 된다. 그래서 옛날 반정부 활동으로 구속된 어느 문인이 재판이 끝나고 교도소에 도착했을 때 "아, 이제 해방이다"를 외쳤다고 한다. 그만큼 조사와 재판 과정 자체가 고통이다.

그런데 그런 고통이 다 끝났다고 생각한 사람에게 검사가 추가 기소를 한다면 죽음의 고통을 넘어서는 고통인 것이다. 어느 기자가 내게 이런 질문을 했다.

"추가 기소가 그렇게 위협인가요?"

이 질문에 내가 했던 답변은 이런 것이었다.

"기자님, 군대 다녀오셨죠? 그럼 군대에서 제대 날짜를 2일 남겨두고 갑자기 국방부에서 앞으로 3년 더 군복무를 해야 한다는 통보를 하면 어떻게 하겠습니까?"

기자가 말했다. "만약에 그러면 저는 탈영할 겁니다."

"추가 기소는 그런 충격의 1,000배쯤, 아니 그보다 크다고 생각하시면 됩니다."

그제야 기자는 조금 이해한 듯했지만 내가 보기에 추가 기소의 고통을 모두 이해하지는 못한 것 같았다.

검찰이 한명숙 전 총리의 뇌물 사건을 조작하려고 할 때가 바로 한만호 씨에게는 추가 기소의 공포로 가장 고통스러운 시기였다. 검찰은 그것을 잘 알고 있었고 그 시기를 노린 듯하다. 어느 죄수든 그렇게 검찰이 짜놓은 덫을 뿌리치고 빠져나오기란 쉽지 않다. 육체적 고문, 그 이상의 고문인 것이다.

그 고통을 이겨내고 한만호 씨는 법정에서 한명숙 총리에게 뇌물을 준 사실이 없다고 증언했다. 그것은 어쩌면 죽음과 맞바꾼 양심선언이었다고 본다. 그리고 검찰은 여지없이 한만호 씨를 또다시 구속했다. 이는 검찰의 처절하고도 악랄한 보복이었다. 결국 한만호 씨는 그렇게 죽었다.

또한 한 가장의 구속이란, 그 고통이 가족에 모두 전이된다. 당사자의 구속 기간이 길어질 경우, 한 가정이 해체되는 모습을 자주 보았다. 한만호 씨 비망록에는 이런 부분이 나온다.

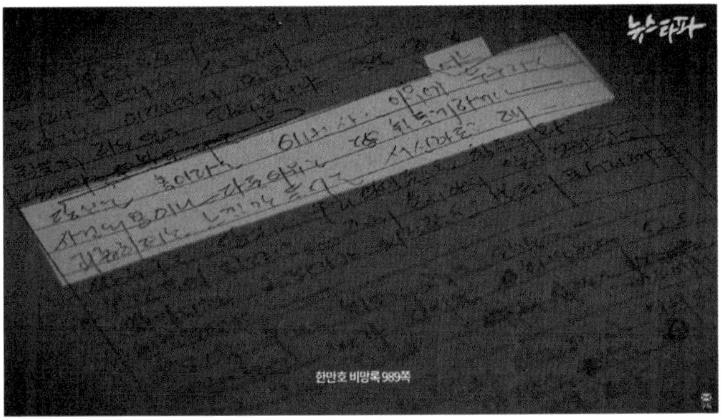

한만호 비망록 989쪽

"혹시라도 이번 사건 이후에, 어느 누구라도 (당신을) 힘들게 하거나 괴롭히려는 느낌만 들어도 서신(편지)하도록 해. 절대 용서하지 않고, 뿐만 아니라 그 대가가 처절함을 반드시 몸서리쳐지게 해줄 것이니까."

이 대목은 한만호 씨가 검찰의 회유와 압박에 한명숙 전 총리 뇌물 조작에 참여하기로 동의하고 난 후, 이제 검찰이 자신의 편 또는 자신의 배경이 되었다고 믿고 부인에게 보낸 편지 내용의 일부다.

나는 이 내용을 읽고 그의 심정을 다른 면에서 이해했다. 그는 당시 이미 3년의 형기 대부분을 마치고 있을 때였고, 그 과정에서 자신의 가정이 무너져 내리고 있었음을 느꼈을 것이다. 그러니 검찰이 앞으로 자신의 배후가 돼줄 것이라는 기대를, 좀 더 과장된 표현을 섞어서 자신의 부인에게 편지를 보냈을 것이다.

아무것도 할 수 없었던 가장으로서의 역할을 그런 식으로라도 부인에게 표현함으로써 해체될 것 같은 자신의 가정을 지켜보려고 했던 처절한 표현으로 느껴졌다. 그런 절박함에도 한만호 씨의 가정은 산산이 해체됐다.

구속은 그런 것이다. 검찰의 복수는 그런 것이다. 그러한 두려움과 고통을 이겨내고 검사 범죄를 세상에 알리는 용기를 냈던 '죄수와 검사'에 참여했던 '죄수들'에게 또 다른 의미의 경의를 표현한다면 잘못된 일일까?

두려움을 갖는 순간, 그들은 권력이 된다

나는 검사 출신 전관변호사가 비리를 저지르고 피의자석에 앉은 모습을 몇 번 보았다. 그 모습은 초라함을 넘어 비굴했다. 일반 국민이 생각하는 당당함이란 찾아볼 수 없었고, 거짓과 변명으로 일관했다. 자신이 검사석에 앉아서 피의자를 조사할 때는 그 기분을 전혀 알지 못했을 것이다.

뉴스타파를 도와 '죄수와 검사'를 진행하면서 보이고 드러난 검사 범죄 외에도 더 크고 충격적인 검사 범죄, 고위 정치인의 비리들을 파악하고 진행했으나 마지막에 증언해야 할 '죄수'가 두려움에 뒤로 숨어버린 경우가 몇 번 있었다. 하지만 그 증언을 강요하거나 회유할 수는 없었다.

그들이 증언 후에 감당해야 할 고통이 어떤 것인지 너무나 잘 알았고 이해해야 했다. 하지만 또 다른 경우도 있었다. 그 두려움을 이겨내고 증언하고 도왔던 사람이 오히려 상대하던 검사 측에서 뒤로 물러서는 모습도 보았다.

8장.

미수에 그친 조작, 채널A 검언 공작

스스로 다가온 공작

2020년 2월은 내가 지쳐 있었던 시기이다. 뉴스타파와 '죄수와 검사'로 1년을 넘게 달려왔고 한명숙 전 총리 조작 사건의 마무리 단계에 있었다. 2013년 〈스포츠서울〉의 주가 조작 사건 주범들이 자신들의 범죄를 한 번 더 은폐할 목적으로(나는 이들의 배후에 수구 언론이 있다고 생각한다) 2013년 사건으로 또다시 고소를 해왔는데, 대응할 여력도 부족한 시기였다.

2019년 말, 드라마 제작사의 작가에게서 연락이 와서 〈법 X 전〉이라는 드라마의 자문을 맡아 주 2회 정도 집필실로 출근하던 시기였다. 집필실은 내게 아주 좋은 힐링 장소이기도 했다. 끝없이 상상하고, 함께 상상했던 가상을 다시 꿈과 상상으로 고치고 수정하면서 지나온 나의 삶도 되돌아보고, 앞으로 내가 살아야 할 삶도 같이 상상해

보는 시기이기도 했다. 하지만 이런 행복한 시간을 잠시 뒤로 물려야 했다.

갑자기 이동재가 내 앞에 나타났다. '검언 공작'이라는 내가 피할 수 없는 음모를 가지고 나타난 것이다. 이동재의 집과 내가 주 2회 출근하던 집필실은 운명적이게도 남산타운 아파트라는 커다란 같은 아파트 단지 안 바로 옆 동이었다.

몇 번은 피하고 싶었다. 아니 도망치고 싶었다. 그럴 때마다 나를 독려한 것은 역설적이게도 이동재가 들고 온 '음모'였다. 이동재를 만날 때마다 그가 꾸미고자 하는 음모의 외형은 계속 커져만 갔다. 그리고 또 한 가지, 도망가려는 나를 붙잡아 세운 것은 그동안 내가 살아온 '삶의 버릇'이기도 했다. 호기심, 도전, 커다란 세력과의 한판 승부, 뭐 이런 자질구레한 삶의 버릇들이 내 발목을 잡았다.

내가 이동재와 마지막으로 만났던 채널A 본사 미팅을 마치고, MBC 〈뉴스데스크〉의 첫 보도가 있은 후 여러 언론에 나가서 인터뷰를 진행할 때, 나는 처음부터 내가 들었던 목소리의 당사자가 "한동훈"이라고 지정해서 발언했다. 하지만 대부분의 언론은 한동훈의 실명을 거론하지 않았다.

그때는 '2월 13일 이동재-한동훈의 부산 녹취록'이 나오기 전이고 채널A 진상보고서상에 드러난 '이동재-백승우 간의 녹취 파일'이 공개되기 전이었으며, 서울중앙지검의 수사 과정에서 이동재-한동훈 간의 통화 내역이 공개되기도 전이었다. 나는 내가 들었던 목소리가 한동훈이었기에 한동훈이라고 말했을 뿐이다.

사건의 세부 일정

사건의 흐름은 이미 많은 언론에서 다루었다. 그래도 빼지 말고 미세하게 추가해야 할 내용이 있고, 전체 흐름을 이해하려면 또 한 번 정리할 필요가 있어 다시 적어보겠다. 기본적인 타임 라인은 MBC의 보도자료와 나무위키의 자료를 골격으로 참고하였다.

1) 2월 5일

— 윤석열, '신라젠' 수사하는 서울남부지검에 검사 4명 증원(〈조선일보〉 보도)

— 윤석열, '신라젠 수사팀 보강하라' 검사 파견 지시…… 이성윤 반대하다 수용(〈경향신문〉 단독)

→ 검사 4명 : 김OO 부부장 검사(44·34기), 김OO 부부장 검사(43·34기), 조OO 검사(40·41기) 및 이OO 동부지검 부부장 검사(44·34기)

* (참고) 김OO 부부장은 한동훈 검사장과 두 차례 같은 부서에서 일함.

— 검찰, 신라젠 수사 재배당…… 유시민 등 여권 연루 의혹 진위 밝힐까(조간 보도)

— 이동재, 벨류인베스트먼트코리아(VIK) 등기부 등본 열람(채널A 진상 보고서 8쪽)

2) 2월 6일

— 이동재, 백OO 기자(후배)와 함께 경기도 양주 이철 전 VIK 대표 아파트 단지 방문

— 오후 7시 1분, 이동재 채널A 법조팀 카톡방에 "목표는 일가족 설득해 유시민 등 정치인들에게 뿌린 돈과 장부를 받는 것"

3) 2월 10일

— 채널A 백승우 기자, 경기도 양주 이철 전 대표 아파트 2차 방문

4) 2월 11일

— 이동재, 이철 씨에게 첫 번째 편지 작성 추정(백승우는 3월 13일 미팅에서 "이 편지도 같이 논의해서 썼다"고 밝힘.)

5) 2월 12일

— 이동재, 권순정 대검 대변인 찾아가 "유시민 수사 처벌이 취재 목표"라며 조언 구해

→ 권순정 대변인 "조언할 위치에 있지도 않고, 실제로 조언한 바도 없다"

6) 2월 13일

— 윤석열 검찰총장, 부산고·지검 방문…… 한동훈 부산 고검 차장과 악수

— 이동재, 한동훈 검사장과 만남 25분 면담

한동훈 : ○○○보다 아래 아니야.

이동재 : 사실 저희가 요즘 백○○(후배 기자)를 특히 시키는 게……. 성공률이 낮긴 하지만 그때도 말씀드렸다시피 신라젠 수사는 수사대로 따라가되 너는 유시민만 좀 찾아라.

후배 기자 : 시민 수사를 위해서.

이동재 : 이철 와이프 찾아다니고 막 이러는데.

한동훈 : 그건 해볼 만하지. 어차피 유시민도 지가 불었잖아. 나올 것 같으니까. 겁이 많아 이 새…… 이 사람 먼저 지가 불기 시작하잖아.

이동재 : 이철, 범○○, 신○○. 제가 사실 교도소에 편지도 썼거든요. (응) 당신 어차피 (그니까) 쟤네들이 너 다 버릴 것이고.

한동훈 : 그런 거 하다가 하다가 한두 개 걸리면 되지.

이동재 : 14.5년이면 너 출소하면 이것저것하면 팔순이다.

후배 기자 : 와이프만 걸려도 될 텐데.

나는 이 대화에서 한동훈이 유시민을 비하하면서 수구 쪽 어느 사람과 비교하면서 "○○○보다 아래지" 하는 멘트의 실체를 오래도록 파헤쳤는데, 여기서 ○○○은 '변희재'라는 설이 유력하다. 그러니 한동훈이 얼마나 유시민을 격하시키고 감정적으로도 비난하고 싶었는지는 이 대목에서 충분히 이해할 수 있다.

7) 2월 14일

— 이동재, 이철 씨에게 '첫 번째 편지' 발송

〈편지 내용 요약〉

"수사는 과도하게 이뤄질 것이다. 결국 타깃은 대표님과 정관계 인사들이 될 것입니다. 유시민 이사장은 대표님께 화살 돌리고 인연을 부정할 것입니다. 솔직히 말씀드리면 저는 대표님과 유시민 이사장 등 정관계 인사와의 관계가 궁금합니다. 강연 등의 대가로 얼마나 돈을 건네셨는지도 궁금하고. 이분들이 실제 신라젠 주식을 많이 샀었는지도 궁금합니다."

— 백승우 기자, 서울 남부지검 방문 '신라젠 관련 취재'

8) 2월 19일

— 이동재, 이철 씨에게 '두 번째 편지' 작성과 발송

〈편지 내용 요약〉

"검찰은 대표님의 자산과 대표님이 소유하던 부동산 자금에도 다시 한 번 추적에 착수한 상황입니다. 소유하셨던 양주 부동산에도 수사 인력이 왔다 간 것으로 알고 있습니다. 가족의 재산까지, 먼지 하나까지 탈탈 털어서 모두 빼앗을 가능성이 높습니다……. 이 모든 책임은 누구한테 씌워지겠습니까."

9) 2월 21일

— 이동재, 이철 씨에게 '세 번째 편지' 작성과 발송

〈편지 내용 요약〉

"정관계 핵심 인사들로 검찰의 칼날이 향할 가능성이 확실한 상태이기에 대표님의 말씀을 먼저 듣고 싶습니다. 물론 과거 뜻을 같이하셨던 분들이지만 지금

은 다들 살기 위해 대표님을 모함할지 모릅니다. 취재와 보도로 대표님을 도와드릴 수 있는 부분이 있다면 돕겠습니다."

10) 2월 24일

여기서부터 내가 등장한다.

— 이동재, 제보자 X 첫 전화 통화(6분 5초) / 오전 11시 30분

〈통화 내용〉

제보자 X : 어떻게 좀 검찰하고 교감이 있어서 이렇게 하시는 건지 왜냐하면 그래야 이철 대표도 뭔가 저기가 있어야 되잖아요.

이동재 : 솔직히 말씀드리면요. 교감 가지려고 하면 가질 수 있고, 안 가지려고 하면 안 가질 수 있어요. 원하시는 대로 할 수 있어요. 제보자 원하시는 대로. (중략) 저도 그분들하고의 나름대로의 밀접한 관계를 유지하고 있고 검찰 내부하고 그다음에 검찰 수사 자체는 굉장히 강하게 들어갈 거예요.

11) 2월 25일

— 이동재, 제보자 X와 1차 만남(52분 대화)

〈대화 발언 요지〉

"대표님이 14년 5개월이면 칠순에 나오시는 거잖아요. 가족 와이프나 자녀가 마음에 걸리시는 거예요? 아니면 재산 추징. (검찰은) 가족을 건드릴 수 있어요. 개인적으로 가족을 살려야 한다고 생각합니다. (검찰이) 나쁘게 마음먹으면 사

모님도 실형 때려버릴 수도 있어요. 검찰 고위층한테, 대검에 있는 고위층한테 이야기를 잘 전달하면서 협조를 하면 가족 수감은 막을 수 있어요. 현직 기자 중에 검찰과 제일 신뢰 관계 형성돼 있고, (검찰과) 자리를 깔아드릴 수도 있어요. 가족도 죽는 거고. 안 하면 죽는 거고. 안 하면 그냥 20년, 30년 될 수도 있는 거고. 그냥 죽을 것이냐 아니면 그래도 뭐라도 해보면서 조금이라도 참작시켜볼 것이냐……."

그날은 비가 오고 있었던 날이다. 원래의 약속 장소는 장충동 그랜드 앰배서더 호텔 커피숍이었는데, 아침 일찍 도착하니 마침 그곳이 화재로 영업을 하지 않고 있었다. 그래서 호텔 앞에서 이동재를 만나서 같이 동대입구역 쪽으로 대화를 나눌 만한 장소를 찾아 걸었다. 그리고 동대입구역 1번 출구 앞에 커피숍이 보여서 그곳에 들어가서 이야기하기로 하고 들어갔다.

우연이었을까, 운명이었을까? 약속 장소를 장충동으로 잡았던 것은 내가 당시 드라마 대본 작업에 자문을 해주고 있었는데, 집필실이 있던 곳이 바로 이동재의 집이 있던, 약수동에 있는 남산타운 아파트였다. 그것도 바로 옆동. 더욱 '운명'이라고 생각했던 이유는, 집필실의 막내 작가 이름도 '동재'였다. 그래서 가끔 큰소리로 "동재야 놀자!"라고 외치기도 했는데, 이것을 〈조선일보〉에서 기사로 실기도 했다. 이 내용을 검찰 수사 과정에서 설명해야 했다. 집필실의 양해를 구해서 집필실 '동재'의 주민등록증 카피까지 제출해야 했으니…….

2층에서 자리를 잡았다.

창가 쪽 커피잔이 놓인 테이블이고 그 자리에 내가 앉았고, 맞은

편에 이동재가 앉았다.

이동재는 첫 만남부터 고압적이었다. 마치 모든 검찰 권력이 자기 것인 양 나를 대했다. 이동재는 이철 VIK 대표의 당시 상황을 모두 알고 있었다. 그가 12년 형이 확정되고, 추가 사건으로 2년 6개월의 1심 형량이 확정돼 있었다는 것까지도. 그러니 압박의 시점도 최적기라고 판단했을 것이다.

내가 처음 이동재를 만나려고 했던 이유는 '그가 과연 기자일까?'라는 의문에서였다. 구치소 안에서는 가끔 큰 경제 사범으로 구속된 사람에게 다른 재소자가 접근해서 여러 가지 형태로 돈을 뜯는 사고가 일어나기 때문이다. 나는 그런 경우를 여러 번 경험했고 그를 '기자보다는 사기꾼일 것'이라 생각하고 만났다.

첫 만남에서 명함으로 이동재가 기자였다는 것은 확인했으나 그때까지도 정확한 그의 의도를 파악하지는 못했다. 이동재와 만나면 늘 그랬듯이 이동재는 소지품과 핸드폰을 사전 검열했다. 녹음을 방지하기 위해서였다. 나중에 알았는데 이동재도 모두 녹음했다.

첫 만남에서 이동재는 이철 VIK 대표를 변호했던 변호사들을 맹렬히 비난했다. 그리고 윤석열과 연결되었음을 자주 강조했기 때문에 '이 친구가 변호사 선임 문제에 개입하려는 것일까? 법조팀 기자니까, 변호사를 소개해주면서 수수료를 챙기려는 브로커 역할을 하는 기자일까?' 하고 의심했다.

12) 2월 26일

— 이동재, 이철 씨에게 '네 번째 편지' 작성과 발송

〈편지 내용 요약〉

"대표님이 돈을 지키기 어려울 것입니다. 향후 전략에 따라 가족은 지킬 수 있습니다. 사모님을 비롯해 가족, 친지, 측근들이 다수 조사를 받게 될 것입니다. 가족들은 처벌 받을 가능성이 높습니다. 대표님도 카드가 있을 것입니다. 유시민 전 장관 등 정관계 인사에게 강연료 등의 명목으로 돈을 건넨 내역이나 신라젠 주식 매입 당시 정관계 인사 등이 관여한 내역, 장부 등. 이게 가족의 실형 선고를 막는 데 적절한 카드가 될 것입니다. 저는 로비스트가 아닙니다. 대신 보도에 발맞춰 검찰 고위층에 대표님의 진정성을 직접 자세히 수차례 설명할 수 있습니다. 책임을 대표님 혼자 떠안지 마세요. 야권이 총선에서 과반수를 차지할 가능성이 매우 높은 상황입니다."

13) 2월 29일

— 이동재, 제보자 X에게 통화와 문자 메시지 보냄

"마지막으로 금요일에 4장짜리 장문 편지 보내드렸습니다. 코로나 때문에 약간은 수사가 늦어지고 있으니 충분히 숙고하시고 마음의 결정 주시면 감사하겠습니다."

14) 3월 5일

— 이동재, 제보자 X에게 문자 메시지 보냄

"저희 회사 간부와 만나 뵙고 싶습니다. 회사에도 보고를 했고 간부가 직접 찾아뵙는 게 좋겠다고 하네요."

15) 3월 6일

— 제보자 X, 이동재에게 문자 메시지 보냄

"기자님이 이철 대표에게 보낸 편지를 이제야 모두 확인했습니다. 기자님이 '해주겠다'고 약속하신 부분이 부정돼 있어서 여러 가지로 생각했을 때 더 이상의 진행은 힘들 것 같아요."

이 시기까지도 나는 여러 가지 이유로 갈등을 하고 있었다. 당시는 내가 뉴스타파를 도와 진행했던 한명숙 전 총리 뇌물 조작 사건이 마무리돼가고 있었고, '죄수와 검사 1'과 〈PD수첩〉의 검사 범죄 내용을 2018년 말부터 2019년 말까지 진행하면서 변변한 생업을 하지 못했다. 이제는 가족을 챙겨야 되겠다는 생각을 하고 있었다.

그리고 당시에는 드라마 제작 자문으로 집필실에 주 2회 정도 출근하고 있었다. 그리고 〈PD수첩〉 팀에서 '사모펀드 3부작'에 대한 기본 조사 자문을 맡아서 근근히 생활하던 상황이었다. 뭔가 더 큰일에 깊이 빠지면 감당할 수 없겠다는 불안감이 있었다. 그래서 더 이상 이동재가 이철 VIK 대표를 협박하지 않는다면 멈추고 싶었다.

16) 3월 7일

— 이철, 아내에게 편지 씀

"언론은 일절 만나지 마요. 무조건 당해요. 우리 지금 안 만나는 게 좋을 것 같아요. 나도 채널A 이동재라는 기자가 등기로 4번이나 편지를 보냈는데, 무척 기분이 나쁘고 안 좋았어요."

17) 3월 8일

— 이철, 딸에게 편지 씀

"지금 총선, 대선에 이용하려고 나를 계속 흔드는 거예요. 의혹, 의혹, 의혹……. 이렇게 검찰에서 수사하고 괴롭혀서 우리가 넘어가면 '없는 사실도 만들 수 있는 게' 걱정이 돼요."

18) 3월 10일

— 이동재, 아침에 한동훈 검사장과 카카오톡 보이스톡 통화 추정(채널A 진상 보고서 29쪽)

→ 오후 4시 18분, 이동재-후배 백승우 기자와 통화에서. 제목 : 한동훈과 나눈 통화 내용에 대해 설명

"기사 안 쓰면 그만인데 위험하게는 못하겠다고 했더니 한동훈이 '아 만나 봐 그래도 하는 거야' 그래서 왜요 그랬더니 (한동훈이) '나는 나대로 이렇게 할 수가 있으니깐 만나 봐봐. 내가 수사팀에 말해줄 수도 있고. 어디까지 나왔어' 이

러고 그래서 내가 아무것도 못 받았어요. 그랬더니 '일단 그래도 만나보고 나를 팔아 막 이러는 거야. 이XX 이러면서.' 기사는 안 써도 그만이거든요 했더니 '아냐 이건 태블릿PC 같은 거야 그러면서 다시 연락을 해보래.'" (채널A 진상 보고서 28쪽)

그럼에도 이동재는 집요했다. 전화를 해오고 문자를 지속적으로 보내왔다. 그리고 이철 대표에게도 협박성 편지를 지속했다.

— 이동재, 오후 2시 20분 이철 씨에게 '다섯 번째' 편지 발송

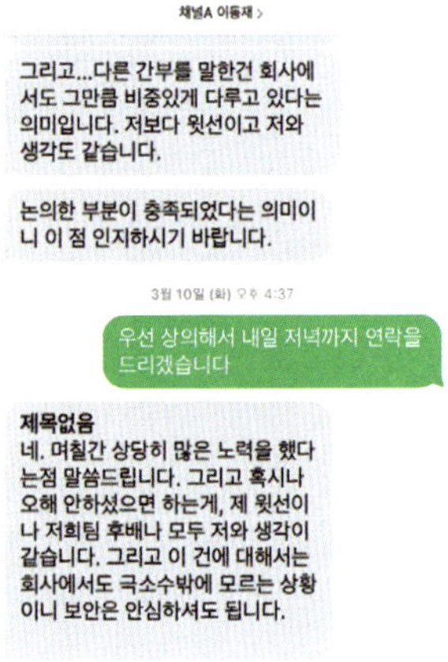

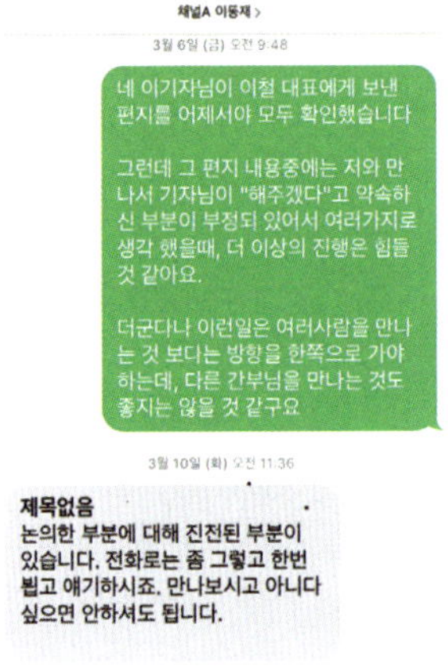

"지인 분께서 답신을 보내주셨습니다만 다시 연락드립니다. 대표님 지인분과 이야기 나눴던 부분 중 상당 부분이 해결됐습니다. 자세한 내용은 지인분과 만난 자리에서 이야기드리겠습니다. 한 가지는 확실합니다. 언론을 통해 공론화시키고 수사에 협조하면 생각보다 많이 참작된다는 것입니다. 시간이 얼마 남지 않

았으니…….”

나는 이 당시 〈PD수첩〉 팀과 '사모펀드 3부작'으로 꾸준히 소통하고 있었고, 채널A 이동재가 벌이는 일에 대해 상의했다. 그리고 〈뉴스데스크〉 장인수 기자의 연락처를 받아서 소통을 시작하게 된다.

19) 3월 12일

— 서울남부지검 금조2부, 이철 대표 조사 => 금조1부(신라젠 수사)에서 조사받는 줄 알고 갔지만 금조2부 박OO 검사로부터 조사받음. VIK투자사기 고소(2018년 12월)건으로 생각했음.

이철 "남부지검 박 모 검사로부터 2013년 11월 출금된 2,100만 원의 용도 등 본인 사건과 무관한 송금 내역에 대한 질문을 7, 8개 정도 받았다. 법인 회계장부를 보면 알 수 있는 내용인데도, 계좌에서 현금으로 출금됐다는 이유로 검찰이 비슷한 질문을 이어갔다면서 특정인, 즉 유시민 이사장 등 여권 인사들을 염두에 두고 현금을 전달한 것을 예단한 질문이었다." (MBC 서면 인터뷰)

20) 3월 13일

— 오전 9시 51분, 이동재-제보자 X, 2차 만남

〈이동재 발언 요지〉

"수사팀에 당연히 의견 전달할 수 있고, 제가 통화 여러 번 했어요. 이철 대표 쪽에서도 의향이 있다고 제가 검찰 높은 분들에게 이야기했더니 '진짜 이철 쪽에서 그렇게 이야기해?'라고 말하는 거예요. 검찰과 다 이야기했고요. 오늘 아침에 검사장과 10분간 통화했고 녹취록을 보여드릴게요."

제보자 X. "장부가 됐든 송금 자료가 됐든 여야 5명 정도 선으로 보면 될 거 같아요."

〈이동재가 읽은 녹취록 내용〉

"언론사 기자가 제보 내용을 검찰에 말해주는 형식은 전혀 문제될 게 없다. 사법 절차에서 당사자의 성의 있는 진술은 효력이 발생할 수밖에 없다. (이철 씨) 이야기를 들어보고 나한테 알려달라. 나도 수사팀에 그런 입장을 전달해줄 수는 있다. 수사를 막는 게 아니라 오히려 양쪽에 도움이 되는 거니까……."

— 오후 2시 55분, 백승우 기자 2차 만남 대화 내용 일부를 배○○ 법조팀장에게 보고

→ 여야 5명 발언은 포함됐지만, 검사장과 통화한 녹취록을 보여주고 읽어준 사실은 제외

이 두 번째 만남 역시 처음 만났던 같은 커피숍에서 만났다. 내가 조금 늦게 도착했는데, 이동재와 백승우 기자는 이미 자리를 하고 있었다. 백승우는 이날 처음 만났다.

이 자리에서 나는 왼쪽에, 이동재와 백승우는 오른쪽에 앉아 있었고, 백승우가 안쪽 이동재가 바깥쪽에 앉아서 대화를 진행했다. 이날도 역시 이동재는 대화를 시작할 때부터 녹음을 막겠다는 의도로

소지품을 검사했다. 그러나 자신들은 다른 녹음기로 녹음했고, 나도 역시 녹음했다.

이 자리에서 이동재는 처음 한동훈과 나눈 대화 녹취록을 보여주었고, 아주 노골적인 검언 공작의 의도를 드러냈다. 나는 이날의 만남을 준비하기 위해 이철 VIK 대표의 변호사에게 "유시민 작가 등에게 지급한 강연료 내역을 찾을 수 있다"고 들어 확인했고, 또한 최경환 전 부총리와 윤대진 검사장의 형, 윤우진 씨의 관련된 상황을 파악했다. 그래서 이동재와 백승우에게 "여야 다섯 명"이라고 말할 수 있었다.

이동재가 처음부터 요구했던 것은 '강연료 내역'이지 뇌물이 아니었기에 그것은 줄 수도 있겠다고 판단했다. 하지만 내 말을 들은 이동재는 최경환 전 부총리나 윤우진 씨 관련 내용은 들으려고도 하지 않고, 오로지 유시민에 대해서만 캐물었다.

이날의 만남 후에 나는 더 깊이 고민했다. 이동재, 아니 수구 언론과 검찰 권력의 공작을 한층 더 깊이 확인한 만큼 고민이 깊어졌다. 그 고통을 이겨보려고 산을 자주 찾았다.

21) 3월 16일

— 서울남부지검 금조1부(신라젠 수사), 강OO 전 VIK 투자 담당자 피고소인 조사

→ 강OO 씨 "금조1부 최OO 검사한테 조사받음. 2018년 12월에 VIK 투자 사기(임OO 고소) 건으로 조사받았다. 그런데 신라젠 성장과 벨류 연관성, 신라젠 내부 정보 받고 주가 떨어질 줄 알고 팔았는지, 정치인 중 강연하러 온 사람 있느냐고 물어보았다. 나중에 검언 유착 기사 봤는데 당시 수사가 너무 똑같이 진행돼 무서웠다."(MBC와 인터뷰)

— 이철, 아내에게 쓴 편지(오후 8시 30분)

"검찰이 수사를 시작했어요. 강OO를 소환했다고 해요. 기자가 내게 보내온 편지 내용처럼 수사를 진행하려고 하는 것 같아요. 시간이 지나면서 압박 수위는 알 수 있을 거예요."

22) 3월 17일

이동재는 남부지검의 신라젠 수사 상황을 파악하고 있는 듯했다. 어쩌면 "유시민에게 돈을 줬다고 해라"를 압박하기 위해서였을까? 서울남부지검 금조1부(신라젠 수사), 강OO 전 VIK 투자 담당자 피고소인 조사가 있자마자 문자를 보낸 것이다.

이철 VIK 대표의 변호인으로부터, 전날 신라젠 추가 수사를 했

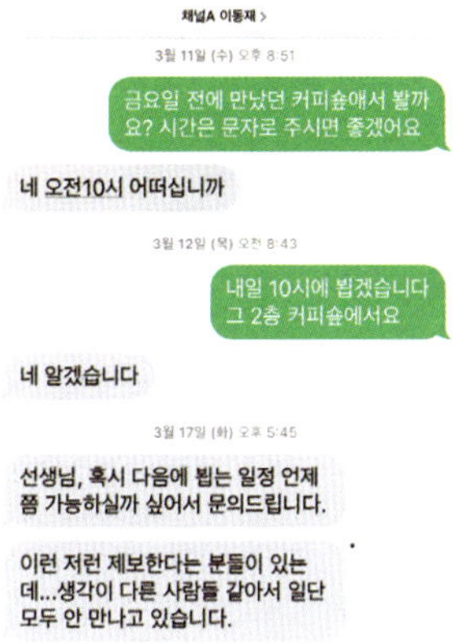

다는 소식을 들었다. 여러 검사실에서 진행한다는 소식이었다. 그리고 이동재의 문자에 답 문자를 보냈다. 그리고 다음 날(3월 18일) 이동재로부터 남부지검의 수사 상황을 자세히 들었다.

23) 3월 18일

— 09시 43분 : 이동재, 제보자 X에게 전화 통화(9분 55초)

〈전화 통화 요지〉

이동재. "대표님 외에도 참고인 조사는 이미 몇 명을 했대요. 저는 유를 쳤으면 좋겠고 1번으로. 사실 유를 치나 안 치나 뭐 대표님한테 나쁠 건 없잖아요. 저는 여든 야든 상관없고요. 보도로써 이끌어갈 수 있는 부분. 그다음에 검찰에 좋은 말해줄 수 있는 부분. 요런 부분들을 잘 좀……."

— 10시 28분 : 이동재, 한동훈 검사장과 휴대전화 통화(5분 6초)

통화 내용은 더욱 노골적이었다. “유시민을 치고 싶다.”

24) 3월 19일

— 22시 37분 : 제보자 X, 이동재에게 문자 메시지

“이 대표의 입장을 전달할게요. 이 대표는 그냥 당당히 검찰 조사에 임하겠다고 합니다. 진실은 어떻게든 밝혀질 것이라고 말하네요. 14년 6개월이 감당하기 힘든 세월이지만 그래도 견뎌보겠다고 합니다.”

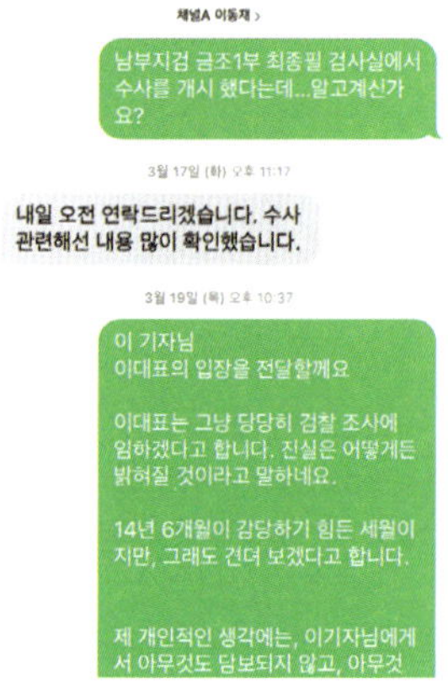

→ 2차 피해자 측 협조 거부 명시적 표시

내가 제일 고민했던 부분은 가족들의 안위였다. 내가 내린 결정에 대해서 아무런 이유도 모르고 가족들에게 가해질 위험은 내가 가족을 가해하는 꼴이 되고 만다고 생각했다. 우리 가족은 늘 그랬다.

내 결정에 아무런 이의도 제기하지 못하고 위험에 노출될 수 있었다. 그래서 그만 끝내기로 했다. 그리고 문자를 보냈다. "진실은 어떻게든 밝혀질 것이라고." 하지만 이동재는 끝내려는 기미를 보이지 않았다.

25) 3월 20일

— 14시 10분 : 이동재, 한동훈 검사장과 휴대전화 통화(7분 13초)

→ 이동재는 채널A 2차 조사에서, 한동훈 검사장과의 통화를 녹음해 3월 22일 지OO과 3차 만남에서 7초가량 들려줬다고 진술(채널A 진상 보고서 30쪽)

〈통화 내용 요지〉

"한동훈 검사장이 이철 대표가 범죄 정보 형식으로 대검에 제보를 해라. 그렇게 하게 되면 이철 대표는 내부제보자가 된다. 그게 기본적으로 검찰과 한 배를 타는 건데, 좋은 방향으로 간다. 내가 범정(대검찰청 범죄정보실)을 연결시켜주겠다. 그걸 가지고 우리하고 대화하고 싶다면 확실하게 믿을 만한 대화의 통로를 핵심적으로 연결시켜줄 수 있다."

이 통화 내용이 바로 3월 22일 채널A 본사에서 내게 들려줬던, 한동훈 목소리에 나오는 바로 그 내용이다.

— 14시 20분 : 이동재, 제보자 X에게 문자 메시지(한동훈과 통화 3분 뒤)

"선생님. 전화 부탁드립니다. 저도 다 말씀드릴 테니 그래도 아니다 싶으면 안 하시는 거고요."

그 후 이동재로부터 걸려온 몇 번의 전화를 거부했다. 문자에 답변도 하지 않았다. 그리고 다시 혼자 산에 올랐다. 산에 올라서 나에게 물었다. '어떻게 할래 이제?' 그리고 내게서 답을 받아 산을 내려왔다. 이동재에게 전화했다. "내일 채널A 본사에서 만납시다."

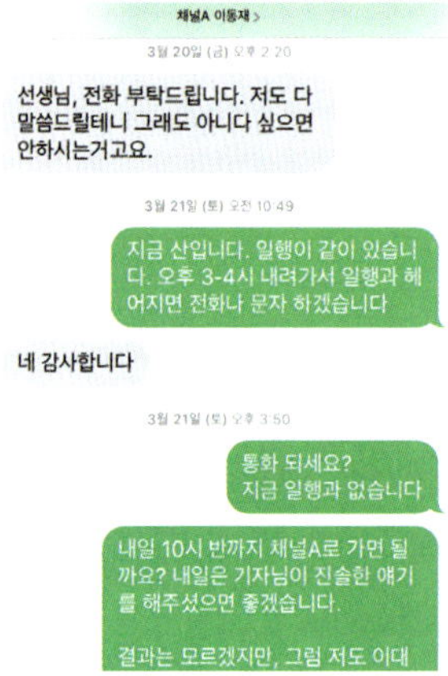

26) 3월 21일

〈통화 내용〉

이동재. "대표님 결정을 저희도 존중하니까. 마지막으로 하나 드릴 말씀이 있어가지고. 이왕 이렇게 된 거 더 숨기는 거 없이. 그동안 녹음해놓은 거나 아니면 검찰이 어떻게 구체적으로 이야기했는지. 그리고 사실 그저께(19일) 문자 주신

날에 좀 자세하게 이야기가 오간 게 있습니다. 검찰에서 누구한테 이걸 줘라 뭐 이런 이야기까지도 나왔습니다. 한번 뵐 수 있을까 싶어서 전화드렸습니다."

27) 3월 22일

— 10시 반 : 이동재, 제보자 X, 3차 만남

→ 이동재, 제보자X에게 검찰 고위 관계자와 통화했다며 통화 내용 7초간 들려줌.

〈대화 요지〉

이동재. "저랑 통화한 사람이 검사장이고, 윤석열하고 되게 가까운 검사장이고. 윤석열 한 칸 띄고 최측근 이렇게 치면 딱 나오는 사람입니다. 검찰의 최고 눈엣가시가 유시민 같은 사람들 아니겠어요? 그러니 이철 대표가 범죄 정보로 제보하면 이철 대표는 내부제보자가 되고, 사회 통념상 당연히 배려가 있을 거라고……. 보도 시점은 총선하고 아무 상관없는데 본인한테 제일 좋은 시점은 3월 말 4월 초 그때까지는……. 왜냐면 이제 압수수색 본격적으로 시작하게 되면."

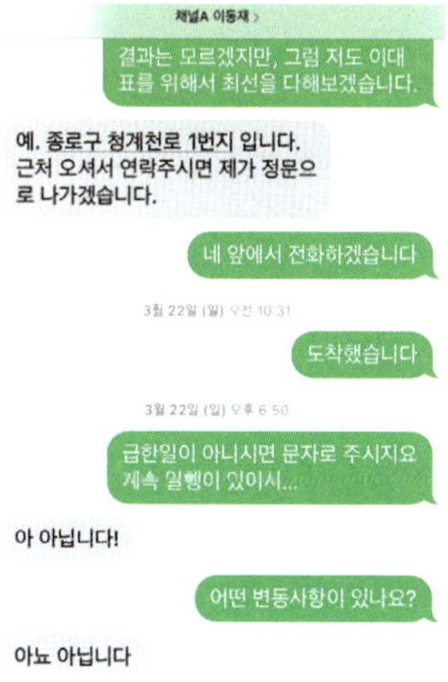

만난 장소는 채널A 본사 대회의실이었다. 대회의실 벽에는 알 수 없는 사람들의 액자가 온 벽을 둘러싸고 있었다. 그 사람들은 역대 〈동아일보〉 편집국장들이라고 이동재는 친절히 설명해줬다. 그 자리에는 채널A 법무팀장도 동석하기로 되어 있었다. 이 미팅이 끝나고 이동재는 다시 한동훈과 통화하게 된다.

— 16시 24분 : 이동재, 한동훈 검사장에게 전화(2분 44초)

또한 이 미팅이 있은 후에 바로 이동재로부터(오전 12시경) 한 번, 백승우로부터 한 번(오후 2시경) 전화가 걸려온다. 이 두 번의 통화에서 아주 중요한 내용이 드러난다. 백승우 기자는 "이 사안을 사장님(채널A)도 알고 있다"고 알려주고 이동재의 전화에서는 다른 중요한 정황이 드러난다.

3월 22일, 채널A 본사 대회의실에서 나온 이동재는 오전 12시쯤 다시 내게로 전화를 걸어왔다. 그 녹취 내용은 아래와 같다.

이동재 : 아이, 선생님.

제보자 X : 네, 전화를 못 받았어요.

이동재 : 아예 아닙니다. 저 아까 저희가 사실 더 말씀도 여쭐 게 더 있었는데, 적어만 놓고 말씀을 못 드려갖고, 저희가 검찰에도 좀 물어보고 이렇게 해보니까…….

제보자 X : 예예?

이동재 : 앞으로 이제 또, 나중에 대표님한테……. 내일 말씀 여쭐 때, 요런 부분도 같이 될까 싶어가지고요…….

제보자 X : 예, 어떤 부분이요?

이동재 : 검찰에서…… 어 주가 조작 부분은…… 그러니까 이번에 많이 볼 것 같아요. 어떻게 보면 조작이 아니라고 생각할 수도 있겠지만…… 아무튼 주식 관련된 상장 부분부터.

제보자 X : 상장하고는 상관없어요. 아무런…….

이동재 : 예 그러니까…… 아무튼 간에…… 근데 검찰에서 알아보려고 한대요. 그래가지고 신라젠의 당시 투자하게 된 이유(이철, VIK) 당시에 350억인가 넣어줬잖아요? 그때 이유와 그때 의사 결정 과정에, 정치인이 관여했느냐, 뭐 그런 내용들…… 아니 뭐 그런 것들을 (검찰이) 많이 본다는 얘기를 들어가지고…….

제보자 X : 상장 이후죠?

이동재 : 거기에 상장하게 된 이유, 그다음에 투자금 회수했을 때…… 임상 실패할 것을 알고, 그렇게 했다는 거를 알고 했다는 것을 의심을 하고 수사를 하는 것이 검찰의 입장이니까…… 이런 부분에 대해서 사실 수사를 피할 수는 없어요. 그래서 상장이나 미공개 정보를 이용했느냐, 이런 부분에 대해서는 당연히 보기는 볼 건데…….

〈1분 44초 중요 부분, 이동재〉

당시 임상이 eA가 있고 eB가 있고 그런데 eB가 잘 안 되는 상장이 신속하게 이루어지고 뭐 그런 내용들을 볼 것인데, 약간 의문 제기하는 사람들은 당시 유재수가 정책국장(금감원)이었고 뭐 그런 얘기하는 사람들도 있더라고요. 그래 가지고 그런 부분, 그런 부분들도 아무튼 뭐 짚고는 넘어갈 거예요. 왜냐면 안 볼 수는 없는 거라서.

여기서 이동재의 질문 의도는 유재수가 당시 금감원 정책국장이라서 신라젠이 임상 결과가 잘 안 됐는데 신라젠이 코스닥 시장에 상장하는 과정에서 영향력을 끼쳤는지를 검찰에서 수사하게 될 것이고, 그런 사항을 이철 대표에게 알아봐 달라는 내용이다.

이 같은 말의 의도는 유재수 사건에서 조국 장관을 엮는 것이 잘 이루어지지 않자, 억지 기소를 진행한 후, 검찰은 다시 신라젠과 유재수의 연결 고리를 통해서 다시 한 번 수사의 칼날을 청와대로 돌리려는 의도였다는 것이고, 이동재의 이 같은 멘트는 이동재가 혼자 기획할 수 없는 것이고 한동훈과 또는 검찰의 수사진과 긴밀하게 소통하고 있다는 또 다른 증거이다.

이 녹음 파일은 아직도 MBC의 장인수 기자가 보관하고 있으며 이때의 통화 내용에는 한동훈의 실명이 거론된다.

참고로 신라젠은 일반 상장이 아닌 특례 상장이다. 일반 상장 요건과는 달리 IPO를 주도하는 증권사와 기술성 평가가 상장에 더 큰 영향을 미치게 된다. 또한 신라젠의 상장 전에 이미 많은 기업이 특례 상장으로 주식시장에 IPO되었다.

검찰은 이미 조국 장관을 유재수 감찰 무마 사건으로 무리하게 기소했지만, 다시 신라젠과 유재수를 엮어서 수사의 칼날을 청와대로 향하는, 총선 공작의 또 다른 라인을 구축하던 것으로 보인다.◆

3월 22일 저녁, 백승우는 MBC가 검언 공작을 취재하고 있었다는 정보를 입수한다.

◆ https://imnews.imbc.com/news/2020/society/article/5764001_32633.html

28) 3월 23일

— 서울남부지검 금조1부(신라젠 수사), 이OO 전 VIK 상무 참고인 조사

→ 2018년 12월에 VIK 투자사기(임OO 고소) 건으로 소환됐는데, 막상 조사 내용은 고소 건과 관련 없는 신라젠 관련 정치인 중 강연 온 사람이 있는지 조사받은 걸로 알려졌다

— 00시 25분~05시 : 이동재 회사에서 '반박 아이디어' 문건 작성

→ 〈반박 아이디어 내용〉 파일 일부를 재녹음하는데, 한동훈 녹음 문장 일부를 목소리가 비슷한 후배 기자가 녹음한 뒤, 지OO를 만나 다시 들려주고 녹음하게 하면 목소리 파장이 다르니까 알리바이가 생김

— 오전 7시 37분 : 이동재, 배OO 법조팀장에게 전화

→ 이동재 '녹음 파일 재녹음 시도' 제안했지만 배OO 팀장 '반대'

— 오전 : 배OO 법조팀장, '녹음 파일 없다고 하자'고 홍OO 사회부장에게 제안

— 오전 10시 : 배OO 법조팀장이 한동훈 검사장과 카카오톡 보이스톡으로 통화 "녹음 파일 없다"

— 오전 11시 23분 : 채널A 보도본부 간부 회의에서 취재 중단 결정

그리고 갑자기 이동재는 제보자 X에게 전화로 그동안의 대화 맥락과 무관한 얘기를 하고, 이에 내가 "더 이상 연락하지 말라"고 하고 전화를 끊어버리자 오후 12쯤 이런 문자를 보낸다.

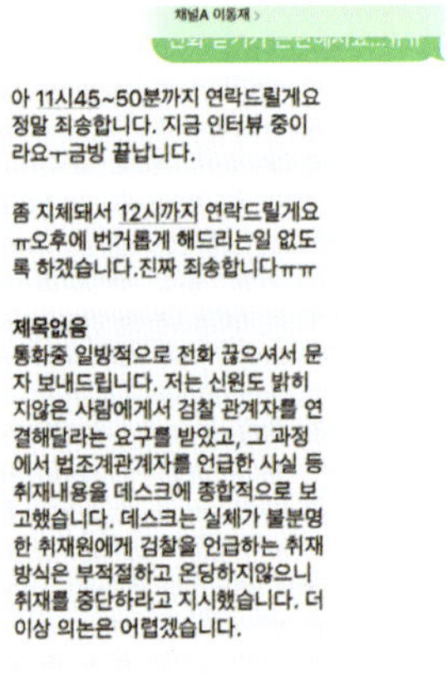

채널A 이동재 >
아 11시45~50분까지 연락드릴게요 정말 죄송합니다. 지금 인터뷰 중이라요ㅜ금방 끝납니다.
좀 지체돼서 12시까지 연락드릴게요ㅠ오후에 번거롭게 해드리는일 없도록 하겠습니다.진짜 죄송합니다ㅠㅠ
제목없음
통화중 일방적으로 전화 끊으셔서 문자 보내드립니다. 저는 신원도 밝히지않은 사람에게서 검찰 관계자를 연결해달라는 요구를 받았고, 그 과정에서 법조계관계자를 언급한 사실 등 취재내용을 데스크에 종합적으로 보고했습니다. 데스크는 실체가 불분명한 취재원에게 검찰을 언급하는 취재방식은 부적절하고 온당하지않으니 취재를 중단하라고 지시했습니다. 더 이상 의논은 어렵겠습니다.

이때부터 내가 결정하거나 관여할 수 있는 일은 아무것도 없었다. 그리고 한 번 더 고민했다. 이 검언 공작의 사실이 왜곡되지 않고 세상에 알려지는 방법을 찾았다. 그리고 함께 싸워줄 누군가를 찾아야 했다. 그렇게 생각했던 결론이 황희석 변호사였다.

29) 3월 25일

민변 소속이던 이철 대표의 변호인에게 황희석 변호사와 만나게

해줄 것을 요청했다. 다음 날 만나기로 했다.

30) 3월 26일

처음 황희석 변호사와 대면했다. 장소는 충무로에 있는 호프집이었다. 당시 JTBC의 다른 기자와 취재에 대한 대화를 나누고 있었는데, 그 대화가 조금 늦게 끝났고, 황희석 변호사가 조금 일찍 도착했다. 그런데 두 사람은 이미 알던 사이여서 내가 더 깜짝 놀랐다. JTBC의 기자가 떠나고 황희석 변호사와 둘만의 대화를 시작했다. 그리고 그동안의 내가 파악하고 있던 검언 공작의 진행 과정을 설명했다.

31) 3월 27일

오후에 여의도에 있던 열린민주당 당사를 찾아갔다. 그리고 가져갔던 그동안의 자료가 모두 들어 있는 USB를 건넸다. 돌아와서는 MBC의 보도가 나간 후 벌어질 파장을 고민했다. 모든 것을 예측할 수 없었고, 우선 내가 가지고 있던 모든 자료를 폐기해야 했다. 저들의 공격이 나에게로 향해 올 것이라고 어느 정도 예측할 수 있었다. 이미 모든 자료가 내 손을 떠나 공유되고 있었기에 그렇게 해도 된다고 생각했다.

32) 3월 31일

— 채널A, 검사장 관련 MBC 첫 보도

— 한동훈 검사장, MBC 보도에 앞서 보내온 입장

"신라젠 사건 수사를 담당하지 않고 있어 수사 상황을 알지도 못하고, 그 사건과 관련하여 언론에 수사 상황을 전달하거나 신라젠 사건과 관련해 대화를 언론과 한 사실이 전혀 없습니다. 물론 언론과 검찰 관계자를 연결해주거나 언론 취재 내용을 전달한 사실도 없습니다. 제가 신라젠 사건 관련 대화를 하는 것이 녹음된 녹취록이라는 것이 존재할 수도 없습니다. 분명히 말씀드리지만 신라젠 사건 관련하여 대화나 발언, 통화를 한 사실 자체가 전혀 없습니다. 그 해당 언론에 반드시 제 말이 맞는지 확인해주십시오. 그러면 제가 한 말이 아니라는 점을 확인하실 수 있을 것입니다. 제3자들 간의 과거 대화를 가지고 마치 제가 부적절한 발언을 한 것처럼 보도하실 경우, 명백히 법적 책임을 물을 수밖에 없다는 점을 다시 한 번 말씀드립니다."

— 23시 19분, 이동재 삼성S8 휴대전화 '초기화'

MBC의 첫 보도가 나가자 채널A는 아래와 같은 입장문을 발표했다.

채널A 측에서는 기자의 취재 과정에 문제가 있음을 인지했으며 취재 중단을 지시했고, 조사 결과와 내부 규정에 따라 책임을 묻겠다고 밝혔다. 그런데 MBC의 보도 과정에서 몰래카메라로 촬영하고, 기자의 대화 녹음을 제공받은 점, 신라젠 관련 의혹 취재와 무관한 사안에 집착하는 의도와 배경이 의심스러우며 취재 윤리에 어긋나는 게 아니냐고 발언했다. 또한 MBC 측 보도에서 왜곡, 과장 부분이 있을 경우 법적 조치를 취하겠다고 밝혔다.

어처구니없는 물타기는 여기서부터 시작되고 있었다.

33) 4월 1일

— MBC의 두 번째 보도

기자의 "검찰은 그냥 유시민이 싫은 거예요. 내가 누굴 친다면 유시민을 좀 치고 싶다"라는 발언, "총선이 부담스러우면 야권 최경환이나 누구 섞어서 보도"한다는 발언 역시 나왔다. 또 다음 꼭지에서는 채널A 기자의 "대표님이 여기서 딜을 칠 수 있는 부분이 뭐가 있냐, 가족 와이프나 자녀가 마음에 걸리시는 거예요? 아니면 재산 추징, 그게 마음에 걸리시는 거예요?" 검찰과의 협의, 이철 대표가 굉장히 협조하고 싶어 한다는 식으로 판을 깔 수 있다 등의 발언으로 이철 측을 압박하는 발언도 공개됐다.

유시민은 보도에 대해 이렇게 말했다. "채널A 회사 차원이든, 기자 개인 차원이든, 또 검찰이 기자를 활용한 것이든, 아니면 기자가 검찰을 빙자한 것이든, 어떤 경우든 간에 '괴물의 모습'이다."

— 01시 17분, 이동재 기존 휴대전화 LG G8 '초기화'

— 오전, 이동재, 회사에 컴퓨터가 느려졌다며 '노트북 포맷 요청'

한동훈은 그날 대검을 통해서 이렇게 밝혔다.

대검찰청 측은 자체 확인에서 "MBC 뉴스에서 지목된 검사장이 통화 사실을 부인"했다고 밝혔다. 그러나 MBC는 녹취록에서 기자가 검사장과 통화한 내역을 들려줬다는 사실이 기록되어 있다고 말했고, 대검찰청은 "양측 해명에 대해 추가로 사실 관계를 확인할 상황 아니"라고 한 것으로 알려졌다. 기자와 타 검사의 통화 가능성에 대해서는 확인해줄 수 없다고 밝혔다.

한동훈은 이동재와 통화한 사실 자체가 없다고 밝혔던 것이다.

34) 4월 2일

한동훈은 통화 사실 자체를 부인했기 때문에 한동훈의 목소리를 직접 들은 나로서는 좀 더 적극적으로 밝혀나가야 했다. 뉴스타파에서 '죄수와 검사' 취재 과정에서 친해진 〈김경래의 최강시사〉에 전화 인터뷰 방식으로 출연했다. 그리고 이런 내용의 인터뷰를 했다.

김경래 : 그런데 지금 한 검사장은 신라젠 사건 관련해서 자기가 수사를 하고 있는 것도 아니고 그리고 언론과 기자와 이런 대화를 한 사실이 없다, 이렇게 이야기를 하고 있다는 말이에요. 이건 어떻게 봐야 되나요?

제보자 : 높은 고위직 검사가 직접 수사를 하지 않죠, 원래. 그리고 이 문제를 파헤치는 가장 간단한 방법은 제가 생각하기에는 한 검사장이나 채널A 기자가 오늘 이전 두 달간의 통화 기록만 서로 제출하면 될 것 같고요. 그리고 또 채널A 기자가 그게 아니라고 한다 그러면 저한테 들려줬던 녹음 파일은 그냥 공개하면 될 것 같아요. 그게 한 검사장인지 아닌지는, 제가 착각했는지 아닌지는 금방 밝혀질 것 아니겠어요? 그리고 제가 녹음 파일을 듣고 나와서도 바로 다시 한 번 확인을 했어요, 그 목소리가 맞는지. 맞더라고요, 제가 들은 녹음 파일이.

김경래 : MBC 보도를 보면 두 가지 근거를 내세웠습니다, 채널A 기자가. 녹취록을 보여줬고 녹취 파일을 들려줬다는 거죠?

제보자 : 예, 녹취록은 두 번 보여줬고요. 그 녹취록을 보여줄 당시에는 채널A 이동재 기자 이외에 또 대검 출입 기자 백승우 기자가 같이 동석을 했었고요. 두 사람 다 이 녹취록 확인해줬고 검찰의 최측근이라고 하면서 녹취록을 봤을 때도 충분히 그게 누가 조작했다거나 그런 내용은 아니고 통화하는 내용을 풀어쓴 그런 내용이었어요.

김경래 : 그 녹취록 분량이 한 어느 정도 됐어요, 보시기에?

제보자 : 녹취록이 여러 개 있는 것 같았는데 저한테 보여준 것은 한 10여 분 남짓한 2개 정도 보여줬습니다.

35) 4월 3일

— MBC 편지 전문 공개

2월 17일부터 3월 10일까지 채널A 이동재 기자와 이철 전 대표 간에 오간 편지 전문이 공개됐다. 여기에는 이철 전 대표 측의 MBC 제보 편지 두 통도 함께 공개되었다.

— MBC 표준FM 〈김종배의 시선집중〉 유시민 작가 출연

"한동훈 씨는 차관급 공직자고요. 이동재 씨는 채널A에 공적인 활동하는 기자세요, 저는 지금 공무원은 아니지만 공적인 활동하고 있고 이철 씨는 그냥 민간인이에요. 이 사건 터지고 나서 저하고 이철 씨는 얼굴이 대문짝만 하게 신문마다 다 나고 방송마다 얼굴이 다 나오고 이름이 다 나오는데 그분들은 해리포터에 나오는 볼드모트예요? 누구나 다 그 이름을 알고 있지만 누구도 입에 올리지 않는 그런 존재인가요? 이런 불공평한 일이 어디 있어요. 저는 사실 안 그래도

굉장히 이런 생각하고 있었는데 강성범 씨가 럭셔리 칼럼인가 거기서 이걸 딱 찍어서 얘기하더라고요. 남의 인생을 파탄내려고 하는 사람들이 자기 인생에 스크래치도 안 당하려고 하면 되느냐…….”

36) 4월 4일

— MBC 〈뉴스데스크〉 추가 보도

MBC는 전날 대검찰청에서 나온 ‘검사장은 해당 기자를 접촉한 적이 없다’는 해명에 대한 반론 보도를 냈다. 채널A 기자는 제보자인 이철 전 대표 지인과의 자리에서 ‘녹취록’을 두 차례 보여주며 제보자에게 읽게 했으며, 검사장과의 통화 내역도 이어폰을 통해 들려줬다는 것이다. 이철 측 지인이 검사장의 사진을 검색해서 기자에게 보여주자 기자는 그 사람이 맞다고 발언하기도 했다. 검찰이나 채널A 측의 확인은 아직 없다.

한편 채널A 기자가 타 언론사에 접촉하지 말 것을 종용한 게 보도됐다. 〈한겨레〉 쪽은 검찰과 사이가 좋지 않으니 괜히 검찰을 자극할 필요가 없다고 했으며, TV조선은 여당 죽이기에 앞뒤 안 가리고 뛰어들 테니 역시 제보하지 말라는 것.

그리고 4월 15일 국회의원 총선이 있었다. 그날은 새벽 4시까지 잠을 이루지 못하고 있었다. 수구 언론들의 메신저를 향한 폭로나 비하성 기사들이 쏟아지고 있었다. ‘혹시 나 때문에 선거가 오히려 망쳐지는 것은 아닐까?’ 2007년의 악몽이 떠오르기도 했다. 어디로 떠나고 싶어도 코로나 때문에 갈 수 있는 곳도 없었다.

37) 4월 7일

— 민주언론시민연합이 검찰에 기자와 검사를 협박죄로 고발

방송통신위원회는 4월 9일, 채널A 임원진들을 방통위로 불러 자체 조사 결과를 포함한 의견을 청취할 것이라고 밝혔다.

38) 4월 8일

— 윤석열 검찰총장, 한동수 대검 감찰부장 간 감찰 시비

한동수 대검 감찰부장은 윤석열 검찰총장에게 감찰에 착수하겠다고 문자를 보냈지만 윤 총장은 녹취록 전문 내용에 대한 파악이 필요하다고 말하며 감찰을 반려했다.

39) 4월 9일

— 채널A, 취재 윤리 위반 인정

4월 9일, 오후에 열린 방통위 회의에 출석한 김재호 〈동아일보〉 겸 채널A 대표와 김차수 채널A 전무가 자사 기자의 취재 윤리 위반 사실을 인정했다. 다만 윗선의 개입은 없었다고 밝혔다. 특히 검사장을 특정할 수 없으며, 이동재 기자는 다른 조사에서 녹취록 내용이 여러 법조인으로부터 들은 것이라는 진술을 했다고 밝혔다.

방통위는 채널A의 진상 조사가 부실함을 지적하며 조사 객관성과 신뢰성 확보를 위해 외부 전문가가 투입될 필요가 있다고 말했으나 채널A 측은 "검토해보겠다"고 말한 것으로 알려졌다. 두 대표는 "향후 검찰 조사 등이 있을 예정이므로 사실이 왜곡되지 않도록 최대

한 조사하겠다. 자체 진상조사위원회 종료 시점은 말하기 어려우나 (재승인이 만료되는) 21일 전까지는 조사 결과가 나오기 어려울 것"이라고 밝혔다. 방통위는 채널A의 재승인 여부는 이날 진술과 진상 조사 결과를 토대로 결정될 것이라고 밝혔다.

그 외에도 채널A는 방통위에 "취재 기자로부터 휴대전화를 압수해 진상조사위원회가 조사 중에 있으며 기자로부터 입수한 노트북은 외부에 의뢰해 조사하고 있다"고 밝혔다.

— 윤석열 검찰총장은 대검 인권부에 조사를 지시

또한 같은 날 윤석열 검찰총장은 대검 인권부에 조사를 지시했다. 윤석열 검찰총장이 검언 유착 의혹 사건을 대검찰청 인권부가 맡으라고 지시한 것이 확인됐다. 이에 따라 대검찰청 인권부 소속 인권감독과에서 진상 조사에 착수했다. 윤 총장은 재소자인 이철 전 대표의 인권을 침해했는지 여부와 녹음 파일의 실존 여부 파악이 감찰보다 먼저라고 판단했다고 알려졌다.

나는 같은 날 저녁, YTN 〈뉴스가 있는 저녁〉에 출연했다.

40) 4월 10일

— MBC 〈뉴스데스크〉 후속 보도

방통위 조사에서 "기자와 통화한 사람이 해당 검사장이 맞느냐"는 방통위 위원의 질문에 대해 채널A 대표가 "예"라고 시인한 것을 보도했다. 조사 후 채널A 측에서는 회의록 내 채널A 측 발언에 대해 수정을 요청했으나 방통위 측은 이미 회의가 끝나 어렵다는 답변을 전했다. 방통위는 회의록에 채널A 측의 정확한 진술이 모두 담겨 있으니 다음 주 중에 절차를 거쳐 공개하겠다고 밝혔다.

채널A 측은 "해당 검사장이 맞다고 인정한 사실은 없으며, 일부 위원이 채널A 측 답변을 오해한 것으로 추정"된다는 입장을 내놓았다.

41) 4월 15일

— 국회의원 총선거가 있던 날

4월 16일 새벽 5시가 돼서, 180석 이상의 민주-진보 쪽의 대승이 확인되고서야 '이제 당분간은 어디로 가지 않아도 되겠다'는 안도와 졸음이 함께 몰려왔다.

42) 4월 20일

— 채널A 조건부 재승인 허가

방송통신위원회에서 채널A를 재승인했다. 단 관련 의혹 조사나 수사 결과 "방송의 공적 책임 및 공정성 측면에서 중대한 문제가 드러날 경우 재승인을 취소할 수 있다"는 조건이 명시됐다. 이에 따라 검언유착 의혹이 사실로 밝혀질 경우 채널A는 종합 편성 채널로서 면허가 취소될 수 있다.

43) 4월 28일

— 검찰, 채널A 압수수색

검찰이 채널A 본사와 이동재 기자 자택 등 5곳에 대한 압수수색을 실시했다. 취재 경위 관련 사유로 압수수색이 시행되는 것은 1989년 국가안전기획부의 평화민주당 서경원 의원 방북 사건 취재 관련 〈한겨레〉 편집국 압수수색 후 31년 만이다. 채널A 본사 소재 보도본부 압수수색 과정에서 채널A 기자들이 항의하며 검찰과 대치를 벌였다. 결국 검찰은 채널A 본사를 제외한 네 곳만 압수수색을 실시했다.

44) 5월 4일

— 보수 단체 법세련, 검언 유착 제보자 X 업무방해죄로 고발

45) 5월 13일

— 방통위, 채널A 회의 속기록 관련 보도

46) 5월 15일

— 법원, 최경환의 MBC 보도 금지 가처분 기각

서울서부지법 민사21부는 최경환 전 경제부총리가 낸 MBC의 신라젠 관련 보도 금지 가처분 신청을 기각했다. 가처분 신청에는 MBC가 보도한 최경환-신라젠 투자 의혹 보도 내용 삭제와 관련 보도 금지 내용이 포함되어 있었다.

47) 5월 22일

— 채널A, 검언 유착 의혹 공식 사과

채널A가 자사 기자의 "검찰 고위 관계자와의 친분을 과시하여 이를 취재에 이용하려던" 부적절한 취재 행위를 막지 못했다며 사과했다. 진상규명위의 보고서는 53쪽 분량으로, 강일원 전 헌법재판관을 위원장으로 한 취재 진실, 투명성 위원회의 검증을 세 차례 걸친 것으로 알려졌다. 채널A는 보고서를 23일 방송통신위원회에 제출할 예정이며 25일에 전문을 공개할 것이라고 밝혔다. 그러나 이 사과문에서 피해자인 유시민이나 이철 등 개인에 대한 사과는 없었다.

48) 5월 25일

— 채널A, 진상조사위 보고서 공개

— 3차 만남에서의 녹취록 및 녹음 파일 관련

조사위는 이 기자가 3월 22일(일) 제보자 X와의 3차 만남에서 활용한 녹취록과 녹음 파일을 확보하기 위해 이 기자의 노트북 PC와 휴대전화 2대를 확보했다. 하지만 노트북 PC는 포맷됐고, 휴대전화 2대는 초기화된 상태여서 녹취록과 녹음 파일이 남아 있지 않았다.

조사위는 외부 전문 업체에 의뢰해 데이터 복구를 시도했지만 이 기자가 삭제한 녹음 파일을 복원하는 데 실패했다. 이에 녹음 파일 당사자가 누구인지 객관적으로 입증할 수 있는 증거를 확보하지 못했다.

— 이동재와 백승우 기자의 통화 내역이 공개됨

<표-22> 3월 10일(화) 이 기자와 백 기자의 주요 통화내용

(이 기자) "취재 끝났니. 고생했다 XX 야 안그래도 내가 아침에 전화를 했어. 에이 XX 이렇게 양아치같이 그래가지고 XX 내가 기사 안 쓰면 그만인데 위험하게는 못하겠다고 했더니 갑자기 □□□가 아 만나봐 그래도 하는 거야 그래서 왜요 그랬더니 나는 나대로 어떻게 할 수가 있으니깐 만나봐 봐. 내가 수사팀에 말해줄 수도 있고 그러는 거야. 그래서 내가 XX 거기다가 녹음 얘기는 못하겠더라. 그런 저런 얘기를 하는데 되게 자기가 손을 써줄 수 있다는 식으로 엄청 얘기를 해."
(백 기자) "어떻게 손을 써줄 수 있다는 거예요?"
(이 기자) "아니 당연히 이게 사법 절차상 뭐 이렇게 자백을 하고, 반성한 다음에 개전의 정을 많이 나타내면 당연히 그 부분은 참작이 되는 것이며 우리 수사 역시 그렇게 흘러갈 수밖에 없다고 하고 내가 수사팀에다가 얘기해줄 수도 있다고 하면서 어디까지 나왔어 이러고. 그래서 내가 아무것도 못 받았어요 그랬더니 일단 그래도 만나보고 나를 팔아 막 이러는 거야. 이 XX 이러면서"
(백 기자) "오히려 굉장히 적극적이네요"
(이 기자) "어 굉장히 적극적이야. 이철이 직접 그랬어? 이철 맞아? 그래서 내가 편지 5번 보냈고 편지 보낸 거에 관련해서 편지 보고 연락했다고까지 연락이 왔으면 이철이죠. 그랬더니 아 그 놈은 어떤 놈이야 해서 내가 미주알고주알 다 얘기할 순 없잖아. 누군지도 잘 모르잖아. XX 그래서 오른팔이래요 그랬더니 아 그러냐고 하면서. 그런데 솔직히 기사는 안써도 그만이거든요 했더니, 아냐 이건 태블릿PC 같은 거야 그러면서 다시 연락을 해보래. 그래서 일단 만나서 검찰을 팔아야지 뭐 윤의 최측근이 했다 뭐 이 정도는 내가 팔아도 되지 □□□가 그렇게 얘기했으니깐. 이제 그 XX가 말했던 증거를 정말 저거 하면, 윤이, 아니 뭐야,

49) 6월 5일

— 방통위, 채널A 재승인 취소 가능성 언급

지난 3월 언론 보도를 통해 알려진 채널A 기자의 취재 윤리 위반 사건은 지금까지 알려진 내용만으로도 권력을 감시해야 하는 언론기관에서 해서는 안 되는 일이었다.

방통위는 이 사건이 방송의 공적책임·공정성 등과 관련된 중대한 사안이라 판단하여 채널A 대표자 의견을 청취하는 한편, 채널A의 자체 진상 조사 결과 보고서도 제출받았다.

다만 이 사건의 사실 관계 등에 대한 사법 당국의 조사가 현재 진행 중인 점과 재승인 심사위원회 심사 결과 등을 감안해서 재승인을 의결하되, 향후 취재 윤리 위반 사건이 방송의 공적 책임·공정성에 중대한 문제가 있었던 것으로 확인될 경우에는 본 재승인 처분을 취소할 수 있음을 명확히 하였다.

50) 6월 24일

— 한국기자협회, 검언 유착 의혹 기자 영구 제명

한국기자협회는 자격징계분과위원회를 열어 채널A 이동재 기자와 그를 직접 지휘, 감독한 배혜림 법조팀장, 홍성규 사회부장을 기자협회에서 제명했다. 또한 이 세 명에 대해서는 향후 기자협회 '재가입 무기한 제한' 징계도 함께 내렸다. 이동재 기자와 동행 취재한 백승우 기자에 대해서는 '경고'를 결정했다

51) 6월 25일

— 채널A, 검언 유착 의혹 기자 해고 등 관련자 징계

채널A는 6월 25일 인사위원회를 열어 이동재 채널A 기자를 해고했다. 검언 유착 의혹 사건이 폭로된 지 약 3개월 만의 인사 조치였다. 한편 이동재를 지휘 감독한 배혜림 법조팀장에게는 6개월 정직, 사회부의 총 책임자인 홍성규 사회부장에게는 3개월 정직, 백승우 기자에게는 견책 징계를 내렸으며, 채널A의 보도국 총 책임자인 김정훈 보도본부장과 정용관 보도부본부장에게는 감봉이 결정됐다. 김정훈 보도본부장은 직책에서 경질되었으며, 〈동아일보〉 논설위원실로

문책성 인사 발령이 났다.

— 법무부, 한동훈 직무 배제하고 직접 감찰 개시

법무부는 한동훈 검사장을 법무연수원 연구위원으로 전보하여 사실상 직무에서 배제하고, 직접 감찰에 착수하겠다고 밝혔다. 법무부 감찰규정에 의하면 검사에 대한 1차 감찰 권한은 검찰청에 있지만, 검찰청의 감찰이 공정성을 인정받기 어려운 경우 등에는 법무부가 직접 할 수 있다.

52) 7월 17일

— 이동재 전 기자 구속

53) 7월 20일

— MBC 〈뉴스데스크〉 이동재-한동훈 녹취록 단독 보도

MBC 〈뉴스데스크〉는 이동재 전 기자가 피해자 이철 씨 측을 압박해서 유시민의 범죄 정보를 얻으려 한다고 취재의 목적과 방법을 설명하자, 한동훈 검사장이 그런 것은 해볼 만하다고 말한 것으로 검찰 수사팀이 파악했다고 보도했다.

54) 7월 24일

— 수사심의위 "한동훈 검사장 수사 중단·불기소" 권고

55) 7월 27일

— 법세련이 고발한 사건에 대해서 서울중앙지검에서 조사받다가, 중간에 너무 화가 나서 날인도 안 하고 조사 거부하고 나옴.

55) 7월 29일

— 한동훈-정진웅 검사, 압수수색 과정에서 충돌

56) 8월 3일

— 서울중앙지검에 4번째 출석하여 조사받음.

이상이 이 글을 쓰기까지 검언 공작 사건의 타임라인이다.

공작의 목표, 3말 4초

이 글을 쓰고 있는 시점까지 네 차례의 검찰 조사를 받았다. 〈스포츠서울〉 주가 조작 세력이 고소한 사건에서도 전주까지 대여섯 차례 방문하면서 조사를 받았다. 이 순간까지 아무것도 결론은 나지 않았다. '검언 공작'을 밝혀나가는 과정에서 내가 가장 약한 고리일 수 있다. 하지만 나는 한동훈의 목소리를 들었을 뿐이고 전주에서는 무고한 조사를 받고 있을 뿐이다.

누군가의 식사 자리에서 이런 말을 했다. “장인수 기자가 있었고, 황희석 변호사가 있었기에 이만큼이라도 밝힐 수 있었다”고. 나와 장인수 그리고 황희석 변호사는 이제 검찰개혁에 대해서만큼은 뒤로 돌아갈 수 있는 길이 없다.

아직도 ‘검언 공작 사건’은 끝나지 않았다. 앞으로도 기나긴 재판 과정이 남아 있고, 그 과정에서 저들은 끝없이 진실을 왜곡하려고 할 것이다. 그들의 배후에서 대형 매국 언론들과 거대한 검찰 기득권 세력들이 자본 권력의 지원을 받으며 모든 것을 ‘거짓’으로 만들 것이다.

내가 처음 이 싸움을 시작할 때, 이 싸움의 끝은 패배로 끝날 수 있다고도 생각했다. 반드시 이긴다는 어떤 보장도 없이 시작했다. 피할 수 없는 싸움이니 피하지 않았다. 그리고 그렇게 이 싸움은 결과에 상관없이 갈 것이다.

‘피하지 않고 싸웠다’는 그 기록만으로도 나는 만족할 수 있다.

3말 4초.

결국 그들의 공작 목표는 이것이었다. 3말 4초.

한명숙 전 총리가 서울시장에 출마했을 때, 선거 결과는 단지 0.6% 차이였다. 내가 파악했던 한명숙 전 총리 조작 사건의 목표 역시, 검찰은 선거 개입이었다. 그리고 그 계획은 성공했고 한명숙 전 총리는 구속됐다. 한만호 씨는 사망했고, 진실을 증언한 한은상 씨는 아직도 감옥에 있다.

나는 이동재와 만나면서, 이동재로부터 한동훈의 녹취록을 보고 음성 파일을 듣고, 그들의 공작이 성공했을 때를 상상해보았다. 이러한 상상은 드라마 집필실 작가들과도 함께 해보았다.

3월 말, 4월 초. 국회의원 총선거를 10여일쯤 앞둔 시점에서 채널A와 수구 언론들이 일제히 '노무현재단 유시민 이사장, 채널A로부터 수천만 원 수수 확인'이라는 보도와 기사들이 쏟아져 나왔을 것이고, 조국 장관의 수사 때처럼 노무현재단과 유시민 작가의 집과 사무실 등에 수십 명의 검사들과 수사관들이 압수수색을 개시하면서 수만 건의 기사들이 쏟아져 나왔을 것이고, 선거일을 하루이틀 앞둔 시점에서 검찰은 유시민을 소환했을 것이다.

이 상황을 지켜보던 유권자들은 어땠을까? 어떤 선택을 했을까? 검찰은 수사의 진실과 무관하게 기소까지는 나섰을 것이다. 그 사건의 실체가 '무죄'가 나온다고 해도 우리 중 일부는 끝까지 유시민 이사장을 비난할 것이다.

하지만 그 총선에서 민주/진보 진영이 완벽한 패배까지는 가지 않았을 것이라고 생각한다. 하지만 일부는 분열했을 것이다. 조국 장관이 무고함에 몰렸을 때처럼, 우리 중 일부는 또 떨어져나가서 수구의 품으로 들어갔을 것 같다.

하지만 그들의 공작은 실패했다. 앞으로 당분간은 이번 사건과 같은 공작은 시도하지 못할 것 같다. 그리고 이번 사건을 통해서 그동안 그들이 벌여왔던 '정치 검찰과 수구 언론'의 정치 공작을 대중들이 충분히 이해했을 것이다. 그것만으로도 나는 충분히 의미 있는 일을 했다고 생각한다.

잘했다. 제보자 X.

실패한 공작, 그 이후

검언 공작 사건이 세상에 공개된 후 조중동을 비롯한 대부분의 수구언론과 유튜브에서는 거의 매일 '제보자 X'에 대한 내용을 쏟아냈다. "횡령 등의 혐의로 검찰 조사 중", "제보자 X, 기업범죄 혐의로 검찰 조사 진행, 구속 가능성"…….

이런 식으로 메시지보다는 메신저를 공격하는 상습적인 방법으로 사건의 본질을 흐렸다. 이 사건은 뉴스타파의 '죄수와 검사', 〈PD수첩〉의 '검사 범죄'가 보도된 후, 스포스서울의 전 회장 김모 씨가 검찰과 제보자 X 간의 불편한 관계를 이용해 무고한 나를 고소한 사건이다.

김모 전 회장은 나를 고소한 후 스스로 조중동과 인터뷰했다. 지난 검언 공작 사건 후 프레임 전환의 목적으로 조중동이 돌아가면서 제보자 X에 대한 비난 기사를 쏟아낼 수 있도록 한 것이다. 나는 조사가 진행되는 과정에서 충분한 자료를 가지고 "고소인의 무고를 인지해서 조사해달라"고 했지만 그 조사는 이루어지지 않았다.

오히려 전주지검의 조사에서 담당 검사는 노골적으로 기소의 의지를 내비쳤다. 하지만 결국 기소하지 못했고 최종 무혐의 종결 처리를 했다. 그러자 〈스포츠서울〉의 김모 전 회장은 광주 고등법원에 재정 신청까지 해가면서 괴롭혔지만, 법원은 이마저 기각해 사건은 마무리되었다.

이 사건의 진행 과정에서 나는 압박을 받았다. 혹여나 검찰 권력의 무고한 기소로 검언 공작 사건에 대한 제보자 X의 폭로가 왜곡되고 대중 여론이 수구 언론의 작전에 말리지 않을까 하고 염려했다.

김 전 회장은 보험 영업을 하던 자로서, 타인의 자금을 차용하여 〈스포츠서울〉이라는 코스닥 회사를 '무자본 M&A' 하였고, 차용 자금을 변제하려고 장기간 주가 조작을 해왔다.

그는 〈스포츠서울〉의 구조 조정 부회장으로 나를 영입한 후 주가 조작에 끌어들이려고 했다. 내가 거부하자 전관 검사장급 변호사들을 동원해 나를 구속시켰다. 자신의 범죄를 덮어씌울 목적으로 나를 주가 조작 주범으로 고소했던 것이다. 구속된 상황에서 나는 김 전 회장과 유명 애널리스트 최모 씨가 가담했던 주가 조작의 전말을 파헤쳤다. 결국 나를 고소했던 김 전 회장을 비롯해 10여 명을 구속시켰고 나는 혐의를 벗었다.

이 사건에서 상상인그룹 유준원 회장 역시 주가 조작에 관여했으나 검찰이 덮었다. 가장 많은 부당 이득을 취했지만 조사조차 한 번 받지 않고 빠져나왔다. 나는 그것을 뉴스타파와 〈PD수첩〉을 통해 공개했다.

유준원 회장만 은폐된 것이 아니다. 다른 상기업의 오너 두 명과 주가 조작에 필수적으로 동반되는 횡령과 배임 역시 검찰이 수사를 다 해놓고 덮었다. 자원비리 사건이 연관되어 있기도 하다.

사건이 종결되고 무혐의와 기각인 된 나는 무고 등의 고소 조치를 고민해보았다. 하지만 미루기로 했다. 공수처가 설립된다면 은폐됐던 대규모 횡령과 배임은 물론이고 자원 비리 사건의 연관성이 함께 수사될 수 있도록 할 계획이다.

구속된 동안 황희석 변호사님과 법무법인 민본의 변호사님이 전주까지 오가며 변론과 입회를 해주셨다. 그 노고에 변변한 보답을 해드리지 못해 마음의 짐으로 남아 있다. 이 글로나마 다시 한 번 깊은 감사의 마음이 전해지기를 바란다.

그리고 항상 응원해주는 페이스북 친구들과 독자 여러분에게 감사의 마음을 전한다.

에필로그

책을 처음 써보겠다고 해서 시작한 것이 2019년 말경이다. 처음에는 '죄수와 검사'의 뒷이야기 정도로 생각했고 금방 끝날 것이라고 생각했다. 당시 예상했던 마감 시기는 2020년 3~4월 정도였다. 아마 다른 일이 발생하지 않고 책 쓰는 일에만 매달렸다면 그 정도 시간 안에 끝낼 수 있었을 듯싶다.

하지만 그 과정에서 너무도 많은 일이 터졌다. 한명숙 전 총리 사건, 검언 공작 사건. 생각보다 더 버거운 일들이 생겨서 때로는 '포기해야 하나?' 하는 생각도 여러 번 했다. 그럴 때도 출판사 대표는 "기다린다"고만 했다.

이 책을 쓰는 과정에서 내게 생긴 일들이 책의 구조와 내용도 모두 바꿔버린 것 같다. 처음 쓰고자 했던 '주식시장에서 벌어지는 사건/사고 이야기'는 이제 다음에 소설 형식으로 써보자고 했다.

세상살이가 대부분 그러하듯 책을 쓰는 과정에서 여러 사람을 만났고, 또 여러 사람이 잊혔다. 전주 사건과 서울지검 조사에서 밤늦게까지 입회하면서 옆을 지켜줬던 황희석 변호사, MBC 〈뉴스데스크〉 장인수 기자는 이제 검언 공작 사건에 대해서만큼은 나와 함께 돌아갈 다리를 끊어버렸다.

같은 피고발인이이기에 수구 단체에서 고발한 사건에 대해 황희석 변호사가 변호를 할 수 없게 되자, 대신 변호에 나서주신 호루라기 재단의 이영기 변호사도 이번 '글쓰기 길'에서 만난 고마운 분이다. 그리고 시간이 될 때마다 위로와 용기를 주는 자리를 만들어주시는 김주언 선배와 엄주웅 선배도 든든한 아군이다.

또한 이번 글쓰기 길에서 잃어버렸던 소중한 추억을 하나 찾았다, 검언 공작 사건이 확산되는 과정에서 민언련의 신미희 사무처장과 식사 자리를 한 적이 있다. 내가 가지고 있던, 아니 나만 기억하고 있다고 생각했던 추억이 살아났다.

"2007년 BBK를 밝히려다 구속되고 나와서, 주변의 많은 사람들이 검찰과 국세청에 불려 다니면서 고통 받아 힘들었던 2009년 5월. 노무현 대통령의 장례식장에 장례 물품이 부족하다는 보도를 보고 봉하로 내려갔다. 봉하마을 입구에 있던 슈퍼마켓에서 1.5톤짜리 화물차를 불러서 수박이며 컵라면이며 생수들을 한 차 실어서 장례식장으로 보냈다." 신미희 사무처장과 식사 자리에서 딱 여기까지만 얘기했는데, 바로 신미희 처장이 손가락으로 나를 가리키고 "아! 그 〈시사IN〉 독자?"라고 되물었다.

나도 깜짝 놀랐다. 아니 동시에 같이 놀랐다. 2009년 노무현 대통령의 장례식장에서 신미희 처장이 장례 물품 접수를 했었고, 그것을 기억하고 있었던 것이다. "나는 아직도 사고가 그때에 멈춰 있어요. 그때 도대체 누가 그 장례 물품을 보냈는지 찾으려고 해도 찾을 수 없었어요"라고 했다. 내 주위에 누구도 알지 못하는 일을 기억하고 있었다. 나는 노무현 대통령의 장례식이 채 끝나기도 전에 호주로 갔다. 그렇게 소중한 추억 하나를 이번 글쓰기 길에서 찾을 수 있었다.

그리고 늘 명쾌한 논리와 주장으로 수구 프레임에 돌격대장 역할을 해주는 이동형 작가 역시 고마운 우군이다. 또한 늘 어느 곳에서든 지켜봐 주고 있는 뉴스타파의 심인보 기자와 김원석 작가 역시 형처럼 든든한 후배이기도 하다. 그리고 마음 깊이 감사하는 분들이 있는데 본인들의 요청으로 실명을 쓸 수 없지만 언제가 세상이 조용해지면 갚아야 할 신세가 많은 분들이다.

그리고 언제나 나의 페이스북 담벼락에 찾아와 파이팅을 외쳐주시는 많은 페친들도 내가 끝까지 버틸 수 있는 사고의 뿌리들이다.

이번 글쓰기 길을 통해서 내 삶도 뜻하지 않게 변해버렸다. 정해진 것이라고 쓸 수 있는 것은 기업 범죄 소설과 드라마 자문뿐이다. 여러 곳에서 주식 관련 유튜브를 같이 해보자는 제안이 있었지만 아직 정하지 못했다. 하지만 이 책이 세상에 나갈 즈음에는 할 수도 있겠다.

앞으로 내가 살아가고 싶은 삶은, 오래 살았던 호주의 멜버른으로 돌아가서 글을 쓰면서 사는 것이다.

나는 자주 '거울 일기'를 쓴다. 일상에서 펜을 들고 일기를 꼬박꼬

박 쓰기란 쉽지 않다. 그래서 가끔 화장실에 들러서 내 얼굴을 한참 동안 들여다보면서 쓰는 방법인데, 내게는 꽤 오래된 일기 쓰기 방법이다.

내가 나의 이야기를 쓰다 보니 대부분의 내용이 변론 요지서가 된 듯하기도 하다. 나는 일상을 조국 장관처럼 정의롭거나 완벽하게 살아갈 자신이 없다. 하지만 삶의 과정에서 실수나 잘못한 일이 있다면 다시 거울 속의 내 얼굴을 들여다보고 돌아보면서 살 것이다.

마지막으로 더 솔직한 바람이 있다면 이 책이 여러 사람에게 읽혀서 그동안 마음의 빚을 진 많은 사람들에게 식사라도 대접하면 좋겠다.

조작된 나라

초판 1쇄 2025년 9월 30일

지음 이오하 | **편집기획** 북지육림 | **본문디자인** 운용 | **제작** 명지북프린팅

펴낸곳 하눈 | **펴낸이** 도진호, 조소진 | **출판신고** 2020년 9월 11일

주소 경기도 고양시 일산서구 강선로 49, 916호

전화 070-4156-7770 | **팩스** 031-629-6577 | **이메일** hanoonbook@gmail.com

ISBN 979-11-972532-2-5 (03300)